cru sur =

AU PIED DE L'ÉCHAFAUD

Conserv... la Couverture

SOUVENIRS

DE

LA ROQUETTE

PAR

L'ABBÉ FAURE

AUMONIER DU DÉPOT DES CONDAMNÉS

119

OUVRAGE ILLUSTRÉ

de nombreux Portraits et d'Autographes

PARIS

MAURICE DREYFOUS ET M. DALSACE

ÉDITEURS

20, RUE DE TOURNON, 20

SOUVENIRS DE LA ROQUETTE

aum du Depot des Condamnés

L'ABBÉ FAURE

AU PIED DE L'ÉCHAFAUD

SOUVENIRS

DE

LA ROQUETTE

PAR

L'ABBÉ FAURE

AUMÔNIER DU DÉPÔT DES CONDAMNÉS

OUVRAGE ILLUSTRÉ
De nombreux Portraits et d'Autographes

Et précédé d'une NOTICE sur l'ABBÉ FAURE

Par L. CROUSLÉ, professeur à la Sorbonne

PARIS

MAURICE DREYFOUS ET M. DALSACE
ÉDITEURS
20, RUE DE TOURNON, 20

Tous droits réservés

NOTICE SUR M. L'ABBÉ FAURE

Dans les premiers jours du mois de juillet dernier, les journaux annoncèrent la mort subite de
M. l'abbé Faure, ancien aumônier de la Grande
Roquette. Ils n'avaient pas perdu le souvenir d'un
homme dont ils avaient souvent parlé avec respect
et honneur dans les années précédentes. Cette
nouvelle porta un coup douloureux au cœur des
nombreuses personnes que l'excellent abbé avait
constamment obligées, avec un dévouement qui savait prévenir, non pas les désirs, mais les demandes.

Il y a lieu de conjecturer qu'elle n'a pas
été moins ressentie par plusieurs des malheureux qui l'avaient connu dans l'exercice de son
ministère charitable à la maison de la Roquette :
car chez ces créatures dévoyées et justement
repoussées par la société, on ne rencontre pas toujours l'insensibilité qu'on suppose d'abord insépa-
rable du crime. Des témoignages irrécusables, sans
parler de ceux de M. Faure lui-même, nous ont
maintes fois donné à penser que souvent un de ces
misérables que la carrière du crime allait entraî-

1

ner sur ses pentes rapides, difficiles à remonter, s'est vu, à une certaine heure, hésitant à l'entrée de cette arène fatale ; et qu'il a dû son salut à une parole affectueuse, à la pression compatissante d'une main vénérée. D'autres ont rencontré trop tard l'ami nécessaire ; et cependant, déjà perdus aux yeux du monde, se sont réhabilités moralement dans le cachot, ont repris courage et estime pour eux-mêmes à l'heure de la mort, ou du départ pour les lieux de la perpétuelle expiation. Ces phénomènes, qui sont naturels et qui nous paraissent des prodiges, sont les effets de la puissance victorieuse et trop peu connue de nous, quoique universelle, qui réside dans l'amour : la charité, qu'il faut appeler par son nom, gagne des cœurs où l'on ne soupçonnait plus de sentiments humains ; l'homme encore sanglant du meurtre qu'il vient de commettre avec atrocité, peut être subitement pénétré de ce rayon divin ; l'homme abruti par une vie de débauches et de méfaits, peut se sentir amolli, revivifié et relevé par cette douce chaleur ; il peut aimer à son tour celui de ses semblables qui lui a fait goûter une émotion toute nouvelle pour lui, et, dans ce bienfaiteur inattendu, voir une image de la société humaine toute contraire à celle qu'il s'en était faite aux heures sombres de l'abandon, du ressentiment et des désirs de révolte et de vengeance. Des faits étonnants et touchants montrent que ces déclassés, ces dénaturés, sont capables d'attachement pour la personne grâce à qui leur cœur s'est attendri. Nous comptons donc avec confiance, parmi les amis qui ont pu pleurer la mort de M. l'abbé Faure, des personnages qui demeureront certainement muets, mais qui, dans les bas-fonds de la société où ils ont été rejetés, ou dans les pénitenciers du Nouveau-Monde, prieront, autant qu'ils savent prier, pour le repos de l'âme de leur bon ami, ou du moins sentiront une larme monter dans leurs yeux à son souvenir. C'est là, j'en suis sûr, l'oraison funèbre que le charitable abbé aurait le plus souhaitée, si le temps lui eût été laissé pour exprimer ses dernières volontés, ou rassembler seulement ses derniers vœux.

M. Jean-Baptiste Faure est né à Clermont-Ferrand, le 11 novembre 1833. Ses moments les plus doux étaient ceux où il pouvait aller visiter sa belle cathédrale, et l'église de Notre-Dame-du-Port, remarquable monument d'architecture auvergnate, où il fut baptisé; le clergé de son diocèse natal, et ses montagnes d'Auvergne, dont les rochers basaltiques, les eaux écumantes et les frais vallons étaient peuplés de ses amis d'enfance. Quand il pouvait obtenir un congé, il allait se retremper dans cet air salubre, qui nourrit la grande famille des enfants de l'Auvergne, qui fait des hommes si patients et si simples de cœur, tout en prodiguant à quelques-uns les dons de l'imagination et la puissance oratoire. Si notre abbé ne fut pas un des plus brillants entre les fils de l'Auvergne, il fut un des bons et des forts, ce qui n'exclut nullement la

finesse, la présence d'esprit, la solidité du jugement et la sûreté du tact.

Il fit ses études d'humanités au lycée de Clermont-Ferrand, dont il a toujours gardé un souvenir affectueux. J'ai quelquefois entendu dire
que les plus mauvais prêtres catholiques ne sont
pas ceux qui ont reçu leur première éducation
de l'université laïque. J'en ai connu plusieurs
de cette sorte; mais je laisse la question à juger à
ceux qui en ont observé beaucoup de toute provenance, et qui se trouvent en état de faire la comparaison. M. Faure ne fut pas assurément du
nombre des ecclésiastiques qui, suivant les voies
et l'inspiration des Lamennais et des Lacordaire,
regardent l'éducation universitaire comme pestilentielle, et pensent que les âmes s'y corrompent
forcément. Je puis même affirmer que, dans l'âge
mûr, après avoir longtemps exercé le ministère
paroissial, il se serait jugé fort heureux d'obtenir
les fonctions d'aumônier dans un lycée. Il ne s'est
jamais imaginé que c'était, par avance, souhaiter
d'être aumônier d'une prison ou d'un pénitencier.
Ces expressions exagérées et déclamatoires, qu'on
entend des esprits de partis opposés appliquer à la
discipline universitaire, ne pouvaient ni convenir
ni faire illusion à l'esprit mesuré, sagace, observateur et indépendant de l'abbé Faure. En tout, il a
toujours vu les choses telles qu'elles étaient et les
a prisées à leur juste valeur, sans emphase ni
dénigrement.

Puis-je me dispenser d'expliquer comment, vieil et passionné universitaire, je suis devenu l'ami de l'abbé Faure? Si j'entre dans ces confidences, ce n'est pas pour parler de moi, mais pour faire mieux connaître l'homme dont j'essaie d'esquisser le caractère. Ce qui m'est arrivé a pu advenir aussi à beaucoup d'autres personnes : au moins ai-je été témoin de plusieurs exemples frappants. Rapproché, par des circonstances accidentelles, de personnes fort prévenues contre ses croyances et très défiantes de sa robe, l'abbé Faure les a toujours laissées contentes de lui et plus ou moins désireuses d'entretenir sa connaissance.

Ce n'était pourtant pas son extérieur qui prévenait en sa faveur. M. Faure ne ressemblait guère à ces abbés dont la fonction principale paraît être d'occuper une place d'honneur dans un salon, de jaser avec assurance sur l'esprit et les affaires du temps, et de se donner l'air de tenir dans leurs mains tous les fils des relations entre l'État et l'Église. À ces abbés mondains il faut une belle prestance, une physionomie sereine et fine, un parler caressant, de jolies mains, quelque chose qui tient le milieu entre les agréments de l'un et de l'autre sexe. M. Faure ne se distinguait ni par une stature avantageuse, ni par une physionomie engageante, ni par les soins élégants de sa personne. Ses yeux ronds et légèrement saillants, ses traits carrés et forts, l'expression quelque peu bourrue du bas de sa figure, lui donnaient plutôt

l'air d'un homme habitué à gronder et à morigé-
ner que celui d'un charmeur de gens. Le timbre
même de sa voix n'était pas fait pour flatter
l'oreille. Cependant il mettait tant d'empressement
bienveillant à s'enquérir des personnes, de leur
situation, et à leur parler des choses qui pouvaient
les intéresser, qu'on était tout d'abord amené à
causer librement avec lui. Au second moment de
l'entretien, la gaieté commençait à poindre. Il
maniait parfaitement l'ironie plaisante, et, saisissant du premier coup à qui il avait affaire, il pous-
sait des pointes qui obligeaient l'interlocuteur à se
dérider. On était enchanté de découvrir, dans ce
prêtre d'apparence un peu lourde et quasi-rustique,
un esprit alerte, de bonne humeur, prompt et heureux à la riposte, d'un jugement droit, d'un tact
infaillible, qui s'exprimait franchement, contait
fort bien des anecdotes très significatives, et qui,
sans faire le fin, démêlait à merveille le fond des
personnes et des choses. Avec un tel esprit, on se
mettait vite à l'aise. Il riait de grand cœur, non
pas seulement, comme certains plaisants, de ses
propres idées, mais aussi de celles des autres; il
aimait à se voir écouter, mais il savait causer.
Bientôt toutes les défiances s'évanouissaient, d'autant plus qu'on n'apercevait chez lui aucun dessein
d'amener les gens à ses fins par des voies détour-
nées. Jamais il n'abordait de lui-même les questions de conscience, ni ne se montrait curieux
d'engager la conversation sur des points délicats.

On sentait bien qu'on n'avait pas affaire à un esprit rigoriste ou intolérant, mais il ne se laissait pas non plus amener à dire ou à entendre des choses qui ne lui auraient pas paru de saison, ou qui auraient froissé sa conscience d'ecclésiastique. Autant il s'exprimait librement sur les personnes et sur tous les sujets qui n'intéressaient pas immédiatement la religion, autant il se montrait réservé sur les questions de foi. Une petite moue, un silence, coupaient court à toute tentative qui lui paraissait déplacée. Acceptant le monde tel qu'il est, il savait faire respecter en lui-même le prêtre tel qu'il doit être, sans aucun effort pour se maintenir dans la situation qui lui convenait. Il ne paraissait rien exiger et obtenait tout par sa bonne grâce.

C'est ainsi qu'il a été goûté de personnes de tout rang et de sentiments très variés sur les matières religieuses. C'est ainsi que tel qui n'avait jamais eu ni désiré aucune liaison personnelle avec aucun personnage du clergé, a fait exception pour lui, et trouvé un ami précieux sous cette soutane qui inspire à tant de gens un éloignement superstitieux, et à d'autres une haine ordinairement peu raisonnée.

En 1871, pendant le siège de Paris, M. Faure était vicaire à Saint-Etienne-du-Mont. Il se trouva que mon fils était en âge de faire sa première communion. Les aventures de l'*année terrible* et les déplacements causés par le bombardement avaient fort troublé l'instruction religieuse; cependant

M. Faure, que je ne connaissais pas encore, consentit de bonne grâce à se charger de mon enfant.

Après le 18 mars, sous le règne de la Commune, on sait que le culte fut interrompu dans plusieurs églises transformées en clubs. Il fut cependant maintenu à Saint-Etienne-du-Mont, par une exception dont on ne connut la raison que plus tard. La mairie du Panthéon était occupée par le *citoyen* Régère, délégué de la Commune. Son fils suivait le catéchisme de la paroisse; on lui fit faire sa première communion seul, dans la semaine qui précéda la terrible bataille de Paris. Après ce moment, l'église et son clergé furent abandonnés à leur sort.

Il faut se représenter la place du Panthéon, fermée de barricades formidables occupées par les fédérés, les caveaux de l'immense basilique remplis d'approvisionnements énormes de poudre et de projectiles et, autour de ce volcan silencieux, l'Ecole de Droit, la maison de Sainte-Barbe, la bibliothèque de Sainte-Geneviève, l'église Saint-Etienne-du-Mont, le lycée Henri IV transformé depuis quelques semaines en hospice de vieillards. Tout ce quartier sentait la mort toujours présente sous ses pieds. Cependant la paroisse continuait les exercices préparatoires de la première communion, qui devait avoir lieu le jeudi 24 mai. Le lundi, on apprit que l'armée de Versailles était entrée dans Paris. Elle cheminait rapidement, de combats en combats, à travers les incendies. Le mercredi matin, les enfants qui se rendaient à l'église par la place du Panthéon entendirent la mitraille siffler à leurs oreilles : l'ouragan se rapprochait : il fallut ajourner la cérémonie du lendemain.

Ce lendemain fut une journée affreuse. La bataille s'engagea pour la prise de la place du Panthéon, l'une des forteresses les plus redoutables des fédérés. Ils avaient placé des canons en batterie sur les barricades des rues avoisinantes et faisaient un feu continu, très dangereux, non pour les troupes qui les enveloppaient, mais pour les maisons qui se trouvaient dans la ligne de tir. Une partie d'entre eux, logés dans les maisons, répondaient au feu de la troupe, qui s'avançait par toutes sortes de voies inattendues, et les foudroyait des fenêtres. Les murs des appartements étaient percés comme des cribles, et personne ne se trouvait en sûreté chez soi; mais la pire inquiétude venait de la poudrière du Panthéon.

Tout à coup une explosion épouvantable força toutes les fenêtres à une grande distance, et fit voler toutes les vitres en éclat. C'était la poudrière de l'avenue de l'Observatoire qui sautait. A quand le tour du Panthéon, qui pouvait entraîner l'écroulement d'une partie du quartier? — Par quelles circonstances et par quel dévouement ingénieux et obscur un tel malheur fut évité? c'est ce que je n'ai pas à raconter ici. En ce moment-là, le directeur de Sainte-Barbe, M. Dubief, qui avait reçu la veille, dans sa maison, le petit Régère, s'informa auprès du père si la poudrière du Panthéon était destinée à sauter. Le délégué de la Commune ne put rien lui affirmer, mais il lui remit un sauf-conduit pour lui et les siens. Muni de ce papier, M. Dubief, suivi d'une soixantaine de personnes, put s'échapper de cet enfer, sinon sans danger, du moins sans malheur. En même temps, une voiture chargée de tous les engins destinés à faire sauter un édifice, s'arrêtait devant le lycée Henri IV, avec ordre de détruire cette maison, occupée par des vieillards hospitalisés et par quelques personnes, surtout des femmes et des enfants, des familles de l'ancienne administration du lycée. Le directeur de l'hospice, nommé par la Commune, empêcha, les armes à la main, l'accomplissement de ce dessein sauvage. Et déjà les premiers soldats de l'armée française se répandaient sur la place. Le quartier était sauvé !

Avant que ces faits s'accomplissent, les prêtres de Saint-Étienne-du-Mont avaient couru les plus grands dangers. Pendant le combat, les fédérés les avaient enlevés de leur église, pour les traîner sur les barricades, afin qu'ils y fussent fusillés par la troupe. Mais un courageux médecin, bien connu dans le quartier, les requit pour lui servir d'ambulanciers, et les arracha ainsi à une situation horriblement critique. L'abbé Faure avait trouvé moyen de se cacher et de s'échapper sous un déguisement.

Voilà dans quelles circonstances je l'ai connu

Ceux qui ont passé par les angoisses de ces journées inoubliables, ou qui ont été frappés, comme moi, de pertes tragiques dans ces moments d'horreur, savent avec quelle promptitude on s'attachait aux personnes avec qui l'on avait couru les mêmes dangers et qui pouvaient prendre part aux douleurs privées, dont on était accablé dans le malheur général. Ce genre de lien avec l'abbé Faure ne devait pas se relâcher, comme avec tant d'autres personnes, qui chassent vite le souvenir des temps d'épreuves. J'avais pu apprécier sa sagesse, sa discrétion, ainsi que son dévouement au devoir. Je ne pouvais trouver personne qui fût plus à mon goût pour s'occuper des affaires religieuses de ma famille. Il voulut bien s'en charger, et il s'est acquitté de tout: premières communions, derniers sacrements, mariages, baptêmes; comme s'il n'y avait eu aucun autre prêtre au monde pour remplir ces fonctions. Au moment de sa mort, il venait encore de me rendre les services les plus délicats, dont je n'ai pu lui marquer ma reconnaissance. C'est seulement envers sa mémoire que je puis m'acquitter tant bien que mal.

Je ne saurais exposer par quelles raisons il quitta la paroisse Saint-Etienne-du-Mont, et fut nommé vicaire à Saint-Pierre-du-Gros-Caillou. Il trouva là des paroissiens très différents de ceux de la butte Sainte-Geneviève. Il eut des relations fréquentes avec des familles titrées; il devint même le chapelain d'une vieille dame fort dévote, qui ne pouvait le laisser s'éloigner, tant elle avait besoin de lui pour la fortifier à toute heure dans ses défaillances physiques et morales.

Accoutumé à une vie des plus modestes, il se trouvait heureux dans son ministère de paroisse, adouci par quelques relations aristocratiques ; lorsque l'archevêque de Paris lui offrit les fonctions d'aumônier de la Grande Roquette. Il s'agissait pour lui de passer du château, non pas à la chaumière, mais au bagne. De nos jours, un ecclésiastique s'est rendu célèbre et même populaire dans l'accomplissement de ce ministère, qui semble n'être fait que pour des Vincent de Paul. L'exemple encore récent du vénérable abbé Crozes fut un grand encouragement pour l'abbé Faure. L'archevêque prouva qu'il connaissait ses hommes, en portant son choix sur celui-ci, pour consoler des détenus, rebut de la société, et donner le baiser de paix à des criminels, au pied de l'horrible instrument du supplice. La proposition du prélat fut agréée après quelques heures de méditation.

Si l'abbé Faure, en ce moment, avait consulté ses amis, on lui aurait représenté que, selon la sagesse humaine, le temps n'était guère propice pour s'engager dans la carrière héroïque où son supérieur diocésain l'appelait. Les pouvoirs publics paraissaient bien résolus à supprimer toutes fonctions ecclésiastiques qui pouvaient relever d'eux. Après avoir retranché les aumôniers des hôpitaux, pouvait-on s'attendre qu'ils en tolèreraient dans les prisons? Puisqu'on avait peur qu'un prêtre n'opprimât des consciences de malades, n'allait-on pas bientôt s'effaroucher pour la liberté de conscience des voleurs et des assassins? Ceux-là mêmes dont la tête était vouée au bourreau ne devaient-ils pas demeurer libres, jusqu'à la dernière minute, de marquer leur horreur pour la religion catholique, afin de mieux édifier la génération présente? Enfin le devoir de ménager les deniers publics n'imposerait-il pas à nos représentants l'obligation de retrancher des dépenses dont ni eux, ni les organes de l'opinion publique écoutés d'eux, ne comprenaient en aucune façon l'utilité? Il est vrai qu'on témoignait d'un grand zèle philanthropique pour le bien des égarés, de ceux qui tombent sous les coups de la loi; mais de cette philanthropie, d'ailleurs active et efficace, il était bien entendu qu'on excluait la religion. Ainsi, les aumôniers des prisons, ceux qui restaient, devaient s'attendre à tout, excepté à l'appui et à la bonne volonté des pouvoirs publics. Les prêtres courageux qui se vouaient à des relations rebutantes avec des personnages réprouvés par la société, devaient encore, un jour ou l'autre, se voir l'objet de la défiance et de l'hostilité des personnages qui représentaient la nation. Et comme tout homme a besoin de moyens de subsister, était-il sage à un homme sans aucun patrimoine, de s'exposer à quelque retranchement subit de son pain quotidien pour prix de ses services?

De telles considérations n'étaient pas faites pour
ébranler l'abbé Faure. Les avantages pécuniaires
qu'on lui offrait lui paraissaient fort acceptables
pour son petit ménage, composé d'une de ses sœurs
et de lui ; c'était presque le bien-être, et le moyen
encore d'aider une nombreuse clientèle ; il ne crut
pas à l'animosité des pouvoirs qui, bientôt après,
lui retranchèrent successivement les vivres. On lui
avait fait espérer que les fonctions d'aumônier de
la Grande Roquette ne seraient jamais supprimées ;
et dans sa candeur chrétienne, la chose lui paraissait impossible. Comment la société, qui plongeait
ces condamnés dans une situation si affreuse,
pourrait-elle leur refuser enfin les secours innocents de la religion? Une telle probabilité n'entrait
pas dans son esprit. Cette fois il se trompa sur la
dureté dont l'esprit de parti peut rendre les
hommes capables.

Il se sentit pourtant ému, non de la perspective
de passer sa vie dans la société des pires sujets de
l'espèce humaine, mais de la crainte de ne pas
réussir dans son ministère de charité. Qui peut, en
effet, s'assurer qu'il trouvera le chemin pour pénétrer dans des cœurs endurcis par une vie criminelle et par le ressentiment même du châtiment?
Il y avait, à la Grande Roquette, comme les *Souvenirs* l'expliquent, différentes catégories de prisonniers, dont les deux principales se composaient
d'hôtes temporaires, à divers titres, de la maison de
force ; et des condamnés à mort, enfermés dans des

cellules, en attendant l'issue de l'appel en cassation, du recours en grâce ; et enfin l'heure terrible de l'exécution. Le ministère de l'aumônier était bien différent, selon qu'il s'agissait de l'une ou de l'autre de ces deux sortes de prisonniers. Aux premiers, il pouvait faire entendre la messe, adresser des instructions religieuses à la chapelle : voilà pour l'influence collective ; mais en particulier, il pouvait parler à ceux qui le recherchaient, glisser de bonnes paroles dans des âmes qui s'entr'ouvraient, rendre même divers services, procurer quelques légères douceurs, fort appréciées dans une maison où rien n'est destiné au plaisir des habitants.

Pour les condamnés à mort, la grande affaire était de leur faire passer les longues semaines qui s'écoulaient le plus souvent entre la condamnation et l'exécution capitale. Tous ne consentaient pas à recevoir l'aumônier, et, en ceci, leur liberté était religieusement respectée. Si, du sein mystérieux de la prison, le bruit s'était répandu au dehors que l'aumônier eût visité un prisonnier sans sa demande expresse ; quel fracas dans la presse et quel scandale ?... On eût crié à la torture morale, et Dieu sait quelles éloquentes invectives eussent éclaté sur le tortionnaire ecclésiastique, substitué aux tourmenteurs de l'Inquisition ! L'abbé Faure crut devoir se couvrir toujours d'une demande écrite de la main du prisonnier, que jamais personne n'obligeait à l'écrire. Les dénonciations les plus

sournoises auraient vite fait justice de la moindre
pression. Aussitôt qu'il avait reçu cette demande,
il accourait.

Quelques-uns le reçurent avec reconnaissance,
plusieurs avec réserve et en défendant fièrement
les droits de leur conscience; ils voulaient bien le
voir comme *ami* et non autrement. « Aussi est-ce
bien comme ami, que je viens, leur disait-il, et non
autrement. » Pour ceux qui s'obstinèrent à ne le
recevoir que comme ami, c'est-à-dire comme le
seul visiteur qui pût les distraire de leur affreuse
captivité, mais que leurs *principes* et leurs *convictions* empêchaient toujours de s'ouvrir à un ecclésiastique comme tel; il dut se borner à leur faire
don de tabac ou de cartes, qui leur servaient à jouer
toute la journée avec leurs surveillants. D'autres,
qui n'avaient point de convictions si inflexibles, se
livraient à lui de tout leur cœur; il leur procura
cette réconciliation avec eux-mêmes et avec leur
Dieu, qui est la consolation suprême du chrétien.
Il eut même la joie d'en préparer un, tout jeune
encore, quoique abominable assassin, à une première communion tardive, et la lui fit faire dans sa
cellule.

Peu se montrèrent absolument intraitables jusqu'à la dernière minute; il y en eut un de ce genre,
qui lui disait d'ailleurs qu'il tuerait un homme
pour un sou.

Le moment de suprême épreuve, pour l'aumônier comme pour la victime, était celui de l'exécu-

tion. L'abbé Faure s'attacha de cœur à plus d'un de ces misérables, qui n'étaient plus pour lui des scélérats, mais des infortunés. La peine, à ses yeux, faisait oublier la faute, et le repentir la b...t, sans en pouvoir retrancher les conséquences légales. Après leur avoir fait sentir la grandeur de leur crime, quand il avait amené sur leurs lèvres l'expression du repentir, et qu'il avait fait descendre dans leur cœur la confiance en la miséricorde divine, il ne pouvait plus voir en eux que des hommes voués à une mort inévitable, prochaine, dont le jour et l'heure seulement échappaient à leur connaissance. L'attente fut souvent longue, et c'est un genre de supplice dont il souffrait avec eux. Il leur faisait valoir cependant les motifs d'espérance fondés sur un appel, dont ils ignoraient toujours l'issue quand il était rejeté, ou enfin sur la clémence du chef de l'État. Quand tout espoir humain était épuisé, quand la sentence était signée, l'accomplissement de la loi devenait foudroyant. L'aumônier n'entrait plus dans la cellule du condamné qu'avec les autorités chargées d'annoncer au malheureux, ordinairement endormi, l'exécution immédiate, et de le livrer aussitôt à l'exécuteur. Il ne restait plus que quelques minutes pour que tout fût consommé. Des préparatifs sinistres disputaient encore au prêtre ces moments si ugitifs. Alors il recueillait les derniers mots de 'homme qui allait mourir, lui adressait les derières consolations, se chargeait de ses commissions suprêmes pour le monde des vivants; enfin il le soutenait sous le bras jusqu'à l'instrument du supplice, l'embrassait, était souvent embrassé à son tour; et, presque au même moment, l'homme était basculé, le couteau s'abattait, la tête et le corps séparés étaient précipités dans le hideux panier Et, sans perdre un instant, cadavre, gendarmes et aumônier, tout partait à fond de train pour le cimetière des suppliciés, où le prêtre prononçait les dernières prières de l'Eglise sur ce corps tronqué, au bord d'une fosse qui souvent ne le recevait pas; car l'Ecole de Médecine jouissait du privilège de l'emporter pour ses études. Mais il se trouva une fois qu'un condamné demanda, au dernier moment, que son corps ne fût pas livré à la table de dissection. L'abbé Faure osa lui promettre cette faveur posthume; au cimetière d'Ivry, il dut disputer le corps à la Faculté de Médecine; il obtint gain de cause. Le même vœu se renouvela depuis; des contestations, dont le public fut entretenu par les journaux, s'élevèrent entre les représentants de la science et l'administration. Il semble enfin que cette dernière a reconnu, au moins en pratique, à ces hommes déchus, qui n'ont plus aucun droit pour leur propre personne, celui de disposer de leur cadavre après leur mort. S'il y a là une consolation pour quelques-uns, c'est à M. Faure qu'ils la doivent.

En songeant à toutes les scènes de ces drames sanglants, on frissonne, et l'on demeure émer-

veillé du courage, de la force morale, de la soli-
ité physique, dont l'aumônier des condamnés à
ort a besoin pour l'accomplissement de son rôle
lans ces lugubres cérémonies. M. Faure était
dmirablement doué pour de telles fonctions. Un
nthousiaste, une imagination exaltée y auraient
eut-être échoué. Un homme sage, soutenu par
une organisation robuste et calme, gouverné par
une charité profonde, s'en est acquitté avec l'admi-
ation ou l'estime de tous, même des membres de
a presse la moins religieuse.

Cependant, ces émotions, qui auraient boule-
ersé tout autre tempérament, se renouvelèrent
ien souvent pendant qu'il fut chargé de ce minis-
ère terrible. En six ans, il dut assister à vingt
xécutions capitales, et même, deux ou trois fois,
des exécutions doubles. Les récits qu'on va lire
n donnent le détail; mais ce qu'on ne saurait
'imaginer, c'est la manière dont il en parlait avec
es amis. On était fort avide de ses confidences
ur ces événements qui excitent tant de sortes de
uriosité dans toutes les classes de la société.
amais il ne tenta de se faire valoir par des expo-
itions dramatiques des scènes où il avait fait sa
artie. On aurait cru plutôt entendre un témoin
ésintéressé, qui avait tout remarqué, et même les
pisodes baroques et risibles qui se mêlent si
aturellement aux faits les plus tragiques, surtout
orsque les héros sont de la classe à laquelle les
ersonnages principaux appartenaient. De la

bouche de ce témoin, l'on recueillait des traits inimitables, des mots et des actes qui révèlent le fond de la nature. Il contait ces choses avec tant de précision, avec une bonne humeur si originale et des ironies si neuves, qu'on croyait y assister; on était surpris par le rire, avant de songer sur quel fonds on s'égayait.

D'ailleurs, bien heureusement, tout n'était pas lugubre dans les fonctions de l'aumônier. Il avait affaire à un personnel, et, comme il disait, à des pensionnaires très variés. Dans le nombre, quelques-uns pouvaient lui laisser voir des secrets de morale qui ont échappé à La Rochefoucauld et à bien d'autres moralistes. Assurément, un observateur tel que Molière n'aurait pas perdu son temps, s'il avait pu passer quelques heures à la Grande Roquette et causer librement avec cette sorte de gens expérimentés qu'elle sépare du monde pour un temps. Il s'y trouvait même, par rencontre, de vrais artistes, au moins en musique. L'aumônier trouva moyen d'embellir et d'animer le service de sa chapelle, grâce aux talents d'un compositeur assez habile, qui rentrait de temps en temps dans le monde, mais à qui il pouvait dire avec confiance, en recevant ses adieux « Au revoir! » — « Au revoir, Monsieur l'aumônier », répondait l'artiste naïvement, et il ne manquait pas à sa parole : on le revoyait au bout de peu de temps.

Un grand auteur religieux a écrit que la cellule

lu moine, à force de l'habiter, devient douce. On 'oserait pas en dire autant de celle du prisonnier; cependant la prison finit peut-être, comme toutes hoses, par présenter quelques aspects agréables, our ceux qui peuvent s'y accoutumer. Au moins st-elle un sujet d'études assez riche pour 'homme qui sait observer, comme l'était le bon umônier; et il se plaisait à faire part de ses obser- ations les plus précieuses.

On ne devinerait pas qu'il y fut l'intermédiaire de plusieurs mariages. Oui, des pensionnaires de a Grande-Roquette crurent devoir contracter des mions indissolubles avec des locataires de la mai- son de Saint-Lazare, ou d'autres. L'aumônier arrangea les affaires, fit les démarches obliga- toires, et les fiancés furent mariés régulièrement, sous la surveillance paternelle des gardiens de la Roquette. Ils purent quelquefois, avec les mêmes témoins, s'accorder une noce modeste au cabaret, avant d'être ramenés à leurs domiciles respectifs. Quant à la consommation du mariage, si elle n'avait pas devancé la consécration, elle était réservée souvent pour la Nouvelle-Calédonie. N'est-on pas surpris de ces exemples de con- stance et de fidélité, chez des sujets à qui l'on ne prêterait pas volontiers des vertus? Il y eut même un de ces malheureux qui devint assassin, parce que le mariage avec sa bien-aimée lui fut refusé pendant sa détention à la Roquette. L'abbé lui a sauvé la vie devant la cour d'assises.

Les connaissances d'un ordre peu commun que l'abbé Faure acquérait tous les jours, faisaient beaucoup rechercher sa conversation. Il se sentait lui-même grandir dans l'opinion des autres et eut peut-être son moment de vaine gloire. Il voyait sa porte assiégée de curieux de diverses sortes : reporters de journaux, qui cherchaient la matière d'articles, ou publicistes qui comptaient tirer de son expérience des idées sur les questions inépuisables du droit pénal. On se préparait à le citer comme une autorité ; mais il entrevit le piège et se rendit très réservé envers des inconnus, dont quelques-uns ne se sont pas fait scrupule de publier ce qu'il s'était bien gardé de leur dire. Ses opinions cependant n'étaient pas mystérieuses sur différents points, notamment sur la peine capitale, objet de tant de débats, et sur laquelle on a écrit avec tant d'éloquence. L'abbé Faure n'était pas un philosophe à grandes théories, et il avait horreur des déclamations banales. Ayant ressenti d'assez près l'horreur des exécutions capitales, il aurait pu en dire son mot, s'il avait jugé à propos de remuer la sensibilité du public ; mais il s'en rapportait à un autre genre d'expérience. Il savait, par des observations caractéristiques, la terreur qu'inspire à la classe des malfaiteurs le dernier supplice ; aussi ne pensait-il pas que la société dût se désarmer de ce moyen d'intimidation, bien qu'il ne prévienne évidemment pas tous les crimes. D'autre part, il n'était guère ému par la crainte des

erreurs judiciaires, car il n'en avait pas constaté.
Il avait rencontré des condamnés qui protestaient
contre la peine appliquée à leur culpabilité, telle
qu'ils l'estimaient, et qui déclaraient cette peine
excessive, absurde et injuste, parce que leur crime
leur paraissait assez léger; mais d'innocents parmi
les condamnés, il n'en trouva jamais. Il ne s'avisa
donc pas de demander la réforme des lois, bien
qu'il ait parfois discuté quelques jugements et
pensé que certains coupables avaient peut-être été
frappés trop rigoureusement. En un mot, il aurait
voulu pouvoir adoucir le sort de quelques criminels, mais non pas changer le droit pénal.
On ne trouvera, dans ses notes, aucun mot qui
vise à une réforme du Code. Il était d'ailleurs trop
modeste pour aborder ces grandes discussions
de principes, où l'on se perd aisément, quand
on n'est pas doué d'un génie qui se trouve chez
peu d'hommes, quoique l'envie de réformer
soit fort commune.

Il n'aurait cependant tenu qu'à lui de se faire
une célébrité facile, en se prêtant aux interroga-
tions qui lui étaient adressées, et en laissant publier
ses opinions. Mais ses fonctions lui suffisaient, avec
le bien immédiat qu'il y pouvait accomplir. Il crut
même que ce bien pourrait suffire à lui attirer la
reconnaissance de l'administration supérieure, et
les distinctions dont elle dispose. Il y songeait peut-
être encore, lorsqu'il se vit frappé d'une révocation
soudaine, qui le réveilla d'un beau songe. Lui

seul sans doute n'avait pas suivi des yeux l'orage
qui s'amassait contre lui. Comment put-il s'imaginer que les puissances du temps appréciaient
ses services ? S'il s'était borné à figurer nominati-
vement sur les états de la prison, et à se montrer aux
exécutions capitales, au pied du poteau de la guillotine, comme une sorte d'assesseur du bourreau,
un témoin décoratif de la cérémonie ; peut-être
aurait-on supporté un aumônier, à qui l'on aurait
pu alors rendre ce témoignage essentiel, qu'il ne
faisait rien. Mais ne fut-il pas assez clairement
averti, dès les premiers temps de son exercice,
par la suppression du traitement des aumôniers?
Quand le pouvoir ôte le traitement à une catégorie
de fonctionnaires, il lui fait assez entendre qu'il
ne tient pas à ses services.

L'abbé Faure explique, dans ses *Souvenirs*, comment cette mesure budgétaire fut prise, à quelles
ressources il se trouva réduit, et par quelles com-
binaisons il parvint à subsister après ce retranchement. Il s'obstina à remplir, à ses dépens, les
devoirs qu'il s'était imposés, en dépit de mes-
quines tracasseries qni ne lui étaient pas épargnées,
et qui trahissaient au moins le mauvais vouloir de
l'administration. Enfin ce fut son obligeance qui
fournit le prétexte qu'on cherchait sans doute
depuis un temps] pour se débarrasser de sa personne.

Un prisonnier le pria de faire connaître à sa femme,
en état de grossesse, les personnes qui pourraient

venir en aide à cette malheureuse dans son dénue-
ment. L'abbé ne crut pas devoir lui refuser cet
office d'humanité : il en avait rendu d'autres plus
pénibles et plus repoussants aux familles de ses
misérables clients. Il fit écrire par l'homme la liste
des personnes, de peur d'oublier les noms et les
adresses, et il emporta ce document au dehors.
Voilà le crime ! Il fut dénoncé par quelque prisonnier jaloux. L'affaire chemina obscurément.
Un matin, l'aumônier, en se présentant à l'entrée
de la prison, s'en entendit interdire l'accès. Il était
révoqué de ses fonctions, sans informations, sans
recours possible. Les journaux annoncèrent aussitôt cette nouvelle au public, avec des observations variées, dont quelques-unes affectaient un
air à demi officiel. On alla jusqu'à dire que l'abbé,
dans son zèle imprudent et son obligeance aveugle,
avait servi d'intermédiaire à des correspondances
dangereuses pour la France. Un peu plus, on
aurait fait entendre qu'il avait livré aux Prussiens
des plans de nos forteresses des frontières. Avec de
pareilles insinuations, tout le monde sait qu'il n'y
a homme en France qui ne devienne aussitôt
pendable, sans examen.

Ceux qui ont connu la prudence de l'abbé Faure
et son respect des règles, ne purent le croire coupable que de quelque négligence de formes. Pour
lui, il ne se reproche rien ; et cependant sa conscience et sa sincérité n'étaient pas banales. Il se
cousit les lèvres dans ce moment-là pour les

curieux. A peine ai-je pu recueillir de lui, plus tard, ces paroles : « J'ai appris, dans cette affaire, jusqu'où peut aller la méchanceté des hommes. » Pauvre abbé ! Il avait passé six ans et plus à faire parler des repris de justice et des assassins, et il ne savait pas encore jusqu'où la méchanceté des hommes peut aller !

Son supérieur ecclésiastique, l'archevêque de Paris, qui du moins l'interrogea, ne le jugea pas très répréhensible. Précédemment, il l'avait attaché à la paroisse de Saint-Sulpice, pour lui procurer des moyens d'existence. Il le fit passer au même titre, peu de temps après cet événement, à celle de Saint-Philippe-du-Roule, lui recommandant seulement de se faire traiter pour la demi-surdité qui l'incommodait, et le rendait peu propre au service ordinaire des paroisses.

M. Faure se croyait déchu par la disgrâce qui l'avait frappé. Il avait pris fort à cœur ce service d'aumônier de la Grande Roquette. C'était, dans sa pensée, l'honneur de sa vie. Il comptait ne jamais l'abandonner ; aussi ne chercha-t-il plus à voir personne, se jugeant déprécié aux yeux du monde. Il fut pourtant encore recherché, et reçut des invitations très flatteuses, même de personnes qui n'appartenaient pas à l'Eglise catholique, mais qui se firent une joie de rassembler autour de lui des convives de nations et de cultes divers.

Depuis longtemps il avait conçu le projet d'écrire ses souvenirs de la Grande Roquette. En attendant, il avait mis en note ses remarques de chaque jour. C'est ce que sa famille publie aujourd'hui. Rien n'y sent l'écrivain, l'homme qui veut se faire louer du lecteur. Point de descriptions, peu de réflexions; des faits dans toute leur simplicité. On trouve d'abord ces faits un peu nus. Mais l'intérêt s'accroît à mesure qu'on avance dans la série de ces événements, et qu'on suit la galerie de ces personnages, dont les physionomies ne sont pas uniformes, quoiqu'ils appartiennent tous à la triste famille des suppliciés. Tous furent des criminels, mais tous ne furent pas des monstres, bien qu'il y en ait dans le nombre. Cette exposition de tableaux funèbres peut-elle beaucoup instruire le public? Nous n'en savons rien; mais on connaît la curiosité du monde pour les sujets de ce genre, puisqu'il court aux nouvelles, aux spectacles, aux représentations dont les criminels sont les héros. Dédaignera-t-il de les observer dans la prison, où ils lui sont présentés par un homme qui a bien connu le fort et le faible de leurs âmes étranges et obscures? On sort de cette lecture un peu oppressé, mais aussi consolé par les succès moraux qu'obtint le prêtre dévoué qui a recueilli ces souvenirs, où il se peint sans y penser.

L'abbé Faure, comme nous l'avons rappelé d'abord, fut surpris par une mort subite, conséquence probable de l'accomplissement de son service ecclésiastique. Il avait accompagné au cimetière Montmartre le corps d'un paroissien de Saint-

Philippe-du-Roule. Longtemps debout sur le bord
de la tombe, il reçut à découvert les traits de feu
du soleil de juillet. Le soir, il se sentit souffrant
au milieu de ses frères, sœurs et neveu, rassemblés
à propos de sa fête. Il se retira de bonne heure
afin de se reposer, sans déranger personne. Le
lendemain matin, sa sœur dévouée, qui tenait sa
maison, le trouva dans son salon, sur un canapé,
en chemise et immobile. Il était déjà froid. Appa-
remment, pendant la nuit, ne pouvant respirer, il
était venu là chercher de l'air, et il y était demeuré
comme foudroyé. J'ai déjà parlé, en général, de
ceux qui ont sujet de regretter cet homme bienfaisant; mais que dire de ceux pour qui il était
tout, l'union, l'honneur et la vie? On ne sait pas
assez ce que c'est que la famille d'un bon prêtre :
bien des gens aujourd'hui auraient besoin de l'apprendre; ils y gagneraient sans doute beaucoup
pour l'équité de leurs jugements.

L. CROUSLÉ.

Fontainebleau, 2 septembre 1893.

AVANT-PROPOS

I

Le voyageur qui visite pour la première fois un pays étranger a toujours soin de se munir d'un carnet, sur lequel il inscrit jour par jour ses remarques, ses idées, ses impressions, afin d'en conserver le souvenir et de les fixer à jamais dans sa mémoire; mais ces notes, sténographiées pour ainsi dire, au fur et à mesure que les paysages se déroulent devant lui dans leur incessante variété, n'ont d'autre mérite que celui d'une exactitude parfaite.

Point de phrases, nulle description poétique ou romanesque : la vérité, telle qu'elle sortit de son puits, toute nue, sans voile et sans ornements ni atours d'aucune sorte : ici, une route dans la laine, là, des sentiers sur le flanc des montagnes, au loin un village avec son clocher pointu, un ruisseau, une cascade, une station, un précipice, un lac, une vallée, une forêt à l'horizon, un coucher de soleil, puis la nuit. Le lendemain, nouvelles plaines, nouvelles vallées, nouveaux paysages toujours décrits aussi succinctement; même laconisme dans le récit des épisodes qui ne man-

2.

quent pas de se produire au cours d'un long voyage.

Plus tard, quand le touriste, rentré dans ses foyers, relit au coin de son feu le récit de ses excursions, il éprouve je ne sais quelle satisfaction à jeter un coup d'œil en arrière et à voir revivre dans sa pensée les impressions ressenties au spectacle de la nature et des pays qu'il a parcourus ; c'est là un plaisir intime qu'il goûte seul ou qu'il ne fait partager qu'à quelques amis. Nulle recherche de style châtié ou prétentieux, absence complète de fleurs de rhétorique ; et néanmoins on est sous le charme, car on sent que tout cela est vrai, que l'imagination ne joue aucun rôle dans ces simples récits et que ce sont là vraiment choses vues.

Dans un autre ordre d'idées, l'Aumônier de la Roquette, lancé tout à coup dans un monde nouveau pour lui et inconnu de la plupart, a, comme le voyageur précité, voulu fixer dès le premier jour ses impressions sur son carnet, non dans un but de vaine curiosité, mais pour s'instruire et s'élever peu à peu à la hauteur de la pénible mission qu'il était appelé à remplir.

Successeur presque immédiat d'un homme qui avait su acquérir dans ces difficiles fonctions une réputation universelle, j'ai nommé l'abbé Crozes, l'abbé Faure avait à s'inspirer des leçons, des conseils et de l'expérience de son vénérable prédécesseur. Tout était nouveau pour lui dans ce monde inexploré ; lui qui jusqu'alors n'avait vécu qu'au milieu d'une société honnête, du moins à la surface, se trouvant plongé dans les bas-fonds de cette même société, au milieu des voleurs, des faussaires et des assassins, en contact avec tout ce qu'elle rejette de son sein et qu'elle livre à l'ostracisme ou à la hache du bourreau ; devait se trouver singulièrement dépaysé.

Malgré tout, il se mit résolument à l'œuvre, s'inspirant de la parole de l'apôtre : « Aimez-vous les uns les autres ! »

Ce ne fut pas néanmoins sans un certain frisson qu'il pénétra pour la première fois dans cette prison terrible, derrière les murs de laquelle étaient enfermés tant de criminels voués, les uns, à une détention de courte durée, d'autres attendant leur départ pour le bagne et la transportation, quelques-uns enfin qui ne devaient en sortir que pour l'expiation suprême.

Dans cette atmosphère saturée de tous les vices, de toutes les turpitudes, de toutes les scélératesses, de tous les crimes, quelle semence de bien pourrait-il faire germer et fructifier? Mais qu'importe! Le laboureur qui jette le grain dans son sillon ne songe pas aux orages et à l'inclémence de la saison future.

Le devoir! Telle était sa consigne, il devait y obéir et marcher résolument à son accomplissement sans faiblesse et sans arrière-pensée.

Le voilà donc à l'œuvre et, je dois le dire à l'honneur de l'humanité, ses premiers pas dans cette œuvre de régénération morale ne rencontrèrent pas les obstacles auxquels il avait craint de se heurter. Parmi tous ces êtres, rebut de la société, tous plus ou moins corrodés par la lèpre du crime, tous transsudant le vice par tous leurs pores, il ne

s'en est pas trouvé un seul, pendant toute la durée
de son ministère, qui, devant ce [prêtre, qu'il
aurait peut-être insulté dans la rue, ne se soit
montré convenable et respectueux.

Pourquoi ? C'est que, chassés de la société,
regardés comme des bêtes malfaisantes qu'on
enchaîne ou qu'on tue, ces misérables, voués à
l'infamie et à l'exécration générale, n'ont entendu
qu'une parole de commisération, sortie des lèvres d'un homme; et cet homme, c'était le prêtre,
qui seul osait se dire leur ami ! qui seul osait les
plaindre et leur pardonner au nom du Dieu des
miséricordes et du repentir ! Tant il est vrai que
quelque gangrenées que soient les natures les plus
perverses, les plus abjectes, les plus dépravées, les
plus endurcies, elles gardent, quand même, au fond
du cœur, une lueur inextinguible qui les rattache
à l'humanité et peut, à l'occasion, briller d'un
nouvel éclat !

Dans les pages si modestes de ce récit, si l'auteur s'abstient de tous ces raisonnements, de toutes
ces réflexions philosophiques, elles n'en ressortent
pas moins clairement du simple exposé des faits;
et le lecteur ne manquera pas d'en tirer lui-même
les conclusions.

Pour n'en citer qu'un exemple, quand un condamné à mort voit pour la première fois l'aumônier,
dont il a réclamé la visite, entrer dans sa cellule,
sa première parole est pour protester de son innocence :

« Mon ami, lui répond le prêtre, je ne vois en
« vous ni un coupable, ni un innocent, mais seu-

« lement un malheureux auquel je viens donnner
« des consolations! »

Cette seule phrase résume tout et indique, mieux
que ne pourraient le faire tous les raisonnements,
quels sont le rôle et la mission de l'aumônier.

Un poète l'a dit :

Rien n'est beau que le vrai, le vrai seul est aimable.

Si cet adage est exact, le lecteur, en parcourant
ces pages qui, dans le principe, n'étaient pas destinées à la publicité, et ne l'ont été que sur les sollicitations pressantes d'amis qui en avaient eu
communication; le lecteur, dis-je, ne pourra manquer d'éprouver le plus vif sentiment d'intérêt, et
sa curiosité sera d'autant plus aiguillonnée que le
théâtre où se déroulent les scènes décrites est
presque complètement ignoré du public.

En effet, le drame se passe derrière d'épaisses
murailles, peu ou point constellées de fenêtres à
lourds barreaux entre-croisés; une sentinelle,
l'arme au bras, en défend les abords; et, sauf le parloir (et quel parloir!) où, par permission spéciale,
sont admis les proches parents du détenu, nul, sauf
l'aumônier, ne peut pénétrer dans l'intérieur de la
prison; les gardiens sont tenus, sous peine d'exclu-
sion, au silence le plus absolu sur tout ce qui s'y
passe, et les lettres écrites ou reçues par le prisonnier sont soumises à un examen rigoureux, avant
de pouvoir parvenir à leur destinataire.

En soulevant un coin du voile qui couvre ces
mystérieuses et redoutables cellules, l'auteur n'a
pas cru commettre une indiscrétion. Il a évité avec

soin d'aborder toutes les questions qui ont trait à l'administration et au règlement des prisons; il s'est abstenu de toute critique. Bien plus, craignant parfois que certaines divulgations ne pussent porter ombrage ou atteindre la réputation de familles innocentes du crime d'un de leurs membres, toutes les fois qu'il ne s'est point agi d'un misérable dont les crimes ont retenti dans tous les journaux, dont le nom a été livré à la publicité et que, par conséquent, il eût été inutile de le taire, il a remplacé ce nom par des initiales; il a gardé pour lui-même les confidences intimes, se renfermant strictement dans le secret professionnel et confessionnel, auquel il était tenu comme fonctionnaire et comme prêtre.

En résumé, nous pensons que cet ouvrage, extrêmement curieux, simplement conçu, écrit avec sincérité, renferme un intérêt puissant, des portraits d'une ressemblance parfaite, je dirai presque scrupuleuse, je ne sais quoi de vécu qui donnent à ce récit la vérité cruelle du fait divers ou du procès-verbal avec l'irrésistible puissance du drame et de la terreur.

Tel a été le but poursuivi par l'auteur, et l'abbé Faure, ex-aumônier de la Roquette, malgré sa révocation, basée sur des motifs d'ordre rigoureusement administratifs, loin d'en avoir été diminué, a conservé dans sa disgrâce l'estime de tous ceux qui l'ont connu et qui ont pu apprécier son zèle, son dévouement, sa mansuétude, la pureté de ses intentions et sa parfaite honorabilité.

II

Cet avant-propos, qui devait servir de préface aux Mémoires de l'ex-aumônier de la Roquette était à peine terminé, qu'une mort foudroyante vint l'enlever à l'affection de sa famille, de ses amis et de tous les malheureux auxquels il prodiguait tant de soins, de secours et de consolations. Elle ne lui permit pas de les faire éditer lui-même ; il est probable qu'au cours de la publication, il les aurait augmentés de nouveaux documents qui eussent ajouté à leur intérêt et accru leur attrait aux yeux du public.

En compulsant sa volumineuse correspondance soit avec les condamnés, soit avec leur famille, nous avons, en effet, découvert des lettres extrêmement curieuses et dont les moralistes eux-mêmes pourraient tirer le plus grand profit au point de vue psychologique. Elles prouvent jusqu'à l'évidence que, quelle que soit la dépravation de l'individu, quelques crimes qu'il ait pu commettre, quelque oblitéré que soit son sens moral, une étincelle suffit parfois pour raviver en lui la flamme primitive et le ramener à des sentiments meilleurs.

Deux ou trois exemples entre mille suffiront pour le prouver, et nous ne pouvons résister au désir d'en faire part à nos lecteurs, certains qu'ils exciteront au plus haut point leur intérêt et leur curiosité.

Le premier émane d'une jeune fille délaissée et abandonnée dès son bas-âge par une mère dénaturée, par une de ces femmes descendues au dernier degré du vice et de l'infamie, condamnée à expier à perpétuité ses crimes dans une maison centrale. Ce monstre, on ne saurait la qualifier autrement, retrouvant sa fille jeune et belle, avait voulu l'associer à ses déportements et à sa conduite crapuleuse; mais celle-ci, élevée dans un milieu honnête, repoussa les propositions de cette mère infâme et ne consentit jamais à la revoir.

Après sa condamnation et son internement dans une prison d'où elle ne devait jamais sortir ; prise sans doute d'un remords tardif, la malheureuse mère voulut essayer de laver dans cette innocence les souillures de son passé, et fit adresser à sa fille, qui avait été recueillie par une famille respectable, une lettre d'excuses, la suppliant de se souvenir qu'elle avait une mère, et que son devoir était de lui pardonner les torts qu'elle pouvait avoir eus.

Voici la réponse :

Madame,

Je vous écris ces quelques lignes pour vous dire qu'aujourd'hui je suis orpheline, et je vous trouve bien hardie d'oser vous permettre de m'appeler votre fille; moi, je n'ai plus de mère, je n'ai que ma mère adoptive, que Dieu a permis que je retrouve malgré toutes les ignominies que vous avez commises ; elle a bien voulu me reprendre ; elle n'a rien ignoré, elle a suivi tous les journaux ; elle sait tous vos forfaits ; elle remercie la Providence de m'avoir enlevée d'auprès de vous, car vous auriez fait de moi ce que vous avez eu l'audace de faire de mon malheureux frère et peut-être pire.

Maintenant je suis donc avec ma mère adoptive ; je suis entre bonnes mains ; je n'aurai jamais de mauvais exemple à redouter, car vous avez tout eu, sans exception, pour être honnête, mais l'amour du vagabondage vous a toujours guidée, non-seulement guidée mais suivie, de plus vous y avez conduit un pauvre et malheureux frère qui, aveuglé par l'amour maternel, vous a, malheureusement pour lui, trop obéi... Vous me demandez sa dernière lettre, mais sachez que vous ne l'aurez jamais en votre possession ; je m'en vais vous en dire quelque passage pour vous faire honte ; voici sa dernière phrase : « J'aurais bien voulu être comme toi, élevé par des étrangers » oui, plutôt que d'être élevé par une mère comme vous, car, comme il l'a compris trop tard, c'est vous qui lui avez donné le jour, mais c'est aussi vous qui le lui avez ravi par votre vice infâme ; vous lui avez armé la main ; je suppose que vous   ez être satisfaite de votre ouvrage ; donc, il est inutile que vous m'écriviez ; vous êtes morte pour moi et moi morte pour vous ; j'ai donné des ordres que si l'on recevait des lettres, de les refuser, car la première que je reçois, je la brûle sans la décacheter ; si l'on ne m'avait pas retenue, celle-ci passait par le feu comme les autres ; je comprends que des parents ne laissent pas de la fortune à leurs enfants, mais au moins la probité et en un seul mot, l'honneur. Tant que vous souffriez, vous ne souffrirez jamais assez par le remords que vous avez fait exécuter mon pauvre frère.

Je vous dis adieu pour la vie en vous traitant de *lâche*.

                                                    X...

Quel drame! quel châtiment !

La misérable mère envoya cette lettre à l'abbé Faure en le suppliant de tenter de nouvelles démarches auprès de sa fille; mais celle-ci demeura inflexible.

Que sont les débats de la Cour d'assises, la condamnation, la sévérité de la réclusion, en présence d'une pareille torture morale, mille fois pire

que la torture physique ! N'avoir qu'un enfant et
se sentir maudite par la chair de sa chair, le sang
de son sang !

Voyons maintenant le drame dans la famille,
une famille honnête celle-là : si le vice n'est pas
héréditaire, comme le prétendent certains philo-
sophes, la vertu hélas ! trop souvent ne se lègue
pas comme héritage, et l'adage : « Tel père, tel
fils, » n'est pas toujours une vérité.

Un criminel de dix-huit ans est condamné à mort :
l'abbé Faure va le visiter dans sa cellule et lui
offrir ses consolations ; le malheureux le prie d'aller
voir ses parents et de leur transmettre l'expression
de son repentir ; l'aumônier s'empresse d'accéder à
ce désir ; il ne trouve que la mère ; le lendemain il
reçoit cette lettre touchante du père :

Monsieur l'abbé,

J'ai bien regretté mon absence hier, j'aurais désiré
m'entretenir avec vous au sujet de mon malheureux fils.

Je viens de lui adresser une lettre dont je vous donne
copie ci-dessous.

Veuillez agréer, Monsieur l'abbé, l'assurance de mon
profond respect.

X...

Mon malheureux fils,

Depuis ta terrible condamnation, nous sommes tous
atterrés, et ne vivons plus que dans le désespoir et les
larmes.

Ne crois pas, mon pauvre enfant, que nous ne pensons
pas à toi ; au contraire, ton image est toujours devant nos
yeux, et c'est en frémissant que nous songeons à ton
épouvantable position.

Lorsque par la pensée nous nous reportons en arrière,
il nous revient à la mémoire tous les moments heureux

que nous passions ensemble. Tu travaillais alors! et nous attendions le dimanche avec impatience, car tu n'étais libre qu'une partie de ce jour-là, pour faire un bon petit dîner en famille.

Ta belle-mère, qui t'aime exactement comme si tu lui appartenais, ne peut retenir ses larmes, lorsqu'elle évoque le tableau charmant que tu te plaisais à lui procurer en te mettant à quatre pattes et en faisant le tour de la salle à manger, ton gentil petit frère sur le dos.

Hélas! quelle est l'infernale idée qui a pu te pousser à fouler aux pieds tous ces chers souvenirs?

En abandonnant famille et travail, tu as naturellement trouvé sur ton chemin ces ramassis de vauriens et cette infâme... X...., qui faisait de son antre une maison d'éducation dans l'art de voler et de tuer; et à qui s'adressait-elle? presque à des enfants.

Voilà la plus coupable: c'est cette femelle.

Tant qu'un homme respire, et serait-il certain de mourir demain, il lui reste au cœur l'espérance.

Ne te décourage pas, écoute avec respect les consolantes paroles de M. l'abbé Faure.

M. le Président de la République, dans sa haute sagesse, te fera peut-être grâce de la vie, car il se dira: Le repentir de ce garçon est sincère, et si son bras a frappé, la raison de ce malheureux, dans cette journée maudite, était restée entre les mains de cette horrible femme.

En présence de ta jeunesse, et en prenant compassion de toute une famille dont l'avenir serait à jamais empoisonné, M. le Président, j'ose l'espérer, fera, en ta faveur, usage de sa redoutable signature.

C'est le cœur bien gros que nous t'embrassons tous.

Espère toujours,

Ton père,

X...

Pauvre père! malheureux enfant! tout espoir devait bientôt s'évanouir, et la terrible sentence allait prochainement recevoir son exécution. Mais qui ne se sentirait ému à la lecture d'une semblable lettre ? Quels sentiments tendres et touchants ! C'est bien là le langage d'un père et d'un homme vraiment bon et honnête. Quelle épouvantable catastrophe dans cette famille de braves gens !

Pour compléter une trilogie d'aspects divers et intéressants ; après le père et la mère, c'est l'amante qui entre en scène ; c'est la maîtresse d'un voleur et d'un assassin qui s'exile volontairement de France pour ne pas se trouver à Paris le jour fatal de l'exécution du misérable.

Jeune fille bien élevée, appartenant à une famille honorable, douée de tous les dons du corps et de l'esprit, la fatalité avait voulu qu'elle associât sa destinée à celle de ce scélérat, dont elle ignorait les agissements criminels. Eh bien ! malgré tout, elle l'a aimé ; et la découverte de ces forfaits, sa condamnation n'ont point altéré en son cœur les sentiments d'affection qu'elle lui avait voués. Explique qui pourra ce phénomène : il existe, nul ne pourrait le nier en lisant ces fragments de lettres écrites à l'abbé Faure après l'exécution du criminel :

Monsieur l'abbé,

C'est seulement aujourd'hui que votre lettre m'est parvenue, et bien loin, hélas ! comme vous pouvez en juger. Des devoirs m'obligeaient à faire ce voyage, qui peut encore se prolonger un ou deux mois ; et le jour où j'ai appris la fatale fin de ce pauvre malheureux, je me suis enfuie pour ne pas être présente à Paris au moment de l'exécution.

Le dimanche matin, je quittais la France avec un chagrin difficile à dépeindre, car j'avais toujours eu un peu d'espoir; et malheureusement il a fallu me rendre à l'évidence.

Que la volonté de Dieu soit faite! Si j'ai eu une consolation aujourd'hui, monsieur l'abbé, c'est à vous que je la dois, car je sais que ce pauvre malheureux s'est bien repenti et bien recommandé à Dieu; que ses derniers moments ont été bien adoucis, grâce à votre secours, à votre bonté et votre bonne parole qui a su le toucher et l'inspirer auprès du Créateur.

Merci bien, monsieur Faure! Je vous serai toujours reconnaissante de ce que vous avez fait pour le bien de ce malheureux et de la sympathie que vous m'avez témoignée depuis que ma bonne étoile m'a conduite auprès de vous.

J'ai appris par les journaux que son corps n'avait pas été réclamé par sa famille; mon intention avait été de le faire, au cas où cette dernière s'abstiendrait. Les conseils des uns et des autres m'en ont empêchée. Je regrette aujourd'hui de les avoir écoutés, car j'aurais, avant de quitter Paris, donné des ordres en conséquence; aujourd'hui il est peut-être trop tard!

J'ai si peu mon libre arbitre! Je n'ose rien faire; cette maudite presse interprète chaque chose à sa manière, et elle se trouve être différente du sentiment qui me guide...

Je prie B... de vous remettre deux francs; monsieur l'abbé, veuillez, je vous prie, dire une messe pour le repos de l'âme de ce malheureux garçon. Si je n'y participe pas par ma présence, mon cœur et mes pensées seront tout entiers auprès de votre saint autel.

Si je devais, monsieur Faure, ne pas vous paraître importune, je vous prierais de vouloir bien conserver ce que C... vous a remis, jusqu'à mon retour en France. J'irai moi-même vous le demander, car je tiens à entendre de vous-même les dernières paroles de ce malheureux et ses suprêmes recommandations.

Avec mes excuses pour une si longue lettre, etc.

Dans une autre lettre :

Monsieur l'abbé,

J'ai obtenu votre estimée lettre hier matin; je m'empresse de venir encore vous remercier pour l'empressement que vous avez mis à recommander l'âme de mon infortuné ami à la justice et à la bonté divine.

Je ne puis assez vous dire combien votre lettre m'a fait un sensible plaisir; j'attache une très grande importance à votre estime, et je craignais que les racontars des journaux aient pu diminuer l'opinion que vous avez de moi, au sujet de mon pauvre ami. Je n'ai pas changé, croyez-le bien, monsieur Faure! et mon seul chagrin est de n'avoir pu faire plus et ne pouvoir aujourd'hui faire davantage.

Je vous envoie ci-joint deux roubles pour la messe que vous avez dite; et comme le... c'est la S. C... veuillez, monsieur l'abbé, par votre saint ministère, recommander son âme à son saint patron, et mettre quelques petits cierges à l'autel de la Sainte Vierge, à qui je demande souvent d'intercéder auprès de Dieu pour obtenir sa grâce, etc., etc.

Comme on le voit ici et comme on le verra par la suite, l'œuvre de pitié et de consolation de l'aumônier des condamnés à mort ne s'arrête point au pied de la guillotine. Ceux qui ont aimé les misérables qu'il a assistés aiment à mêler leur douleur à sa pitié.

Ici, le choix serait très difficile et très délicat à faire parmi les lettres à lui adressées par des personnes souvent fort honorables.

Il n'est pas possible de citer ces lettres sans indiquer les noms du condamné auquel elles font allusion; et ce serait une action coupable de remettre en scène des personnes qui ont eu le malheur

de se trouver mêlées à la vie de tel ou tel grand
criminel. Et cependant, quel enseignement précieux ne peut-on pas tirer de certaines confidences
qui montrent toute l'étendue des malheurs, toute
l'épouvante des désastres que le criminel laisse
après lui, en faisant une vie de désolation et de
honte à ceux qui ont eu le malheur de l'approcher
ou le malheur plus grand encore de l'aimer.

Car ces criminels, avant d'apparaître au monde
comme des exceptions monstrueuses, ont naturellement passé dans la vie, mêlés à l'existence nor-
male de chacun, et il arrive le plus souvent que ni
le crime ni l'abjection du condamné ne parviennent
à arracher entièrement du cœur de ceux qui l'ont
aimé le souvenir de cet homme qu'ils ont cru bon
et honnête, qui s'est montré à eux d'autant plus
charmant qu'il avait besoin de plaire, pour conqué-
rir et pour exploiter leur confiance naïve.

Voici le tableau d'une existence brisée par l'un
des plus curieux et l'un des plus terribles malfaiteurs que l'abbé Faure ait eu à assister.

Nous couperons soigneusement toute phrase qui
pourrait laisser deviner quel est l'auteur de ces
écrits. Disons seulement que c'est une femme esti-
mable, estimée et respectée de tous ceux qui la
connaissent.

J'ai pleuré tout le restant du jour. Il me semble que
j'ai assisté à cette triste journée. Pauvre Fred! pauvre
enfant! Il n'a certainement pas voulu faire tout le mal
qu'il a fait. Mes souvenirs se reportent en... Le jour de
l'An, je venais de marier... et mon salon était au complet
par mes enfants et mes petits-enfants, le pauvre Fred et
mes deux filles.

Ils étaient tous si beaux et si heureux, pétillants d'es-

prit et de jeunesse. Vous connaissez l'esprit qu'avait le
pauvre malheureux. Eh bien! mes deux autres gendres
étaient à peu près. Il ne pouvaient se quitter; et il était
deux heures du matin quand ils se sont séparés et qu'ils
m'ont dit : « Mère, nous reviendrons demain; préparez-
nous encore le dîner. » Enfin, trois jours de suite, je les
ai eus tous et je disais glorieusement en moi-même : Tout
cela m'appartient; c'est que je croyais que... deviendrait
mon gendre.

La suite de la lettre rappelle des faits que nous
passons sous silence, parce les rappeler serait
presque nommer l'auteur de la lettre. Mais voici
que, pour une raison quelconque, les amis d'autrefois abandonnent cette femme, qui décrit sa maison telle qu'elle était jadis en ces termes :

« Mes enfants étaient si aimables et si bons que c'était
a qui aurait le bonheur d'être reçu dans notre famille.
Nous avions un petit chalet près de la cure, sur la côte,
où nous faisions des réunions de famille et amenions des
amis (alors ils étaient amis). Vous comprendrez par là,
monsieur l'abbé, notre popularité...

Voici maintenant cette malheureuse femme et
sa jeune fille abominablement exploitées par un
homme en qui elles ont une confiance aveugle,
confiance que les événements eux-mêmes n'ont
jamais pu abattre. Il doit épouser la fille et ne
l'épouse pas. Il ruse, et c'est encore naïvement et
après les événements accomplis, que la pauvre
femme dit ceci :

Nous demeurâmes un mois à X... et je le priais de me
donner satisfaction, de faire une cérémonie religieuse.
Nous fîmes dire une messe à l'église ***·en disant que
·c'était pour la réconciliation de deux époux, à neuf heures

du matin, et l'évêque d'X... en disait une à un autre
autel; et Fred fit placer... à son côté et était très ému
et lui disait de baisser la tête et de s'asseoir de temps en
temps. Moi, j'étais assise derrière eux, et je sanglotais si
fort qu'il vint et me parla avec tant de douceur, qu'il
me calma en me promettant qu'il épouserait ma fille
bientôt et que tous mes chagrins seraient finis.

Et l'illusion même semble revivre dans cette
phrase !

Et nous prîmes le parti de vendre notre clientèle et de
nous expatrier toutes les deux. Nous avions rompu
avec Fred et X... qui l'aimait éperdument, et moi presque
autant.

Et devant l'objection même, rien ne s'arrête.
Et enfin, au cours de la correspondance, cette
malheureuse femme demande, comme une relique
à conserver pieusement, une lettre, écrite dans ses
derniers jours, à son intention par celui qu'elle
appelle « ce malheureux enfant » et en qui sa raison ne parvient pas à reconnaître le criminel dont
elle et les siens sont restés des victimes indirectes.
Et elle fait appel aux bons offices de l'aumônier pour adoucir l'incurable douleur de sa malheureuse fille.

Je me permets aussi, monsieur, de me rappeler auprès
de vous pour *ma lettre*, que le pauvre Fred vous a
remise *pour moi*. Je la désire ardemment et trouve le
temps encore plus long; et si je suis avec ma fille quand je
vous verrai, ne lui dites pas de grâce les méchancetés que
Fred vous a dites pour elle. Elle ne mérite pas cela, elle
a trop souffert pour lui; et si, dans les conversations que

3.

vous avez eues avec lui, il vous a dit quelque chose de
bien pour elle, ayez la bonté de le lui dire; cela lui fera
du bien. Nous savons que c'est *** qui lui a monté la tête
contre elle, c'est pour cela qu'il ne s'est pas rendu compte
si cela était possible qu'elle fût contre lui. Elle et moi
avons écrit plusieurs fois, et jusqu'au dernier jour je lui
ai fait envoyer des fleurs dans des lettres, je ne sais pas
si on les lui a remises. »

Elle, depuis le jour de sa condamnation, est demeurée
à Paris, pour voir M\meme\ Carnot et des messieurs que nous
connaissons, qui ont fait tout ce qu'ils ont pu pour avoir
sa grâce.

Mais le pauvre était bien condamné! »

. . . .

Prises parmi cent autres, ces quelques citations
suffiront, je pense, pour édifier complètement nos
lecteurs et leur montrer que dans des milieux
divers, le rôle de l'aumônier de la Roquette a été
celui du consolateur, du représentant ici-bas de
Celui qui a pardonné à la femme adultère, à la
Madeleine repentante, et qui s'est fait l'avocat
de tous les malheureux, de tous les déshérités de
ce monde.

SOUVENIRS DE LA ROQUETTE

I

MA NOMINATION

Le vendredi 26 décembre 1884, M. l'abbé Charon, secrétaire de l'archevêché, venait me prévenir que M. l'abbé Bureau, promoteur diocésain, désirait me voir pour affaire personnelle. Je me présentais, en conséquence, le même jour, au domicile de M. le promoteur.

Après m'avoir rappelé qu'antérieurement j'avais manifesté le désir d'être chargé d'une aumônerie d'hôpital ou de prison, M. le promoteur me demande si je suis dans les mêmes dispositions. Je réponds que les circonstances présentes ne me permettent pas de m'éloigner du poste que j'occupe depuis neuf ans à Saint-Pierre du Gros-Caillou ; que l'émotion causée par une déception récente est complètement calmée, mais que, toutefois, je suis à la disposition absolue de l'autorité ecclésiastique pour tel poste qu'on voudra bien me confier, soit un hôpital, soit une prison.

— C'est une prison, me dit M. le promoteur, et la plus célèbre de toutes les prisons de Paris, la Grande-Roquette. Le poste est vacant par la démission de M. l'abbé Moreau, deuxième successeur de M. Crozes.

L'annonce seule d'une position de ce genre fait sur moi une vive impression. Succéder au vénérable abbé Crozes! Avoir la responsabilité des âmes de quatre cent cinquante détenus! Vivre en contact avec les criminels les plus rigoureusement frappés par la justice! Préparer à la mort les malheureux condamnés à la peine capitale! Assister jusqu'à la dernière minute; partager les suprêmes angoisses de ceux qui sont voués à l'échafaud! Voilà mon lot! Suffirai-je à pareille tâche? N'y a-t-il pas présomption et téméraire audace à accepter de si redoutables fonctions?.....

Rassuré par les bienveillantes paroles de M. le promoteur, je demande à réfléchir pendant vingt-quatre heures. J'ai besoin de consulter mes confidents intimes et autorisés, et c'est à leur expérience et à leur affection que je laisse le soin de prononcer sur cette grave détermination.

Tous sont unanimes à voir dans cette proposition la voix de la Providence qui m'appelle à ce genre de ministère, où, avec des émotions violentes, je pourrai trouver de nombreuses et douces consolations. On me fait du reste observer que l'appel de mes supérieurs pour ce poste difficile est une marque de confiance que je dois justifier par une acceptation immédiate et spontanée.

Le lendemain 27 décembre, j'allais à l'archevêché répondre à M. le promoteur que j'étais à la disposition de Son Eminence le cardinal Guibert, pour remplir les fonctions d'aumônier du Dépôt des condamnés.

M. le promoteur me dit alors qu'il va faire parvenir à M. le préfet de police la décision du cardinal-archevêque, et que je dois attendre, avant de rien changer dans mes habitudes, la nomination officielle du gouvernement.

Quelques jours plus tard, un employé du ministère de l'intérieur venait me demander : 1° la date et le lieu de ma naissance; 2° l'établissement où j'ai fait mes études classiques; 3° le séminaire où j'ai fait mes études ecclésiastiques; 4° la date de mon ordination; 5° les différents postes que j'ai remplis; 6° les domiciles que j'ai occupés; 7° enfin, mais très discrètement, mes aspirations et mes opinions politiques, etc. Tous ces renseignements devaient servir à l'enquête préalable de ma nomination.

Il est à croire que l'enquête ne m'a pas été défavorable, car le vendredi 23 janvier 1885, je recevais avis de la préfecture de police, que j'étais nommé aumônier du Dépôt des condamnés, prison de la Grande-Roquette, aux appointements annuels de 2.400 fr., plus une indemnité de 1.000 fr. pour les soins religieux donnés aux condamnés à mort, 2.700 kilogrammes de bois de chauffage, 60 kilogrammes d'huile à brûler; et qu'enfin un modeste logement était à ma disposition dans la prison.

Dans la soirée du même jour, je me rendais à la Roquette et, en l'absence de M. le directeur, je prévins M. le greffier que je viendrais dire la

messo à neuf heures et demie, le dimanche suivant.

II

PRISE DE POSSESSION

Le dimanche 25 janvier, je fais ma première
apparition dans la chapelle de la Roquette. Quatre
cents détenus environ assistent à la messe. Cette
assistance est réglementaire pour les détenus catholiques, de même que les protestants et les
israélites écoutent à la même heure le ministre
ou le rabbin de leur religion.

Un chœur composé d'un maître de chapelle,
d'un organiste et de huit chanteurs, tous détenus,
prête son concours à l'office divin. La messe est
toujours chantée. Après le dernier évangile, je
me tourne vers l'assistance.

Je mets mon ministère nouveau sous la protection de l'auguste Vierge, dont nous célébrons la
fête. Je fais ressortir la coïncidence heureuse de
mes débuts avec le titre de Refuge des Pécheurs,
que l'Eglise lui donne en ce jour. Je rends un
hommage mérité à mon digne prédécesseur,
M. l'abbé Crozes, que plusieurs de mes auditeurs
ont connu, et dont la mémoire est toujours vivante
dans la prison. Je proclame bien haut que je
compte sur le secours de ses prières pour le succès
de mon ministère, que je compte aussi sur le bienveillant concours de M. le directeur, des membres
de l'administration, et sur la confiance que me té-
moigneront les détenus.

Je prends l'engagement formel d'être à la disposition de tous pour tous les services que je pourrai leur rendre, pourvu toutefois qu'on ne me demande rien de contraire au règlement. Car c'est moi qui, le premier, dois donner l'exemple d'une obéissance rigoureuse et d'un respect profond pour les lois établies.

Je termine en tendant à tous mes auditeurs une main loyale et je leur demande de me rendre mon étreinte.

L'attitude des assistants me prouve qu'ils m'ont compris, et que rien ne s'opposera entre nous à de charitables et confiantes relations.

Après la sortie de la chapelle, je me rends chez M. Beauquesne, directeur du Dépôt des condamnes, nouvellement promu chevalier de la Légion d'honneur. M. le directeur me fait le plus bienveillant accueil. Il me dit comment il comprend nos situations respectives. Il représente l'inexorable justice; moi, l'infinie miséricorde. Il symbolise la loi dans toute sa rigueur; il a pour mission de faire exécuter les arrêts de la justice humaine. L'aumônier est là pour faire accepter chrétiennement l'expiation et donner les consolations compatibles avec les sévérités légales.

M. le directeur me dit quelques mots sur la nature de mes devoirs et l'étendue de mes droits, et nous nous séparons avec la confiance que nos relations seront toujours empreintes de mutuelle cordialité.

III

PREMIÈRES AUDIENCES

Le logement qui m'était affecté dans la prison étant tout à fait insuffisant, j'ai dû en faire l'abandon et conserver pour un temps mon domicile de l'avenue Bosquet. Il a été convenu que je ferais trois visites chaque semaine. Le dimanche matin, pour la messe ; le mardi et le vendredi, de une heure à cinq heures, pour entendre les détenus qui auraient quelque demande à m'adresser ou quelques confidences à me faire.

Le mardi 27 janvier, le détenu chargé du soin de la sacristie me remet plusieurs lettres de demande d'audience. Le premier détenu qui se présente est un condamné à dix ans de travaux forcés. Il me charge d'intercéder pour lui auprès de sa famille, dont il implore le pardon.

Il me serait difficile d'exprimer mon émotion en me trouvant pour la première fois en tête-à-tête avec un homme aussi sévèrement frappé par la justice et que je trouve devant moi si humble et si doux !...

Six ou sept forçats viennent à leur tour réclamer mon ministère, ou mon bon vouloir, pour des causes diverses ; et à tous je promets de m'occuper d'eux dans la mesure du possible et dans les limites du règlement.

Je sors de cette première audience convaincu qu'avec de la douceur, du dévouement et du désintéressement, j'obtiendrai de très heureux résultats parmi ces hommes que la société repousse et qui, momentanément, n'ont que le prêtre, leur aumônier, pour consolateur et pour ami.

En sortant du modeste réduit qui sert de sacristie et de salle d'audience, je traverse la grande cour où les détenus se promènent, et je constate avec joie que le salut, que presque tous m'adressent, est tout à fait sympathique, respectueux et spontané.

Je continue ainsi pendant quelques semaines mes soins aux détenus sans qu'aucun incident important se produise.

En visitant la salle spéciale, où une quinzaine de détenus sont enfermés sous une surveillance particulière, sous la dénomination de salle des Séparés, je trouve le jeune Meerbolz, dit le *Pacha de la Glacière*, condamné à la peine de mort, et dont la peine vient d'être commuée en celle des travaux forcés à perpétuité. Il est très reconnaissant à M. le Président de la République de la grâce accordée, mais pas du tout repentant de son crime, « car, dit-il, la victime n'en valait pas la peine! » (une jeune hétaïre de banlieue.)

IV

DEUX CONDAMNÉS A MORT — MIELLE ET GAMAHUT

Un mois à peine s'est écoulé depuis mon entrée dans mon nouveau poste, et déjà je vais être appelé à en connaître les plus dures nécessités.

La cour d'assises de la Seine vient de condamner à la peine de mort le nommé Mielle Félix, âgé de trente-trois ans, né à Chaumont (Haute-Marne). Cet homme, garçon de café, a été convaincu de l'assassinat du nommé Lebon, marchand de volailles, rue de Lyon. Le crime a été commis dans des conditions qui ne laissaient aucune place à l'indulgence du jury.

Mielle, ami de Lebon, et, d'après l'accusation, lié à lui par des liens honteux, a assassiné le malheureux pendant son sommeil, l'a ensuite coupé en deux parties, qui ayant été enfermées dans deux malles distinctes, ont été expédiées sur deux gares situées l'une au midi, l'autre au nord de la France.

Le séjour prolongé de ces deux malles non réclamées et l'odeur pestilentielle qui s'en exhalait, ont donné l'éveil à la justice. On s'est enquis alors de leur provenance, et bientôt, grâce à de certains indices, ou mieux, à des indices certains, on était sur les traces de l'assassin.

Mielle, bien connu dans la maison de Lebon, s'était livré, après le meurtre, à des dépenses exagérées. On l'a trouvé porteur de la montre et de la chaîne d'or de Lebon. Il a payé son terme de loyer, lui qui, quelques jours auparavant, était sans ressources. On a trouvé chez lui une somme relativement considérable, et, enfin, il lui est impossible de justifier de son alibi au moment du crime. Sa femme elle-même le charge d'une façon accablante, ce qui provoquera de sa part un débordement de colère contre elle, jusqu'au dernier moment.

Miello est condamné à la peine de mort aux assises de février, et, le soir de sa condamnation, il est transféré au dépôt des condamnés à la prison de la Grande Roquette.

Suivant l'usage, à la sortie de la Conciergerie, on lui fait signer son appel à la Cour de cassation; et on lui fait revêtir la camisole de force, sorte de vêtement en toile très solide, dont les manches, terminées par des courroies, emprisonnent les mains du condamné et lui rendent tout mouvement impossible.

À son arrivée à la Roquette, il prend le bain réglementaire. Il est revêtu du costume des prisonniers : veste, gilet, pantalon et béret en serge grise; chaussé d'espadrilles, et complètement rasé. Puis, il est conduit dans la cellule n° 1, des condamnés à mort.

Là, M. le directeur lui adresse quelques paroles relatives à sa nouvelle situation, et lui demande s'il agréera volontiers la visite de l'aumônier. Sur sa réponse affirmative, il est laissé sous la surveillance de deux agents de la sûreté et d'un gardien de la prison.

Le dimanche suivant, on m'apprend son arrivée et son désir de me voir. Je me rends aussitôt à son appel.

Est-ce émotion bien naturelle en me voyant pour la première fois en présence d'un condamné à mort? Est-ce illusion d'optique? Miello me paraît beau de visage, je lui trouve un air mélancolique et résigné qui me frappe. Je lui tends la main, qu'il presse avec émotion; je le traite d'ami, ce qui paraît le toucher; je lui dis de prendre cou-

rage, que la justice n'a pas dit son dernier mot,
qu'il lui reste le pourvoi en cassation et le recours
en grâce, que M. le président Grévy est très porté
vers l'indulgence ; en un mot, qu'il y a tout lieu
d'espérer.

Mes paroles semblent produire un excellent effet
sur l'esprit du malheureux. Il demande à assister
à la messe et me fait promettre de le visiter souvent. A ma prochaine visite, je dois lui apporter
du tabac et des cartes, pour tromper l'ennui de la
cellule ; et nous nous quittons dans d'excellentes
conditions.

Le mardi suivant, je tenais ma promesse et je
visitais Mielle pour la deuxième fois. Je m'aperçus
alors, en le voyant en plein jour, qu'il était beaucoup moins séduisant que je ne l'avais cru. Son
visage est horriblement ravagé par la petite vérole.
Son regard est faux, patelin et mauvais, le teint
blafard et bilieux. Il me raconte son histoire à sa
manière.

Il est, dit-il, complètement étranger au meurtre
de Lebon. A toutes mes questions, il répond par
des dénégations opiniâtres. Si je lui fais observer
qu'on a trouvé sur lui la montre, la chaîne et le
cachet en or de la victime, il prétend que ces
objets lui ont été vendus par un nommé Joseph,
un dimanche matin, au Jardin des Plantes... ; que
s'il a payé son terme le 18, alors que le 15 il n'avait
pas un sou, c'est qu'un individu, dont il ignore le
nom, lui a rendu une somme d'argent qu'il lui devait depuis longtemps.

Quand je lui objecte que c'est sa femme qui l'a
accusé le plus énergiquement : « Ma femme ! dit-il

avec un mauvais sourire et en grinçant des dents,
si je la tenais, elle paierait cher ses mensongères
dénonciations!... »

Je lui remets un paquet de tabac et les cartes
promises, j'y ajoute un damier. Il me remercie
beaucoup de mes attentions.

Le vendredi suivant, Miello avait un voisin de
cellule. La cour d'assises de la Seine venait de
condamner à la peine de mort le nommé Gamahut.

Tiburce Gamahut, né à Epernay (Marne), en
1861, avait été orphelin dès son enfance. Après
avoir reçu les soins affectueux d'une tante, dont la
sollicitude le suivra jusqu'à la fin, il avait quitté
sa mère adoptive. Dès lors sa vie avait subi plusieurs phases, plus accidentées les unes que les
autres. Il avait essayé de tous les métiers sans se
fixer à aucun, Il avait tenté de se faire religieux et
dans ce but il était entré à la Trappe. Mais, à deux
reprises, il avait été forcé de quitter le monastère,
sans que rien puisse faire supposer quoi que ce
soit de répréhensible dans sa conduite. En dernier
lieu, à bout de ressources, il était hercule forain
dans les foires de la banlieue.

C'est alors que le trouvèrent quatre jeunes bandits, les nommés Midy, Bayon, Soulier et Carrey,
qui avaient comploté l'assassinat de Mᵐᵉ Ballerich
à Grenelle. Doutant de leurs forces pour perpétrer
le crime, ils décidèrent, le matin même de l'attentat, l'hercule Gamahut à leur prêter main-forte, lui
assurant la plus grosse part de l'argent qu'ils trou-
veraient chez la victime.

Gamahut accepta, et, le soir même, le crime
était consommé. On trouva chez Mᵐᵉ Ballerich la

misérable somme de 7 fr. 50, dont 2 fr. 50 furent généreusement laissés à l'auteur principal du meurtre, le nommé Gamahut!...

Les cinq coupables ne tardèrent pas à tomber entre les mains de la justice, grâce aux délations de l'un d'eux, le nommé Carrey, et tous furent mis au secret à Mazas.

On se souvient des conséquences de ce meurtre. L'un des fils de la victime était commissaire de police, l'autre officier de paix. Un journal de Paris bien connu osa accuser les deux fils d'avoir essayé de spéculer sur l'assassinat de leur mère et de se faire un marche-pied de son cadavre ; de profiter au moins de la publicité donnée au crime pour se rendre intéressants et avoir de l'avancement.

Outrés d'indignation, les deux fonctionnaires, qui avaient pour leur mère une profonde affection, firent aussitôt irruption dans les bureaux de la rédaction du journal. Une collision eut lieu, une lutte acharnée s'engagea. Un des fils Ballerich trouva la mort là où il était venu chercher la vengeance. L'autre fut traduit en cour d'assises pour tentative de meurtre, et acquitté.

Cet épisode fut loin de servir les intérêts de Gamahut. Dans les premiers jours de mars, il était condamné à mort. Ses complices furent condamnés : Midy et Bayon, aux travaux forcés à perpétuité ; Soulier à dix ans de la même peine, et Carrey, le délateur, à cinq ans de réclusion.

J'eus occasion plusieurs fois de voir les quatre complices, et, dans leur brutale équité, ils déclaraient que Gamahut était le moins coupable des cinq associés.

Je n'eus aucune appréhension sur l'accueil que me réservait Gamahut. La lettre si belle, si touchante, si empreinte de repentir qu'il avait écrite avant son procès au R. P. supérieur de la Trappe, ne me laissait aucun doute sur ses sentiments chrétiens ; et c'est avec confiance que je pénétrai pour la première fois dans sa cellule.

Je l'encourageai à ne pas perdre tout espoir ; que des chances de salut lui restaient encore ; mais je vis bien vite qu'il ne se faisait aucune illusion, et qu'il ne demandait qu'à se préparer de son mieux à tout événement.

Dès ce jour, je partageais mes soins entre les deux condamnés à mort, sans pour cela négliger les autres détenus.

Mielle et Gamahut assistaient alternativement à la messe le dimanche (une seule tribune étant réservée aux condamnés à la peine capitale dans la chapelle).

V

LA QUINZAINE DE PAQUES

Nous sommes arrivés à l'époque où l'Eglise rappelle à ses enfants le grand devoir pascal. Pendant tout le carême j'ai fait appel aux sentiments chrétiens des détenus, pour les exhorter à mettre ordre à leur conscience et à se disposer à recevoir le Dieu de leur première communion.

Mais si je m'efforce de rappeler ce grand devoir à tous, c'est surtout à mes deux condamnés à mort que j'adresse les plus pressantes exhortations.

A l'approche de la semaine sainte, j'engage Mielle à lire l'histoire de la Passion, et je lui donne le livre qui la renferme. A ma visite suivante, je le trouve occupé à faire la pieuse lecture.

— Je vous félicite, mon ami, de votre fidélité à suivre mes conseils; avez-vous déjà lu l'histoire entière?

— Ah! monsieur l'aumônier, je vous la réciterais d'un bout à l'autre. Cette histoire ressemble tellement à la mienne! Jésus trahi, calomnié, persécuté, injustement condamné; c'est absolument comme moi, sans comparaison!

Je le félicite alors de la bonne opinion qu'il a de lui-même, et l'engage à perfectionner la ressemblance avec son divin modèle.

Gamahut procède autrement; il se prépare, par plusieurs confessions préalables, à la grande fête de Pâques, et écoute avec recueillement mes exhortations. Il passe ses journées à faire de bonnes lectures, à jouer aux cartes avec ses gardiens et à fumer le tabac dont je ne le laisse jamais manquer.

Le dimanche des Rameaux est marqué à la Grande-Roquette par un usage touchant qui rappelle une scène dramatique du plus poignant intérêt.

Après la grand'messe, l'aumônier bénit les branches de buis dont chaque détenu emporte un rameau dans sa cellule; mais, de plus, une couronne est formée avec le buis, et, à la sortie de la chapelle, tous se rangent en cercle dans la cour, et le plus jeune des forçats grimpe après la tige de fer qui soutient le réverbère au dessus de la fontaine, enlève la couronne de l'année précédente, et attache la nouvelle.

Cette cérémonie est suivie d'une quête faite au profit des forçats ; et tous, M. le directeur, l'aumônier, les greffiers, les surveillants et les détenus eux-mêmes répondent suivant leurs ressources à l'appel qui leur est adressé.

Le dimanche de Pâques, la messe est chantée solennellement en musique par un chœur de dix détenus accompagnés de l'harmonium.

Dans la semaine qui s'écoule ensuite, Mielle a des terreurs involontaires. Il ne sort plus de sa cellule pour la promenade réglementaire. Il reste constamment auprès du poêle. Sa santé s'altère visiblement. Il souffre de furoncles et d'abcès. Je prie M. le docteur Balluc, médecin de la prison, de lui donner des soins, mais le condamné refuse obstinément sa visite ; et comme je lui exprime mon étonnement, il me répond qu'il ne veut pas qu'on le charcute d'avance, et qu'il sait très bien qu'on n'userait d'aucun ménagement avec un malade de sa catégorie (sic).

Gamahut, toujours résigné, fait ses Pâques, et se tient prêt à toute éventualité. Il écrit à sa tante une lettre empreinte des sentiments du plus vif repentir, du regret qu'il éprouve de la honte qui va rejaillir sur sa famille, et surtout de la plus entière résignation à la volonté de Dieu.

Le pourvoi en cassation des deux condamnés est rejeté depuis plusieurs jours. Tout fait craindre un dénouement prochain. La clémence présidentielle s'étendra-t-elle sur les deux coupables?...

4

VI

EXÉCUTION DE GAMAHUT

Le 22 avril, la commission des grâces adressait à M. le Président de la République un rapport concluant à la commutation de peine pour Félix Mielle. Le lendemain, le directeur de la Roquette donnait au condamné notification de la grâce dont il était l'objet. Il serait difficile d'exprimer l'émotion du misérable en apprenant cette nouvelle. Les paroles lui manquaient pour témoigner sa reconnaissance. Il était immédiatement extrait de sa cellule et placé dans le quartier des séparés.

Quant à Gamahut, il était décidé que, pour lui, la justice suivrait impitoyablement son cours.

En conséquence, le parquet informait, dans la journée du 23, tous les fonctionnaires qui, à divers titres, devaient assister à l'exécution.

Le soir, vers neuf heures, le surveillant Chevalier portait à mon domicile une lettre ainsi conçue :

Monsieur l'aumônier, j'ai l'honneur de vous informer que l'arrêt de la cour d'assises de la Seine, en date du 11 mars dernier, qui condamne à la peine de mort le nommé Gamahut (Tiburce), recevra son exécution le vendredi 24 avril 1885, à quatre heures quarante-cinq du matin.

Veuillez, monsieur l'aumônier, vous rendre auprès du condamné, à l'effet de lui prêter les secours de la religion dans ses derniers moments.

Veuillez agréer, monsieur l'aumônier, l'assurance de ma haute considération.

« *Le procureur général,*

« BLOCH. »

GAMAHUT

A minuit j'arrivai place de la Roquette. Je venais de faire pour la première fois ce lugubre voyage que je devais renouveler si souvent, de mon domicile à la place des exécutions. Je traversai presque entièrement la grande ville endormie. De loin en loin quelque passant attardé, ou quelque malheureux nomade à la recherche d'un asile, quelques gardiens de la paix faisant leur ronde nocturne, et c'était tout, dans ce grand silence qui rendait mon émotion plus poignante encore.

Cependant, à partir de la place de la Bastille, la solitude était moins complète. Quelques groupes se formaient. Des jeunes gens, des hommes en blouse, des femmes même en grand nombre se pressaient tous dans la même direction. Dans l'interminable rue de la Roquette, les restaurants, les cafés, les débits de vin étaient ouverts et regorgeaient de consommateurs. On savait le drame qui se préparait et on trompait les heures de l'attente.

C'est en traversant cette foule hétéroclite que j'arrivai devant la prison. Je réglai ma course, je donnai les ordres nécessaires pour la voiture, qui devait, après l'exécution, me conduire au cimetière ; et j'entrai dans la salle du greffe.

Vers trois heures, deux fourgons pénétraient sur la place de la Roquette, venant de la rue Folie-Regnault. L'un contenait les bois de justice, l'autre devait recevoir le corps du supplicié. Cinq hommes descendent de ces voitures : ce sont M. Deibler, exécuteur des hautes œuvres, et ses quatre aides.

Ceux-ci, en vêtements de travail, dressent lentement et méthodiquement la machine de mort à l'endroit où sont encastrées dans le sol les cinq pierres que tout Paris connaît. Le montage est terminé en une heure. L'exécuteur s'assure à plusieurs reprises que le couperet glisse bien dans les rainures de cuivre de la guillotine, et, son inspection terminée, lui et ses aides, correctement vêtus de noir, entrent dans la prison.

Pendant le lugubre travail de la place, je lisais dans la salle du greffe les prières des agonisants.

Peu à peu je vois arriver un juge d'instruction ; M. Kuehn, chef de la Sûreté ; M. Baron, commissaire de police du quartier ; le substitut du procureur de la République ; plusieurs secrétaires, plusieurs membres du parquet. Ces messieurs sont reçus, après constatation de leurs titres, par M. Beauquesne, directeur du Dépôt des condamnés. Bientôt un silence lugubre se fait dans la salle du greffe, chacun semble oppressé dans l'attente du drame qui se prépare.

A quatre heures, l'exécuteur vient signer la levée de l'écrou :

« L'an mil huit cent quatre-vingt-cinq, le vingt-quatre avril, le nommé Gamahut (Tiburce), inscrit ci-contre, a été remis entre les mains de l'exécuteur des hautes œuvres, en vertu d'un réquisitoire du procureur général.

« Le greffier : FONTANEAU.

« DEIBLER. »

A quatre heures vingt minutes, M. le directeur me prie de le suivre, et, précédés de six surveillants, porteurs de lampes, nous traversons en silence les ateliers de l'Ouest et, par le guichet central, nous pénétrons dans le quartier des condamnés à mort. Le brigadier ouvre la cellule de droite n° 3, et nous nous trouvons auprès du lit du condamné, Gamahut, qui avait souffert la veille d'une rage de dents, s'est endormi très tard, aussi son sommeil est profond. Le directeur le réveille par ces paroles : « Gamahut, votre pourvoi a été rejeté, votre pourvoi en grâce n'a pas été admis. Le moment de l'expiation est venu, ayez du courage. Habillez-

4.

vous. » Gamahut répond avec un grand calme :
« Que la volonté de Dieu soit faite. » Il passe
son pantalon, ses chaussettes et ses bottines, et demande à être laissé seul avec l'aumônier. Tous sortent de la cellule. Je m'asseois près de la table, et
le condamné, les mains jointes, se jette à genoux
devant moi. . . . .

. . . .

Après sept à huit minutes d'entretien, j'ouvre la
porte et j'avertis que nous sommes prêts.

Gamahut marche d'un pas ferme entre deux gardiens. A la salle de l'avant-greffe, le cortège s'arrête. Les exécuteurs sont là. Le condamné, assis
sur un escabeau, écoute avec une résignation parfaite mes exhortations suprêmes, tandis que les
aides lui attachent, avec des cordes minces et solides, les pieds, les mains, les bras et les jambes, et
que M. Deibler lui échancre largement sa chemise,
de telle sorte que la moitié de la poitrine et des
reins sont complètement à nu.

A la demande du juge d'instruction s'il n'a pas
de nouvelle révélation à faire, il répond qu'il a dit
à M. l'aumônier tout ce qu'il avait à dire.

Aussitôt commence la funèbre procession.

L'exécuteur en chef nous précède. Je prends le
malheureux sous le bras gauche, un aide le soutient par le bras droit, et nous nous mettons en
marche, suivis par les magistrats et les fonctionnaires requis par la loi. La grande porte s'ouvre à
deux battants. Les cavaliers de la garde républicaine mettent sabre au poing, tous les assistants se
découvrent.

Un silence lugubre règne dans la foule immense.

En chemin le condamné me demande si Dieu lui a pardonné son crime. Pour lui en donner l'assurance, je l'embrasse deux fois avec effusion. Gamahut me rend mon étreinte. Très ému, me soutenant à peine, je recule d'un pas devant la bascule. Le malheureux est saisi, renversé sur la planche : deux secondes, et un bruit formidable annonce que l'expiation est consommée!...

Je monte rapidement dans le fiacre 148, qui a tant de fois servi à M. l'abbé Crozes, je réponds à peine à toutes les questions qui me sont faites par les journalistes qui m'assiègent. Le père Marchand lance son cheval, et, précédés de cinq gendarmes qui escortent le fourgon funèbre, nous nous dirigeons au galop vers le cimetière d'Ivry.

Après une demi-heure de course, nous arrivons au coin de terre réservé aux suppliciés. Le corps est sorti du panier sanglant, puis la tête. Le tout est placé dans un cercueil de sapin. Je récite les dernières prières. Je remonte en voiture, et tout émotionné par le terrible spectacle que je viens de voir pour la première fois, je célèbre à Saint-Pierre du Gros-Caillou la sainte messe pour le repos de l'âme du malheureux Tiburce Gamahut.

Le corps, non réclamé par la famille, a été porté à l'Ecole de médecine pour les expériences anatomiques.

. . . .

Le dimanche suivant, je trouvai Mielle Félix transfiguré. Ses abcès, ses furoncles étaient totalement guéris. Il parlait comme d'un voyage de plaisir de son départ prochain pour la Nouvelle-

Calédonie, où il subira la peine des travaux forcés à perpétuité.

Exemple à méditer par les partisans de l'abolition de la peine de mort.

Au moment où je visitai Mielle, après sa commutation, je trouvai auprès de lui un autre condamné à mort de Seine-et-Marne, le nommé M.... qui venait d'être l'objet de la même mesure de clémence. Comme je lui demandais son crime :

— Monsieur l'aumônier, j'ai été condamné pour un délit de chasse.

— Condamné à mort pour un délit de chasse! Et qu'avez-vous donc tué?

— Un garde, monsieur. Depuis deux ans, cet animal (*sic*) m'ennuyait avec ses procès-verbaux, car je suis braconnier de profession. Si je regrette mon crime, c'est parce que mon père a été arrêté avec moi comme complice, et que le malheureux s'est pendu dans sa prison. A part cela, je ne regrette rien.

VII

UN FORÇAT REPENTANT

Pendant la semaine sainte, arrivait à la Roquette le nommé M..., condamné aux travaux forcés à perpétuité.

Cet homme, âgé d'environ quarante ans, était resté veuf avec une petite fille de neuf à dix ans, qu'il avait placée dans un pensionnat religieux de la rue de Vaugirard. Depuis longtemps déjà il était sans travail et toutes ses démarches pour

trouver de l'occupation étaient restées sans succès.
Plusieurs trimestres s'étaient écoulés sans qu'il
pût solder la modeste pension de sa fille ; et, malgré
toute leur charitable compassion pour l'enfant, les
sœurs avaient signifié au père qu'il eût à la reprendre.

Le malheureux était littéralement affolé par
cette mise en demeure et voyait avec désespoir
l'impossibilité de garder son enfant.

Parmi ses rares connaissances, il avait conservé
des rapports avec une concierge de la rue de
Rome ; et il se rendait de temps en temps chez cette
personne qui, émue de compassion, lui faisait
quelquefois partager son modeste repas.

Ces visites répétées souvent avaient permis à
M... de connaître une locataire de la maison.

Mˡˡᵉ A..., très connue dans le monde facile, passait pour avoir de nombreux amis, dont elle savait
très bien exploiter les faiblesses et la bourse. Elle
était considérée comme très riche dans la maison.
Plusieurs fois, M... lui avait fait connaître son état
de détresse sans en obtenir aucun secours.

Il était sans cesse le témoin des nombreuses visites que recevait cette femme, et même le confident des largesses que lui faisaient ses visiteurs.

A la pensée de cet or, de ces bijoux qui affluaient
chez cette personne, tandis que lui, cherchant de
toutes parts le plus modeste emploi, était impitoyablement rebuté de tous, le malheureux résolut de
s'emparer, au moyen d'un crime, de cet or qu'on
lui refusait ; et, une nuit, Mˡˡᵉ A... était trouvée
assassinée dans son appartement.

M..., que tous les indices désignaient comme le

coupable, fut arrêté, convaincu du meurtre, et,
grâce à des circonstances atténuantes admises par
le jury, condamné aux travaux forcés à perpétuité,
et transféré momentanément à la Grande-Roquette.

Sur la prière de M. le promoteur, qui s'intéres-
sait à ce malheureux, je fis appeler M... pour lui
donner quelques consolations. A peine était-il en
ma présence, qu'il éclatait en sanglots. Il me demanda de faire permettre à son enfant de venir le
voir avant son départ pour le bagne. Je le dissua-
dai, non sans peine, de donner suite à ce projet.
Sa fille ne savait rien de la situation de son père.
Elle était insouciante au milieu de ses jeunes
compagnes ; pourquoi empoisonner cette existence par une aussi terrible révélation ? La jeune
fille, très intelligente, très impressionnable, sup-
porterait-elle la vue de son père, revêtu de la triste
livrée, la figure et la tête rasées, à travers la double grille d'une prison ?

La satisfaction éprouvée par le père à revoir
pendant quelques minutes cette enfant qu'il chérit,
cette joie passagère compenserait-elle le déchire-
ment de cœur de cette fille, qui saurait que son
père est à jamais malheureux, à jamais repoussé
de la société pour un crime monstrueux !...

Ces considérations furent comprises par le condamné. Il fut convenu alors que j'irais moi-même
voir l'enfant à son pensionnat ; que, d'une manière détournée, je lui donnerais des nouvelles de
son père sans qu'elle se doutât de la terrible vérité.

Le lundi de Pâques, je me rendais à la maison

de la rue de Vaugirard, et Mme la supérieure fit venir l'enfant devant moi. Je vis alors une enfant de dix ans, à la figure intelligente et mutine. Elle écoute avec une vive attention les nouvelles que je lui donne de son père, que j'ai vu récemment; — et elle me charge, si je le revois, de l'embrasser pour elle. Puis, sur un signe de la supérieure, elle disparaît.

On me parle alors d'un projet que je juge très sage. M... a en Bretagne une sœur toute disposée à accueillir sa nièce depuis qu'elle connaît la position du père. D'autre part, les jeunes élèves du pensionnat sont en vacances de Pâques. N'est-il pas à craindre qu'elles apprennent dans leurs familles la condamnation du père de leur compagne, et alors quelle situation pour la malheureuse enfant !... Nous convenons que le départ doit être immédiat. Mme la supérieure fait revenir la jeune fille, et, à l'annonce d'un voyage qu'elles vont faire ensemble en chemin de fer, chose toute nouvelle pour l'enfant, pour voir une tante qu'elle n'a jamais vue, mais dont elle a souvent entendu parler, la jeune pensionnaire est dans la jubilation.

Mme la supérieure partait en effet le lendemain avec son élève, et j'apprenais au condamné que s'il ne devait jamais revoir sa fille, il avait au moins la consolation de savoir qu'il était à l'abri de son mépris.

Avant son départ, le condamné mettait en ordre sa conscience et me promettait que toute sa vie serait consacrée à l'expiation et au repentir.

VIII

SIX CONDAMNÉS A MORT : THOMAS, BLUM, PEL, GASPARD, MEYER ET MARCHANDON

Un mois à peine s'est écoulé depuis la commutation de Mielle et l'exécution de Gamahut, et la prison des condamnés voit arriver deux nouveaux hôtes, Thomas (François), et Blum (Georges).

Dans le courant de novembre 1884, M. Olbert, brocanteur, rue Madame, était trouvé mort dans son magasin. Aucune trace de violence, sauf une légère pression au cou, n'était constatée sur son cadavre. On crut d'abord à un suicide, puis à une attaque d'apoplexie. Les voisins, interrogés, ne purent mettre la police sur la trace d'aucun malfaiteur. Olbert fut inhumé, et personne ne songea plus à exercer aucune poursuite.

Cinq mois plus tard, un vol était commis dans une maison de commerce. On arrêta presque en flagrant délit trois individus, Thomas, Blum et un complice. Les deux premiers eurent l'imprudence de charger beaucoup le troisième personnage dans l'instruction. Celui-ci, pour se venger, avoua que s'il avait pris part au vol, au moins n'avait-il rien à se reprocher dans le meurtre d'Olbert, et que ses deux compagnons étaient seuls coupables de l'assassinat; et il donna des détails précis sur le terrible secret dont il était dépositaire.

L'affaire de la rue Madame fut donc reprise et

l'instruction terminée ; Thomas et Blum comparurent devant la cour d'assises ; et, le 30 mai, ils étaient condamnés à la peine de mort.

Je les visitai tous deux le lendemain de leur arrivée à la Roquette. Tout en se prétendant innocents du crime qu'on leur imputait, ils me firent le meilleur accueil.

Thomas (François), âgé de trente-deux ans, né à Reims (Marne), avait une figure douce et sympathique, mais passait pour avoir des habitudes de honteuse immoralité. Il avait un véritable culte pour sa mère, et ne m'en parlait jamais sans que ses yeux se remplissent de larmes. Il lui écrivait souvent, et les lettres qu'il recevait de Reims étaient toujours remplies de marques de la plus vive affection de la part de cette mère infortunée ; aussi s'empressait-il de les mettre sous mes yeux.

Blum (Georges), âgé de vingt-trois ans, était un enfant de Paris. Orphelin de bonne heure, il n'avait reçu aucun de ces conseils qui préservent du vice et du crime ; et tout en ayant un esprit naturel et une intelligence très développée, il n'avait pas su se garantir contre de dangereuses sollicitations.

Ces deux condamnés ont été internés à la Grande-Roquette depuis le 30 mai jusqu'au 7 août.

Thomas occupait la cellule n° 1, Blum celle n° 3.

Quinze jours après l'arrivée de Thomas et de Blum, Pel venait occuper la troisième cellule.

Pel (Albert), connu sous le nom de l'Horloger de Montreuil, avait été condamné à mort le 13 juin sous l'inculpation d'empoisonnement sur la personne de sa femme et sur celle d'Eugénie Bœhmer, sa domestique.

Quand je pénétrai la première fois dans la cellule de Pel, je le trouvai couché. Il se leva immédiatement, et je vis une sorte de squelette n'ayant qu'un souffle de vie.

Je m'efforçai alors de consoler le malheureux en lui disant que sa faiblesse provenait de ses émotions récentes et des fatigues du procès.

— Ah! Monsieur l'aumônier, me répondit-il, je ne me fais aucune illusion, je sais bien que je n'en ai pas pour longtemps ; mourir d'une manière ou d'une autre m'importe peu. Mais, avant de mourir, je voudrais qu'on pût recueillir tous les éléments de mon affaire : les interrogatoires du juge d'instruction, les dépositions des témoins à charge et à décharge, la plaidoirie du ministère public, celle de mon avocat, etc., etc. ; qu'on pût réunir tous ces éléments : qu'on les soumette à l'appréciation d'un homme intelligent, impartial, sincère et bon ; et qu'on lui demande de formuler son jugement...

— Mais, mon ami, dis-je, ce travail est fait depuis longtemps. Vous me demandez des hommes intelligents ; mais les membres de la magistrature sont des hommes éminents par le savoir et l'intelligence.

— Et impartiaux?

— Mais, certainement, impartiaux... A qui ferez-vous croire que les hommes qui ont prononcé le verdict, que ces douze hommes qui composent le jury, pris dans les conditions les plus honorables, appelés par le sort, qui ne vous connaissent pas, à qui vous n'avez jamais fait de mal, s'entendent et s'acharnent à faire tomber votre tête, s'ils vous croient innocent ?

— Ah ! Monsieur l'aumônier, vous savez aussi bien que moi, qu'il est bien facile à un avocat général, qui a la langue bien pendue, de faire croire tout ce qu'il voudra... à douze braves gens comme MM. les jurés.

J'ai reproduit cet échantillon de mes conversations avec Pel, pour donner une idée de la tournure d'esprit de ce mystérieux personnage, d'une intelligence peu commune, et d'une éducation qui avait dû être très soignée.

Nos rapports ont toujours été très faciles et confiants.

Le 20 du même mois, les portes de la prison donnaient accès à deux nouveaux condamnés à mort, Mayer et Gaspard. Et, huit jours après, elles s'ouvraient de nouveau devant Marchandon.

Le Dépôt des condamnés renfermait donc, au 27 juin 1885, six condamnés à la peine capitale, chose inconnue dans les annales de la célèbre prison.

Mayer (Henri), âgé de vingt ans, né à Paris ; et Gaspard (Paul), âgé de vingt-deux ans, également né à Paris, avaient été condamnés à mort le 20 juin pour crime d'assassinat commis sur la personne de M. Delaunay, fabricant de malles, rue d'Angoulème, faubourg du Temple. Le crime avait été commis dans des conditions exceptionnelles de sauvagerie et de cruauté.

Le jury fut impitoyable dans son verdict ; et, le 20 juin au soir, les deux condamnés, revêtus, selon l'usage, de la camisole de force, étaient conduits à la Grande-Roquette.

L'architecte de la prison n'ayant pas prévu cette agglomération d'assassins, trois cellules seulement sont aménagées pour les détenus de cette catégorie. Il a donc fallu loger les trois autres au premier étage de la deuxième division. Thomas, Pel et Gaspard étant au rez-de-chaussée, Mayer, Blum et Marchandon furent placés dans trois cellules ordinaires, au premier étage.

Chaque semaine je visitais trois fois au moins mes intéressants pensionnaires, apportant à tous du tabac et des cartes, ce qui ne contribuait pas peu à l'accueil très empressé qu'ils me firent dès ma première apparition.

Mayer, quoique israélite, n'était pas le moins jaloux de mes visites. Il préférait de beaucoup, disait-il, ma conversation, *aux tartines* de la Bible que lui servait le rabbin. J'étais toutefois très réservé dans mes rapports avec le jeune juif, et, contrairement à mes habitudes, j'exigeais toujours que les deux gardiens fussent présents à nos entretiens.

Un jour même, sur l'observation qui me fut faite que mes soins à l'égard de Mayer étaient regardés comme indiscrets, vu la différence de religion, je cessai d'entrer dans sa cellule, et n'y revins que sur une lettre pressante du condamné.

IX

UN MOT SUR MARCHANDON

Au commencement d'avril 1885, un crime était commis rue de Sèze, en plein Paris élégant, sur la personne d'une dame du meilleur monde, Mme Cornet, dont le mari occupait une haute situation aux colonies.

Mme Cornet, ayant besoin d'un valet de chambre, s'était adressée à un bureau de placement de gens de maison. On lui avait présenté un jeune et beau garçon de vingt-deux ans, aux très élégantes manières, de la tenue la plus correcte, et très au courant des exigences de sa situation.

Il avait été immédiatement agréé, après une enquête très sommaire.

Le jeune valet de chambre était à peine depuis deux jours à son service, que Mme Cornet, devant faire un voyage, chargea Marchandon de la mission la plus délicate.

Elle le pria de faire deux ballots de ses valeurs, de ses bijoux et de ses objets précieux. Elle comptait mettre en lieu sûr un des deux colis, et emporter l'autre.

Marchandon s'acquitta à merveille de sa mission; et les deux paquets furent placés dans un cabinet attenant à la chambre à coucher de Mme Cornet.

Dans la nuit, Marchandon conçut la pensée de s'emparer d'une partie, au moins, des valeurs qu'il avait eues un moment dans les mains.

Après avoir coupé les cordons de sonnettes et brisé les fils électriques, qui auraient pu servir à donner l'alarme, il avait simulé dans la cuisine une table de deux couverts, à laquelle se seraient assis deux complices imaginaires, afin d'égarer les soupçons.

Vers minuit, il pénètre dans la pièce voisine de la chambre de Mme Cornet, et, silencieusement, à l'aide d'un grand couteau pris dans la cuisine, il commence à couper les cordons qui entourent les paquets.

Malgré ses précautions, Mme Cornet, réveillée par un bruit étrange, saute à bas de son lit, entre dans la chambre voisine, voit Marchandon occupé à son intéressant travail, et, échevelée, en chemise, elle jette des cris perçants, appelle : « Au secours ! à l'assassin !... »

Le coupable, se voyant perdu si on a le temps d'accourir, ne songe qu'à imposer silence et à trouver le moyen de fuir ; et, subitement, se rue sur la malheureuse femme, lui plonge son couteau dans la gorge et prend la fuite.

Le lendemain matin, le crime était découvert. Toute la police était sur pied. Grâce aux indices du bureau de placement, on arrêtait un nommé Marchandon, alors cocher au service de M. Martin Feuillée, garde des sceaux, ministre de la justice.

Ce malheureux jeune homme était le frère aîné de l'assassin. Il eut beau protester de son innocence, il n'en fut pas moins arrêté, incarcéré à Mazas et mis au secret.

Bientôt cependant il était mis en liberté. La police, guidée par M. Kuehn, chef de la Sûreté, découvrait la véritable piste ; et deux jours plus tard, le vrai coupable était arrêté à Compiègne.

Charles Marchandon, né en 1863, à Neauphle-le-Château (Seine-et-Oise), avait rempli dans plusieurs maisons aristocratiques les fonctions de valet de chambre. Son extérieur agréable, sa taille élevée et bien prise, ses manières douces et polies le faisaient rechercher pour ce genre d'emploi.

Mais il ne restait jamais longtemps dans la même place ; et toujours, à sa sortie, on pouvait constater qu'il emportait un souvenir plus ou moins précieux de son séjour dans la maison.

Deux fois même il avait eu maille à partir avec la justice, et avait subi deux légères condamnations.

Dans ses loisirs et pendant ses chômages forcés, il s'occupait beaucoup de courses ; et, grâce à telle ou telle indication d'un jockey de sa connaissance, il pariait presque à coup sûr à propos de tel ou tel cheval, et gagnait des sommes qui parfois, dans une soirée, s'élevaient à dix mille francs.

Cet argent, il le dépensait joyeusement, ainsi que le produit de ses vols, avec une jeune compagne du nom de Jane B..., pour laquelle il avait loué une charmante villa à Compiègne.

C'est dans ce discret séjour qu'un beau matin, le chef de la Sûreté faisait irruption avec deux agents.

Mlle Jane, très surprise, répond au magistrat qu'en effet Marchandon est au jardin, fumant son cigare... L'assassin est aussitôt arrêté avec sa compagne et conduit à Paris. Après un premier interrogatoire, il est mis au secret à Mazas, et Jane à Saint-Lazare.

Quelques jours après, une ordonnance de non-lieu était rendue en faveur de Mlle Jane B..., qui était mise en liberté ; et Marchandon, déféré aux assises de juin, était condamné à la peine de mort.

Le soir même de son entrée à la Roquette, il manifestait le désir de me voir.

X

UN MARIAGE DE CONVENANCE

Je laisse pour le moment les tristes héros du quartier réservé de la prison, pour aborder un sujet moins pénible.

Dans le courant de juin de cette année, un détenu me demande une audience pour affaire urgente. Je le fais venir ; il m'exprime un désir qui tout d'abord me paraît une mystification. Il demande à se marier !... Je ne croyais pas la chose possible pendant la durée de la peine d'un prisonnier. Mon étonnement redouble, quand j'apprends que celui qui sollicite cette faveur est un condamné aux travaux forcés à perpétuité.

A. R..., né à Paris en 1863, a déserté son régiment, et, de ce chef, a été condamné par contumace à cinq ans de réclusion. Après un an de séjour en Belgique, il est revenu à Paris, s'est affilié à une bande de voleurs, et a été condamné, toujours par contumace, à huit ans de travaux forcés. Enfin, en 1885, il est revenu à Paris une seconde fois, s'est enrôlé dans une société de dévaliseurs d'églises de la banlieue, a été arrêté en flagrant délit avec sa jeune compagne, C. P... Eu égard à ses condamnations antérieures, la cour d'assises de la Seine l'a frappé d'une peine perpétuelle; et sa complice s'est vu condamner à dix ans de réclusion et à dix ans de surveillance. Elle est âgée de vingt ans.

Un enfant est né à la prison de Saint-Lazare, des suites de leurs relations, et bien que cet enfant soit mort, les deux jeunes gens n'en persistent pas moins à vouloir régulariser leur situation.

Après avoir consulté M. le directeur sur ce cas si nouveau et si imprévu, j'apprends que l'administration pénitentiaire favorise de tout son pouvoir ces sortes d'unions, pour peupler les colonies; et que ces personnes, que la loi frappe d'incapacité pour tout contrat, conservent le droit de se lier par le contrat le plus solennel et le plus sacré, le contrat de mariage...

Je me mets immédiatement en mesure, pour mener à bonne fin cette étrange négociation. Je me rends à la prison de Saint-Lazare, où M. le directeur me fait l'accueil le plus courtois. En sa présence, je demande à la jeune détenue si elle a bien examiné la situation à laquelle elle se condamne; si elle est bien consciente du sort qui lui est réservé, en s'unissant à un homme à jamais flétri par la justice, etc. Elle me répond que son devoir est tout tracé, qu'elle doit partager la vie malheureuse de celui dont elle a partagé l'existence criminelle, qu'elle est persuadée, du reste, que son mari se conduira de telle sorte que, tôt ou tard, il pourra mériter quelque adoucissement à sa peine et se réhabiliter par le travail et l'expiation.

5.

Grâce au concours précieux de la Société de Saint-Régis, M. l'abbé de Hambourg, aumônier de Saint-Lazare, et moi, nous sommes arrivés au but désiré; et, le 6 juillet, le mariage A.-P... était célébré à la mairie et à l'église, en présence des parents du jeune marié.

Immédiatement après la cérémonie religieuse, les deux conjoints étaient reconduits par les agents de la Sûreté dans leurs prisons respectives.

Tous les lecteurs comprendront pourquoi je ne cite pas les noms de famille des époux mariés dans des conditions semblables. Si les parties intéressées n'ont pas un droit strict à l'anonyme, il n'en est pas de même de leurs proches, qui sont assez affligés par la flétrissure de l'un des leurs, sans que leur nom soit livré à une indiscrète et insultante publicité.

XI

DÉCISIONS PRÉSIDENTIELLES

Dans une de ses premières audiences de juillet, la Cour de cassation accueillait favorablement le pourvoi de Pel (Albert), et le renvoyait devant la cour d'assises de Seine-et-Marne, où il espérait être acquitté. Son espoir fut déçu : malgré la chaleureuse plaidoirie de Mᵉ Laguerre, la Cour n'abaissa la peine que d'un degré, et Pel se vit condamner aux travaux forcés à perpétuité.

Il avait quitté la Roquette; et sa cellule du rez-de-chaussée fut occupée par Charles Marchandon.

C'est dans cette cellule que je reçus si souvent

les confidences du malheureux, qui ne cessait de déplorer son crime, commis, disait-il, sans aucune préméditation et dans un moment de véritable folie. Il avait bien consenti à être voleur, mais jamais la pensée d'un assassinat n'était venue à son esprit.

Du reste, aucune récrimination ne sortait de sa bouche, et jamais il ne s'est illusionné sur le sort qui lui était réservé.

Ses journées étaient employées à de bonnes lectures, à des prières que je lui indiquais, au jeu de dames ou de cartes, et à des dessins, pour lesquels il avait une certaine aptitude.

Il écrivait à sa mère aussi souvent que cela lui était permis. Il écoutait avec bonheur les nouvelles que je lui portais de sa mère, de son frère, de son beau-père, qui venaient me voir fréquemment. Il recevait aussi volontiers les nouvelles de sa jeune amie qui pleurait amèrement en pensant qu'elle avait été la cause certaine, bien qu'involontaire, de l'attentat odieux que le coupable allait payer de sa vie.

Je ne cessais pas, bien entendu, de prodiguer mes soins et mes exhortations aux autres condamnés.

François Thomas, Georges Blum, Paul Gaspard, Henri Mayer lui-même recevaient toujours mes fréquentes visites, plus fréquentes et plus empressées à mesure que le terme approchait.

Enfin le 7 août, M. le Président de la République commuait la peine de mort prononcée contre Thomas et Blum en celle des travaux forcés à perpétuité.

La même décision était prise deux jours plus tard en faveur de Mayer.

Il ne restait plus, des six condamnés à mort, que Gaspard et Marchandon. Pour ceux-là, la justice humaine devait suivre impitoyablement son cours.

Je les visitais une dernière fois, le dimanche avant la messe, sans me douter de l'imminence de l'expiation.

Ce jour-là, pour la deuxième fois, Marchandon me faisait sa confession.

XII

UNE DOUBLE EXÉCUTION. — GASPARD ET MARCHANDON

Dans la journée du dimanche 9 août, les ordres étaient envoyés du parquet criminel pour la double exécution du lendemain. Depuis l'exécution des assassins Barré et Lebiez, le 7 septembre 1878, c'était la première fois que deux condamnés devaient subir la peine capitale à Paris le même jour. Aussi les mesures avaient été prises en conséquence pour la double expiation.

Je m'attendais depuis quelque temps à cette éventualité. Aussi avais-je prié mon collègue de la Petite-Roquette de me prêter son concours pour assister un des deux condamnés. M. l'abbé Scalla ne m'avait pas refusé son ministère, et nous attendions le moment avec anxiété.

Vers six heures du soir, le surveillant Chevalier m'apportait deux lettres de M. le procureur général. L'une m'était personnelle : je devais assister Gaspard ; l'autre était destinée à mon confrère : il aurait à accompagner Marchandon.

M. le directeur me faisait prier en même temps de venir m'entendre avec lui pour les détails de la triste cérémonie.

A neuf heures, j'étais à la prison. M. Beauquesne me dit alors ce qui avait été décidé par M. le procureur général. Comme les deux condamnés n'étaient pas des complices, et qu'ils avaient commis deux crimes complètement distincts, les deux exécutions seraient distinctes aussi : de telle sorte que Marchandon ne serait réveillé que lorsque Gaspard aurait payé sa dette à la justice.

Je me rendis alors chez M. l'abbé Scalla, je lui donnai des instructions relatives à sa pénible mission, et nous passâmes ensemble la veillée des morts. De temps en temps nous regardions sur la place les préparatifs du drame. Nous vîmes arriver successivement les gardes de Paris à pied et à cheval, les gendarmes qui faisaient face au lieu du supplice, et la foule qui grossissait de plus en plus.

Vers deux heures et demie, deux fourgons partis de la rue Folie-Regnault, arrivaient sur la place de la Roquette. Ils se rangent à gauche de la porte de la prison. L'exécuteur et ses aides sortent une à une les pièces de la guillotine ; et le funèbre travail commence aussitôt.

Une heure plus tard, la sinistre besogne était terminée. M. Deibler s'assure que le terrible couperet glisse bien dans ses rainures, et bientôt lui et ses quatre aides pénètrent dans la prison.

Ils y avaient été précédés par tous les fonctionnaires civils et judiciaires requis par la loi.

Les deux aumôniers entrent à leur tour, et nous
attendons l'heure voulue pour le réveil du premier condamné.

A quatre heures vingt minutes, M. le directeur
donne le signal ; et nous nous dirigeons, non pas
vers le quartier des condamnés à mort, mais vers
le premier étage de la deuxième division. Pour
éviter une terrible émotion à Marchandon par le
réveil de Gaspard, on avait transféré celui-ci la
veille, ce qui lui avait laissé un instant une illusion
sur le sort qui lui était réservé.

Aussi quelle épouvante ! quel effarement, quand,
d'une voix émue, le fonctionnaire lui apprend la
terrible nouvelle ! La première pensée du misérable
est de s'enquérir si Mayer, son complice, doit subir
le même sort. Devant le silence du directeur, il
s'adresse à moi : « — Et Mayer va-t-il y passer
aussi ? monsieur l'aumônier. — Mon ami, les minutes sont trop précieuses pour penser à d'autres
qu'à vous-même. — Mais c'est une infamie ! Mayer
est plus coupable que moi !... » Une scène horrible
se produit alors : le malheureux s'agite désespéré-
ment sur sa couche, rejette violemment ses couvertures, pousse des cris inarticulés. Je demande
alors à être seul avec lui. M. le directeur s'y oppose
d'abord, craignant des violences ; on parle même
d'employer la camisole de force. Mais j'insiste. Je
fais asseoir Gaspard sur son lit, je l'aide à passer
ses chaussettes, son pantalon, ses bottines ; et le
prenant entre les bras, j'évoque la pensée de sa
mère et de sa sœur, qui trouveront dans sa résigna-

tion chrétienne un immense soulagement à leur
douleur.

L'infortuné se calme. Je lui donne un cordial.
Il écoute avec respect mes exhortations, me fait

GASPARD

ses suprêmes recommandations pour ceux qu'il
aime, et me fait enfin ses confidences intimes. . .
. . . .

Après quelques minutes d'entretien, j'ouvre la
porte, et j'avertis qu'on peut se mettre en marche.
Nous arrivons à la salle de la toilette. Les aides
font leur triste office sans que le patient oppose la

moindre résistance. Quand ses mains sont liées, il demande la permission d'écrire à sa mère. On lui répond que c'est impossible, qu'il est trop tard.

Voyant son chagrin de se voir refuser cette dernière faveur, je lui dis doucement que je me charge de porter à sa mère ses dernières paroles et sa suprême pensée. Il me remercie et ne dit plus rien.

On part pour le supplice ; je soutiens le malheureux. Nous sommes devant la guillotine. J'embrasse Gaspard au nom de sa mère. Il baise ardemment le crucifix. Il est poussé sous la lunette. Le couteau s'abat... Le corps roule dans le panier, la tête va l'y rejoindre. La bascule ruisselle de sang.

. . . .

Les fonctionnaires rentrent dans la prison pour le réveil du second condamné. Ma tâche est remplie. Je reste sur place. Les exécuteurs essuient et lavent à grande eau la machine ensanglantée, en remontent le couperet. J'attends l'apparition du second cortège, pour embrasser Marchandon au moment suprême. Tout est prêt pour un nouveau drame. Tout à coup, un surveillant vient à moi, et, devant la foule haletante et terrifiée, il s'écrie : « Monsieur l'aumônier ! venez vite, Marchandon vous réclame ! » Je me rends tout ému à cet appel, je refais le lugubre voyage à travers les ateliers silencieux. Je trouve le condamné écoutant les exhortations du prêtre ; mais, à ma vue, il se détourne de mon collègue et, malgré les insistances de celui-ci, il demande à rester seul avec moi.

Pendant quarante jours, je lui avais prodigué mes soins et donné les preuves du plus entier dévouement, j'étais le confident de tous ses secrets, de toutes ses affections. Il ne paraîtra étrange à personne qu'il désirât ma présence, quelque grande

C. Marchandon

le 10 Juillet 1885

que pût être la charité de mon suppléant au moment suprême.

Avec un sang-froid remarquable, mon pauvre Charles me remet quatre lettres écrites dans la nuit précédente (il avait eu le pressentiment de la

triste vérité), il me remet les lettres reçues pendant
son séjour à la Roquette, en me priant de les faire
parvenir à leurs signataires, me parle d'une photographie que M. le directeur voudra bien me
rendre. Je lui donne l'assurance que ses intentions
seront scrupuleusement remplies. Il me fait alors
certaines communications intimes, et nous nous
rendons à l'avant-greffe. Il subit avec résignation,
et sans prononcer une parole, les apprêts du supplice. Son beau visage s'éclaire parfois d'un air de
soumission parfaite à la volonté divine. Les deux
prêtres le soutiennent à droite et à gauche, il les
embrasse tous deux ; il presse ses lèvres sur le crucifix et s'abandonne aux exécuteurs...

Le cadavre va rejoindre dans le sinistre panier
rouge celui de son compagnon de supplice. Nous
remontons en voiture ; et, une demi-heure plus tard,
nous arrivons au cimetière d'Ivry. Un incident lugubre se produit alors. Les deux cercueils sont de
dimensions insuffisantes pour les corps de ces deux
jeunes hommes de vingt-deux ans. Les fossoyeurs
sont obligés de couper les cordes qui attachent les
bras et les mains et de tasser les cadavres avant de
clouer les bières.

J'avais revêtu en route le surplis et l'étole noire,
je récite à haute voix les dernières prières ; et, pendant que la Faculté de médecine s'empare des
corps, je pars avec M. l'abbé Scalla ; et, à sept heures, je célébrais à Saint-Pierre du Gros-Caillou la
sainte messe pour les deux infortunés. . . . .

Le lendemain, j'allais remplir auprès des familles
Gaspard et Marchandon l'émouvante mission qui
m'avait été confiée.

Le portrait de Mlle Jane B... m'a été rendu par M. le directeur. La destinataire étant partie pour Varsovie l'avant-veille de l'exécution, je me réserve de le lui remettre à son retour, ainsi que les lettres qui m'ont été remises.

XIII

AUDIENCES ORDINAIRES

Après les émotions violentes des derniers jours, je reprends le cours plus paisible de mes fonctions auprès des détenus. Ma grande préoccupation est de procurer à ceux qui sortent des vêtements et des chaussures. Il me serait bien difficile de satisfaire à toutes les requêtes qui me sont adressées à ce sujet. Je fais appel à toutes les personnes charitables de ma connaissance. Je les prie de me réserver les vieux vêtements, linge, chaussures, etc., qui seront fort utiles à mes malheureux détenus libérés.

Pour se rendre compte de l'utilité de cette bonne œuvre, il n'est besoin que de se rappeler que le détenu a le temps d'user tous ses vêtements pendant sa prévention plus ou moins prolongée à Mazas; qu'en entrant à la Roquette, après sa condamnation, il reçoit bien un costume complet de la prison; mais cette triste livrée, il ne l'emporte pas, et on lui rend uniquement les haillons qu'il avait à son entrée. Si son entrée à la Roquette a lieu en juin ou juillet, il retrouvera en décembre ou janvier des vêtements plus que légers, qui ne sauraient le garantir des rigueurs de la saison.

La chaussure surtout manque souvent à ces malheureux, et c'est l'objet le plus fréquent de leurs demandes. J'ai trouvé une précieuse ressource en m'adressant, pour ce genre d'aumône, au séminaire de Saint-Sulpice. MM. les aumôniers des pauvres me font une grande part dans leurs largesses, et me réservent chaque mois un lot considérable de vieux souliers.

Qu'ils soient bénis pour cette généreuse distribution !...

Je voudrais pouvoir persuader aux personnes charitables quel bien elles peuvent faire en couvrant les membres des prisonniers au moment de leur libération.

Que d'hommes, à qui il ne manque qu'un vêtement convenable pour trouver de l'ouvrage et se réhabiliter par le travail; et qui, se voyant rebutés de tous à cause des loques sordides qui les couvrent, retombent nécessairement dans leur première abjection !

Après quelques jours de vacances, je reprends mes fonctions ordinaires, et je trouve à mon retour un nouveau condamné à la Grande-Roquette.

Louis Birkel, âgé de dix-neuf ans, est né à Rothan (Vosges). Il a été condamné à mort pour assassinat commis sur la personne d'un nommé Spreiber, demeurant à Grenelle. C'est sur la dénonciation d'une fille soumise qu'il a été arrêté: aussi proteste-t-il, sinon de son innocence, au moins contre l'exclusive responsabilité du meurtre.

Son attitude, à mon égard, est pleine de recon-

naissance et de respect. Pendant les quatre-vingt-
un jours qu'il est resté en cellule, sa tenue est des
plus convenables.

Est-ce à cause de son jeune âge, ou en présence
du doute qui plane sur sa culpabilité? Sa peine est
commuée, le 3 décembre, en celle des travaux
forcés à perpétuité.

Birkel est profondément ému à l'annonce de sa
grâce. Il s'était préparé à la mort d'une manière
toute chrétienne, et avait reçu la sainte communion
dans sa cellule, avec des sentiments de foi qui ne
me laissaient aucun doute sur ses excellentes dispositions.

Cette visite de son Dieu avait eu lieu en présence
du brigadier et des surveillants, qui semblaient fort
émus de l'acte solennel qui se passait sous leurs
yeux.

XIV

NOUVEAUX MARIAGES

La série des mariages, ouverte comme nous
l'avons vu plus haut, se continue par plusieurs
unions qui ne présentent qu'un minime intérêt.

Cependant, une d'entre elles mérite d'être signa-
lée. Il s'agit du mariage de A. C., avec Mlle E. G.
Le futur a vingt-quatre ans, la future dix-sept.

Tout est réglé, et le mariage est fixé au 5 novembre, quand le fiancé, prétextant la maladie de sa
mère, me prie de surseoir de huit jours à la célébration.

On obtempère à son désir, mais quelques indis-

crétions de sa part apprennent qu'une tentative
d'évasion a été concertée entre lui et ses parents.
Aussi prend-on des précautions utiles. Au lieu de
deux agents, on en désigne six ; au lieu d'une voiture, on en met trois à la disposition des invités,
et les surveillants se divisent, au milieu des parents.
Contrairement à l'usage, on attache le marié avec
des cordes, de la prison à la mairie, de la mairie à
l'église, et de l'église à la prison. On a même
l'inhumanité d'empêcher les époux de boire à leur
union, comme cela se fait d'ordinaire.

Enfin, le mariage est célébré. C... fait partie du
premier convoi pour la Nouvelle-Calédonie, où il
attendra que sa jeune compagne, *libre*, veuille
bien l'y rejoindre, ce qui, probablement n'arrivera
pas de sitôt.

Quelques autres mariages sont célébrés dans des
conditions ordinaires. Plusieurs projets échouent,
soit à cause de la position exceptionnelle du détenu,
soit par suite de l'opposition formelle des parents
à ces sortes d'unions, très peu flatteuses pour l'honorabilité des familles.

Je résume ici les observations que j'ai pu faire
durant cette première année de mon ministère à
la Grande-Roquette.

J'ai été en rapports directs avec neuf condamnés
à mort, dont trois ont subi le châtiment suprême.

J'ai vu passer sous mes yeux neuf condamnés
aux travaux forcés à perpétuité, dix-huit condamnés au bagne pour une peine de cinq à vingt
ans ; j'ai été en contact avec vingt à trente condamnés à la réclusion. Je ne parle pas de ceux qui
ont encouru des peines moindres. Mais je crois

être en droit de conclure que les détenus préfèrent de beaucoup le transport aux colonies, où ils jouissent d'une liberté relative, à l'incarcération dans une maison centrale, où le régime est plus sévère et ne laisse aucun espoir ni aucune chance d'évasion.

Ainsi sont expliqués les crimes commis dans les prisons de France, dans le but d'aggraver une culpabilité qui amènera le transport dans les bagnes de la Nouvelle-Calédonie.

La fête de Noël est célébrée avec édification à la Roquette. La grand'messe est chantée en musique par douze détenus. Un d'entre eux chante avec un véritable talent : *Minuit, chrétiens !* d'Adolphe Adam ; et, après le Salut solennel, on entend le cantique populaire en l'honneur de Jésus enfant.

XV

LE CONDAMNÉ BARBIER

Le 3 janvier 1886, tous les aumôniers des prisons de Paris étaient convoqués par M. le promoteur diocésain pour offrir leurs vœux de nouvel an à M. Gragnon, préfet de police. A trois heures, nous étions tous réunis à la préfecture. Étaient présents : M. Fortier, aumônier de la Santé et de la prison militaire ; M. de Humbourg et M. Dublet, de Saint-Lazare ; M. Meyer, de Mazas ; M. Bontemps, de la Conciergerie ; M. Boulvin, de Sainte-

Pélagie; M. Scalla, des Jeunes détenus; M. Colombel, du Dépôt de Saint-Denis; M. Faure, de la Grande-Roquette.

M. l'abbé Fortier, doyen par rang d'ancienneté, adresse quelques mots à M. le préfet au nom de ses collègues, et affirme le dévouement de chacun à la cause des malheureux dont nous avons la charge spirituelle, et notre désir de faire rentrer dans le devoir ceux qui se sont laissé entraîner par de coupables exemples ou de dangereuses inspirations.

M. Gragnon répond avec beaucoup de bienveillance à l'allocution qui vient de lui être adressée.

Il remercie les aumôniers de leur dévouement si connu et si apprécié par l'administration pénitentiaire. Il proteste à son tour de ses sentiments de reconnaissance pour les prêtres, dont la pénible mission aura toujours son concours le plus dévoué.

M. l'abbé Fortier présente à M. le préfet chacun de ses confrères, et nous nous retirons satisfaits de l'entrevue.

Birkel a quitté sa cellule le 2 décembre 1885. Le 15 janvier, Pierre Barbier vient l'occuper à son tour.

Pierre Barbier, né à Lyon, est âgé de vingt-sept ans. Sans emploi bien déterminé, ou du moins sans travail depuis longtemps, il occupait une modeste chambre, à un étage élevé, à l'angle des rues Saint-Martin et Rambuteau. De cet observatoire improvisé, il surveillait les mouvements d'un vieillard nommé Maton, dont la fenêtre faisait face à la sienne. Plusieurs fois il avait constaté la manie de Maton de compter son or sur une table. Ce spectacle se reproduisit plusieurs fois. Il y avait là une somme considérable, qui tenta la cupidité de Barbier. Il parvint, on ne sait comment, à lier des relations avec le vieillard, et de nombreux témoins affirmèrent ses fréquentes visites à son nouvel ami.

Un matin, le locataire de la rue Rambuteau ne sortit pas à son heure ordinaire. La police fut prévenue. On pénétra dans son domicile et on trouva le vieillard assassiné.

Les soupçons se portèrent aussitôt sur le voisin d'en face. Des indices certains désignèrent Barbier comme le coupable. Des sommes furent trouvées chez lui, sans qu'il pût en expliquer la provenance. Il fut dans l'impossibilité d'établir un alibi au moment du crime. Il fut arrêté, mis au secret à Mazas. Le 14 janvier, il comparaissait devant la cour l'assises, et le 15 il était condamné à mort.

Pendant plusieurs jours, il refusa obstinément ma visite ; et je me gardais bien de le voir malgré lui.

Un matin, il se plaignit au gardien-chef de la privation de tabac. On lui répondit que l'administration ne se chargeait pas d'en fournir, pas plus que des cartes, qu'il réclamait pour se procurer un peu de distraction.

A cette nouvelle, je priai le brigadier de remettre, de ma part, au prisonnier un jeu de cartes et un paquet de tabac.

Cette attention produisit un excellent résultat, car Barbier manifesta aussitôt le désir de me voir. Lorsque je me présentai dans sa cellule, il s'excusa du retard qu'il avait mis à demander ma visite.

6

Je m'efforce de gagner sa confiance par quelques bonnes paroles, je lui demande quelques détails sur son passé. Il me répond avec beaucoup de convenance. Je remarque qu'il lui manque deux doigts à la main droite. Il me dit qu'étant fils d'un canut de Lyon, il a été saisi par une machine de tissage et mutilé ; il avait alors une dizaine d'années. Cet accident, qui l'a rendu impropre au service militaire, n'a pas peu contribué à sa vie aventureuse, car il ne trouvait que rarement du travail compatible avec son infirmité.

Barbier comptait beaucoup sur la Cour de cassation pour annuler l'arrêt de la cour d'assises. Il était rassuré à ce sujet par M. Massenet des Roches, qui devait le défendre devant la Cour suprème. Mais, malgré la chaleureuse et éloquente plaidoirie de son défenseur, la Cour de cassation, dans sa séance du 11 février, rejetait le pourvoi.

Je vis Barbier : le 19 je me gardai bien de lui ôter son espérance, mais je le trouvai plus agité que de coutume. J'essayai alors de lui remonter le moral. Je fis appel à ses sentiments religieux de l'enfance. Je l'engageai à mettre sa confiance dans la Vierge de Fourvières, si chère aux Lyonnais, et lui demandai de réciter tous les soirs un *Ave Maria* pour attirer sa puissante protection. Il le promit, de mauvaise grâce, mais il le promit.

A ma visite suivante, le gardien-chef me dit qu'après mon départ Barbier était entré dans une violente colère. Il prétendait que j'avais torturé sa conscience en lui imposant la confession, à laquelle il ne se soumettrait jamais ; qu'il ne voulait plus que je lui dise un mot ni de religion, ni de son affaire... Je priai alors le brigadier de m'accompagner dans la cellule pour convaincre Barbier de mensonge. Ce ne fut pas difficile. Il reconnut que je n'avais pas prononcé le mot de confession, mais qu'il était persuadé que c'était là où j'en voulais venir. Je ne lui cachai pas que c'était, en effet, sinon mon espérance, au moins mon désir; et il se calma.

Le 16 mars, M. le directeur vint annoncer à Barbier que M. le Président de la République avait commué sa peine en celle des travaux forcés à perpétuité.

A la différence des autres condamnés objets de la même mesure de clémence, dont la joie se manifeste par des larmes, Barbier fut très peu reconnaissant de sa grâce. Et comme je le félicitais : « Vraiment, me dit-il, la chose n'en vaut pas la peine, pour l'avenir qu'on m'assure!!!... »

Il était resté soixante et un jours en cellule.

XVI

DEUX CONDAMNÉS A MORT : FORGET, KŒNIG

Barbier occupait encore sa cellule, quand la cour d'assises envoyait au Dépôt des condamnés deux nouveaux pensionnaires : Forget (Louis) et Kœnig (Florent).

Dans le courant de janvier 1886, un nommé Coustix, déchargeur de bateaux, était trouvé assassiné et dévalisé au Champ-de-Mars. On l'avait vu la veille en compagnie de quatre ou cinq jeunes gens. Sur la dénonciation d'une femme qui vendait du café à la porte de la caserne de cavalerie, et d'une fille de mauvaise vie de Grenelle, on parvint à retrouver quatre des prétendus coupables. C'étaient : Louis Forget, vingt-quatre ans; Florent Kœnig, vingt ans; Etienne Hulot, vingt ans, et Pierre Bouillon, dix-neuf ans.

Depuis six mois, les quartiers de Grenelle et du Champ-de-Mars étaient terrorisés par des attaques nocturnes et des méfaits de tous genres d'une bande de malfaiteurs, qui avaient toujours pu échapper aux recherches de la justice.

On savait le nom du chef : c'était Kœnig, dit le Môme; mais il était aussi insaisissable que ses affidés. Enfin, sur les indications précises des deux femmes, quatre jeunes bandits ne tardèrent pas à être arrêtés.

Ils comparaissaient, le 10 février, devant la cour d'assises, et étaient condamnés : Kœnig et Forget, à la peine de mort; Hulot et Bouillon, aux travaux forcés à perpétuité. Tous furent transportés à la Grande-Roquette.

Je ne tardai pas à faire visite aux condamnés à mort. Forget me reçut très convenablement, mais me déclara d'une façon absolue qu'il était innocent du crime qu'on lui imputait et victime des odieuses méchancetés de Kœnig, Hulot et Bouillon.

Sa tenue fut toujours irréprochable pendant son séjour en cellule. Il assistait à la messe le dimanche, alternativement avec Kœnig. Il fumait et jouait beaucoup, mais il lisait très peu.

Kœnig (Florent-Jacques) n'avait pas encore vingt ans : il en paraissait à peine quinze, tant sa personne était rachitique et sa physionomie enfantine. Son visage était désagréable à voir, à cause de ses yeux chassieux et rouges. Son éducation avait été des plus défectueuses. Lui, enfant de Paris, ne savait pas lire à vingt ans! Et comme je lui exprimais mon étonnement de la négligence de ses parents, il me répondit qu'il n'y avait pas de leur faute, mais qu'il préférait l'école buissonnière à toute autre, et qu'à ses yeux l'instruction obligatoire, quelque laïque et gratuite qu'elle fût, était une tyrannie dont il avait toujours su s'affranchir.

Il avait cependant été admis à la première communion à Notre-Dame de la Gare.

Il recevait fréquemment la visite de sa mère et de sa sœur. Il reçut aussi une fois celle de son avocat, Me Léon. Il comptait, non seulement sur une commutation de peine : mais ses prétentions allaient parfois jusqu'à l'espoir de la liberté!...

Le 4 mars, la Cour de cassation rejetait le pourvoi de Forget et de Kœnig.

Je continuai à prodiguer mes soins aux deux condamnés, sans pouvoir rien préjuger de la décision qui serait prise à l'égard de chacun d'eux. J'espérais bien les préparer à leur devoir pascal. Je n'en eus pas le temps, comme on le verra bientôt.

Dans ce même mois, le 20 mars, je reçus la visite de Mlle Jane B..., à son retour de Varsovie; je lui remis les lettres et la photographie que m'avait laissées en dépôt le malheureux Charles Marchandon.

6.

XVII

EXÉCUTION DE KŒNIG

Près de deux mois se sont écoulés, depuis la condamnation de Kœnig et Forget. Le dénoûment du drame ne pouvait plus se faire attendre. Dans la journée du mercredi 7 avril, les ordres étaient donnés par le parquet.

Un seul des deux condamnés, Forget doit bénéficier de la clémence du chef de l'État.

Pour Kœnig, la justice suivra son cours. Toutefois, il est bien arrêté que la grâce de Forget ne lui sera notifiée qu'après l'exécution de son complice, et que le misérable passera par les transes terribles de l'attente de l'expiation, en entendant le bruit produit dans la cellule voisine par le réveil du condamné.

Un surveillant m'apporte le mercredi, à neuf heures et demie du soir, la funèbre invitation. L'exécution est fixée au jeudi 8 avril, à cinq heures trente du matin.

Mon premier soin est de me procurer une voiture. Je ne puis plus compter à l'avenir sur le légendaire 148. Le père Marchand est mort, il y a quelques semaines ; et, du reste, son remisage de la rue du Chemin-Vert est trop éloigné de la rue Cassette, que j'habite depuis six mois. On me désigne le cocher Victor Esnault, de la voiture 3509 : c'est lui qui désormais me conduira aux exécutions.

A trois heures et demie, nous arrivons sur la place de la Roquette. Sur la déclaration de ma qualité, les agents ouvrent un passage à ma voiture, à travers la foule. Les aides sont occupés à dresser

KOENIG

la guillotine. J'entre au greffe, où je suis bientôt rejoint par M. le directeur.

Vers quatre heures, MM. Caubet, chef de la police municipale, Taylor, de la Sûreté, Baron, commissaire de police, un juge d'instruction, un substitut, un greffier du parquet, etc., nous rejoignent dans la salle du greffe.

A cinq heures, nous entrons dans la cellule du condamné. Kœnig dort profondément. On le réveille. Le directeur prononce la formule ordinaire. Le malheureux se récrie vivement, proteste de son innocence et fait entendre de grands cris. Je suis laissé seul avec lui sur sa demande. Je m'efforce de le calmer; il veut alors me dire au long les circonstances du crime : il accuse surtout un nommé Nerdelander, dont on n'a jamais parlé.

Je parviens cependant à lui faire accepter mon ministère religieux, et notre conversation devient tout à fait intime. . . . .

. . . .

Après sept à huit minutes d'entretien, je lui offre un verre de liqueur, qu'il refuse; et on part pour la toilette. Pendant le trajet assez long à travers les ateliers de l'Ouest, ses cris redoublent. Tous les détenus ont dû l'entendre de leurs cellules. Pendant le ligottage et l'échancrure de sa chemise, toujours cris et lamentations. Quelques mots que je lui dis sur sa mère l'apaisent un peu.

Nous nous dirigeons vers le lieu du supplice, je le soutiens par le bras gauche, un aide par le bras droit. Pleurs, sanglots, cris incessants. La foule se découvre, péniblement impressionnée par ce spectacle, en pensant que le criminel a été, pendant six mois, la terreur de tout un grand quartier de Paris. Nous sommes devant la bascule. Je lui donne de tout cœur l'accolade suprême. Le malheureux semble vouloir se coller à mon corps et me supplie de le sauver ! Il baise avec transport le

crucifix. « Adieu à ma mère !... » Il est violemment
couché sur la planche. Un bruit sourd ; tout est
fini ! . . . .

Aussitôt, départ pour le cimetière. Deux gendarmes, la voiture de l'aumônier, le fourgon, trois
gendarmes, la voiture des fonctionnaires. Boulevard Contrescarpe, un gendarme est désarçonné.
Il remonte péniblement à cheval jusqu'au cimetière d'Ivry. Le fourgon de l'École de médecine
n'est pas arrivé. C'est avec peine qu'on trouve un
cercueil. Je récite les dernières prières ; et, à mon
retour à Saint-Sulpice, je dis la messe pour le
supplicié.

Le même jour, à midi, une scène déchirante se
produisait à la prison. La mère et la sœur de
Kœnig venaient pour le voir : elles ignoraient
l'affreux événement du matin. Avec beaucoup de
ménagements, on leur apprend la terrible nouvelle.
Alors la mère entre dans une violente colère,
injurie tout le personnel de la prison. L'aumônier
n'est pas épargné. On est obligé de la congédier
pour mettre fin à cet horrible spectacle.

Cette scène pénible se renouvelle sur la place de
l'échafaud !...

XVIII

LES RAMEAUX — PAQUES

Le 9 avril, M. le directeur apprenait à Forget
que sa peine était commuée en travaux forcés à
perpétuité. Il fut étourdi par une annonce de ce
genre. Il ne pouvait croire à la réalité. Il ne trou-

vait aucune parole pour exprimer sa joie. Dieu
avait eu pitié du malheureux. Lui qui, depuis
plusieurs jours, se réveillait en sursaut le matin,
vers cinq heures, attendant toujours l'appel fatal,
il n'a rien entendu du réveil de Kœnig. Ce jour-
là, il a dormi jusqu'à huit heures, sans se douter
du drame qui se passait à ses côtés. La nouvelle
de l'exécution de son complice l'a vivement impressionné.

Il me remercie bien sincèrement des soins que
je lui ai prodigués pendant sa détention, et me fait
ses adieux en me promettant de racheter par sa
conduite future tous les égarements de sa vie
passée.

Je reprends mes occupations ordinaires, et je
m'efforce de préparer mes auditeurs du dimanche
à l'accomplissement de leur devoir pascal.

Le jour des Rameaux, on entend les *Rameaux*
de Faure, chantés avec un véritable talent.

Le vendredi saint, c'est M. l'abbé Colomb, prêtre
de la paroisse Saint-Sulpice, qui se fait entendre
pour le sermon traditionnel de la Passion. Il est
écouté avec une religieuse attention.

Pendant toute cette semaine, je me suis tenu à
la disposition de ceux qui voulaient se préparer à
la fête pascale.

Le dimanche de Pâques, la grand'messe est
chantée très solennellement en musique, sous la
direction d'un habile maître de chapelle. A l'offertoire, on entend l'hymne populaire *O Filii*.

Le lundi de Pâques, je reçois à mon domicile la
visite de Mme Kœnig, de sa sœur et de sa fille.

Après quelques observations bienveillantes,

mais sévères, sur la scène déplorable du 8 avril, je leur donne quelques détails sur les derniers moments du supplicié. Je leur répète ses dernières paroles et ses suprêmes recommandations pour celles qu'il laissait après lui, et je leur donne à baiser le crucifix sur lequel il a collé ses lèvres à ses derniers moments.

Ces trois personnes se retirent très émotionnées des communications que je viens de leur faire, et en même temps très reconnaissantes des marques d'affection que j'ai prodiguées au condamné.

XIX

DIVERS ÉPISODES

Dans les premiers jours de mai, je vois arriver à la Roquette le nommé L..., connu sous le nom du bigame d'Alfortville, condamné à cinq ans de prison. Quelque sceptique que je sois par profession, la physionomie de cet homme me frappe par sa douceur et sa résignation. Ma visite semble lui faire du bien, et il me prie de le voir souvent. Je le lui promets, et je le vois plusieurs fois avant son départ pour la maison de réclusion où il doit subir sa peine.

Je vois également, pendant quelques jours, le nommé C..., condamné le 30 avril aux travaux forcés perpétuels, pour crime d'assassinat commis sur M. L..., son oncle, demeurant rue Saint-Denis.

Le 5 mai, une révolte éclatait à la Grande-Roquette, parmi les condamnés aux travaux forcés.
Le prétexte était le changement d'atelier du forçat
Hulot, un des complices de Kœnig. Des voies de
fait étaient commises sur la personne du gardien-
chef : on prévient en toute hâte M. le directeur, qui
lui-même, est violemment frappé au visage, ainsi
que plusieurs des surveillants. Les soldats du
poste, armes chargées, font irruption dans la cour ;
à la première sommation, les révoltés, persuadés
qu'ils auraient le dessous, se calment ; seize d'entre
eux sont mis au cachot.

Dans la soirée, M. le préfet de police, accompagné
de vingt-cinq gardes républicains, vient rétablir
l'ordre.

Les détenus pour de petites peines ont eu la
sagesse de se tenir absolument étrangers à la
rebellion.

Le samedi 15, un homme mourut subitement à
l'infirmerie. Le lendemain, j'annonçais cette mort,
et j'engageais les détenus présents à suppléer la
famille absente en priant pour le défunt pendant
l'absoute.

Le 24 mai, Mlle Darboy, sœur de l'archevêque
de Paris, tombé sous les balles de la Commune
en 1871, se rendait à la Roquette avec sa famille,
ainsi que cela se pratique chaque année depuis la
mort du prélat.

M. le directeur, M. l'abbé Crozes, l'aumônier
actuel de la prison, le gardien-chef accompagnaient
les visiteurs d'abord dans la cellule n° 23, puis au
premier chemin de ronde, où les otages furent mis
à mort.

Après une prière, on renouvelle les couronnes pour les six victimes et on les attache à la grille qui protège le modeste jardin.

Une plaque de marbre commémorative porte cette inscription :

✝

RESPECT A CE LIEU

TÉMOIN DE LA MORT DES NOBLES ET SAINTES VICTIMES
DU XXIV MAI MDCCCLXXI

Mgr GEORGES DARBOY
ARCHEVÊQUE DE PARIS

M. Louis BONJEAN
PREMIER PRÉSIDENT DE LA COUR DE CASSATION

M. GASPARD DEGUERRY
CURÉ DE LA MADELEINE

R.-P. LÉON DUCOUDRAY
DE LA COMPAGNIE DE JÉSUS

R.-P. ALEXIS CLERC
DE LA COMPAGNIE DE JÉSUS

M. MICHEL ALLARD
AUMONIER D'AMBULANCE

XX

DEUX CONDAMNÉS A MORT. — RIVIÈRE ET FREY

Pendant le mois de juin, j'ai à m'occuper de plusieurs mariages, dont trois sont menés à bonne fin malgré des difficultés assez sérieuses. Pour d'autres, je suis moins heureux, à cause de l'opposition

7

formelle des parents à des mariages aussi honorables et aussi avantageux.

D'autres préoccupations d'une nature plus grave
ne tardent pas à réclamer toute ma volonté et mon
dévouement.

Il y a dix-huit mois à peine que je remplis les
fonctions d'aumônier de la Grande-Roquette, et
déjà douze condamnés à mort ont passé sous mes
yeux.

La série continue presque sans interruption, et,
le 9 juillet, la cour d'assises de la Seine m'envoie
deux pensionnaires : Rivière (Pierre), âgé de vingt-
neuf ans, et Frey (Joseph), âgé de vingt-six ans.
Tous deux ont été convaincus d'assassinat sur la
personne de Mme Deshayes, logeuse, boulevard de
Charonne.

Rivière (Pierre) est né à Pleaux (Cantal). Arrivé
très jeune à Paris, il a exercé divers métiers ;
appelé au service militaire, il a été incorporé dans
un régiment de dragons en garnison à Chartres.

Mais Rivière avait une horreur instinctive du
cheval ; son service, toujours mal fait, lui attirait
des punitions fréquentes. Enfin, un jour, fatigué de
cette existence, il déserta. Arrêté quelques jours
après, il était envoyé dans les compagnies de discipline, en Afrique.

C'est là que, quelques mois plus tard, Frey (Joseph) allait le rejoindre. Frey, comme Rivière, fut
placé au 2ᵉ dragons à Chartres ; et, comme Rivière,
ennemi de la cavalerie, il déserta et fut frappé de
la même condamnation.

Il ne paraît pas que leur conduite ait donné lieu
à des plaintes graves pendant leur service, car,

après cinq ans, ils étaient libérés, recevaient leur congé en bonne forme et rentraient à Paris.

Frey était Parisien et avait encore sa mère. Pendant son séjour en Afrique, il avait eu la singulière et grotesque idée de se faire tatouer sur le front en grosses lettres ces mots : « **Pas de chance.** » Le malheureux ne pensait pas alors prophétiser si juste et mériter un jour l'application de ce triste surnom !...

Par quel concours de circonstances Rivière et Frey se sont-ils retrouvés à Paris et ont-ils été amenés à combiner leur crime? On ne l'a jamais su exactement. Ce qui est incontestable, c'est que, dans le courant d'avril 1886, les deux complices se rendaient, au milieu de la nuit, à l'hôtel meublé de Mme Deshayes, boulevard de Charonne, et demandaient une chambre pour la nuit : pendant que la pauvre femme se mettait en devoir de les satisfaire, ils la renversèrent; Rivière lui tenait les pieds, tandis que Frey la serrait à la gorge. Lorsque l'œuvre sinistre fut accomplie, les deux assassins se mirent à fouiller les meubles de la maison.

Grâce au sang-froid et à l'énergie de quelques musiciens ambulants, qui avaient vu la lumière passer d'une chambre à l'autre, et qui, après avoir solidement attaché le bouton de la porte à la rampe de l'escalier, attendaient les agents, qu'un d'entre eux était allé chercher; les deux coupables étaient arrêtés séance tenante. Mme Deshayes, avant de rendre le dernier soupir, avait encore la force de les dénoncer.

L'instruction de cette affaire ne fut ni longue ni difficile. Après deux mois de prévention à Mazas, les deux accusés passaient en cour d'assises et étaient condamnés à la peine de mort. Le soir même de leur condamnation, ils étaient revêtus de la camisole de force et transférés à la Roquette, après avoir signé leur pourvoi en cassation.

Le dimanche suivant, je leur fis ma première visite, qu'ils reçurent avec un certain plaisir, Rivière surtout.

Le tatouage grotesque de Frey me fit un pénible effet. Son front bas et fuyant disparaissait sous cette stupide inscription, et quand je dis à Frey qu'il avait perdu la raison quand il avait permis cette inepte plaisanterie, il me répondit naïvement qu'il était parfaitement de mon avis.

Rivière, tout en avouant qu'il avait pris part au crime, soutenait avec insistance qu'il n'avait jamais consenti à l'assassinat ; que Frey avait étranglé la victime, alors que lui ne voulait que l'étourdir avant de la dévaliser.

Rivière a toujours compté sur une commutation de peine ; Frey ne s'est jamais fait d'illusion sur le sort qui l'attendait. L'un et l'autre assistaient alternativement à la messe. Je portais régulièrement à tous deux des cartes et du tabac. Ils étaient très sensibles à cette double attention.

Le dimanche, 17 juillet, j'annonçais aux détenus réunis dans la chapelle la mort de S. Em le cardinal Guibert, archevêque de Paris ; et, après la grand'messe, avait lieu une cérémonie funèbre à laquelle s'associaient les assistants.

Si je ne mentionne pas la fête nationale du 14 juillet, c'est qu'à la prison de la Roquette, elle passe presque inaperçue. Une ration de viande, le

chômage des ateliers, telles sont les douceurs et
réjouissances accordées en ce jour par l'administration.

Aucun fait saillant ne se produit pendant les
mois d'août et de septembre.

Il est bon de rappeler cependant que le mardi
10 août, M. Sarrien, ministre de l'intérieur,
accompagné de M. Herbette, directeur de l'administration pénitentiaire, de MM. Lafon, Nivelle et
Bozé, vient faire une visite au Dépôt des condamnés. En l'absence du directeur, c'est M. Fontaneau, greffier, qui reçoit le ministre. Il l'accompagne dans toutes les parties de la prison. La
chapelle est vue de la tribune. M. Sarrien visite le
quartier des condamnés à mort; il pénètre même
dans la seule cellule vide.

L'aumônier, non prévenu, n'est pas présent.

L'administration ayant mis 125 francs à ma
disposition pour achat d'objets du culte, je fais
l'acquisition d'une chape en drap d'or et d'un
voile huméral, pour le salut des grandes fêtes.

XXI

UNE DOUBLE EXÉCUTION. — RIVIÈRE ET FREY

Quatre-vingt-sept jours se sont écoulés depuis
l'entrée de Rivière et Frey à la Grande-Roquette.
Il est inouï que jamais condamnés à mort aient
attendu si longtemps qu'on statuât sur leur sort.
Le pourvoi en cassation a été rejeté le 12 août.

Ordinairement, c'est dans la quinzaine qui suit la décision de la cour suprême, que le pourvoi en grâce est examiné. D'où provient donc le retard?

Il paraît que les deux condamnés auraient été compromis dans d'autres affaires criminelles, dont les complices subissent la peine des travaux forcés. On a voulu éclaircir le mystère. De là des correspondances avec la Nouvelle-Calédonie. On a cru un moment que l'on serait dans la nécessité de faire revenir en France ceux qui ont été frappés par la justice. Enfin, tous renseignements pris, on a été suffisamment édifié sur le compte des deux assassins du boulevard de Charonne; et, le samedi 2 octobre, M. le président Grévy, imposant silence à sa clémence légendaire, signait l'ordre d'exécution des deux condamnés.

Le lendemain, après la messe, M. le directeur me remettait deux lettres de M. le procureur général. J'étais invité à me rendre avec un confrère, le lendemain lundi, à la prison, pour assister les deux coupables à leurs derniers moments.

De retour à Saint-Sulpice, je demande le concours d'un des vicaires de la paroisse. M. l'abbé Colomb accepte la pénible mission. Il est convenu qu'il assistera le premier exécuté.

Dans la soirée, je donne les ordres nécessaires au cocher Victor Esnault, qui désormais aura le funèbre monopole de ces nocturnes expéditions.

Le lundi matin, à quatre heures un quart, M. Colomb et moi nous arrivons sur la place de la Roquette. Quelques centaines de curieux s'y trouvent déjà, mais bientôt la foule grossit, à mesure que l'heure de l'exécution approche.

Les troupes à pied et à cheval de la gendarmerie et de la garde républicaine sont à leur poste,

RIVIÈRE

autour des barrières destinées à maintenir le public à distance. Ils sont renforcés de deux cents agents de police.

La guillotine est dressée, on hisse le couperet. Nous entrons dans la prison. Bientôt arrivent les autorités administratives autorisées à cet effet.

M. le directeur donne les ordres aux surveillants de la prison et leur indique le rôle de chacun dans la double exécution.

A cinq heures, l'exécuteur des hautes œuvres vient signer au registre la levée d'écrou des deux condamnés. Ses aides attendent dans le vestibule.

A cinq heures quarante, nous traversons les ateliers de l'Ouest; et on pénètre dans la cellule de droite, celle de Rivière.

Est-il endormi? Il se met aussitôt sur son séant à l'appel du directeur. Il écoute avec calme l'annonce de sa mort, et reste quelques instants seul avec M. Colomb. Il écoute le prêtre avec respect et lui donne quelques commissions pour un de ses parents. Il s'enquiert si Frey, son complice, doit subir le même sort que lui; et, sur la réponse affirmative qui lui est faite, il recouvre son calme. Il accepte volontiers le cordial qu'on lui offre.

— Un petit mêlé-cassis, monsieur l'aumônier, voilà le vrai moment.

Les deux condamnés, Gaspard et Marchandon, ont été exécutés séparément, parce qu'ils n'étaient pas complices du même crime. Ici, le cas est différent. Frey, considéré comme le plus coupable et l'instigateur de l'attentat, sera présent à l'exécution de Rivière. Il subira l'horrible spectacle avant de recevoir lui-même le châtiment suprême. Tel est l'ordre formel donné par M. le procureur général.

Pendant que Rivière s'entretient avec M. l'abbé Colomb, nous pénétrons dans la cellule de gauche.

Frey dort profondément. Il est réveillé par les paroles de M. le directeur. Il s'habille sans dire un mot. Je lui demande, quand nous sommes seuls, s'il a quelques confidences à me faire. Il me répond brutalement qu'il n'a pas besoin de mon ministère et que je le laisse tranquille avec le bon Dieu!...

FREY

Cette réponse ne supportant pas de réplique, je sors de la cellule, et deux surveillants se placent à ses côtés.

Nous quittons le quartier des condamnés à mort à la suite de Rivière. La toilette du premier con-

7.

damné est faite dans la petite salle contiguë à la cantine. J'attends avec Frey, dans l'avant-greffe, que son tour soit venu. Pendant les sept à huit minutes d'attente, je m'efforce d'amener quelques sentiments de repentir dans ce cœur endurci : toujours les mêmes injures et les mêmes blasphèmes. J'évoque en vain le souvenir de sa mère; il me répond par une expression intraduisible. C'est alors que M. le directeur me pria de ne pas insister.

Pendant que les aides l'attachent, il ricane; quand le ligottage est terminé, il demande ironiquement :

« Eh bien! vous n'avez donc plus de cordes! En voilà assez, je pense; comme il va être commode de marcher avec ces machines-là!... »

Les apprêts terminés, le double cortège se met en marche. M. Colomb soutient Rivière; Frey refuse obstinément mon appui. Il est soutenu par deux aides.

Rivière, devant la bascule, embrasse M. Colomb et baise le crucifix. Mais au moment où les bourreaux le saisissent, il crie d'une voix retentissante: « Vous pouvez dire au père Grévy qu'il est un assassin!... »

Il est violemment poussé vers la lunette; le couperet s'abat et tombe avec fracas sur le cou du condamné!...

Trois ou quatre minutes sont nécessaires pour essuyer la machine ensanglantée et la mettre en état de fonctionner une seconde fois.

Pendant l'exécution de Rivière, j'ai voulu, par humanité, me placer devant Frey pour lui épar-

gner l'horrible spectacle, et tenter un dernier effort.
« Mais, monsieur l'aumônier, ôtez-vous donc de
là, vous m'empêchez de voir, et laissez-moi tranquille. » Il siffle un air ordurier, il regarde avec
un œil farouche tous les détails de l'affreuse
scène; et quand M. Deibler donne le signal : « Eh
bien! allons-y! » s'écrie la brute inconsciente. Il a
encore en réserve une dernière bravade; au moment où on le couche sur la planche, il crie
encore : « Adieu brigadier, adieu tous les hommes!... »

Le couteau s'abaisse une seconde fois; les deux
corps sont réunis dans le même panier sanglant.

. . . .

Nous montons en voiture et, avec l'escorte ordinaire, nous partons pour le cimetière d'Ivry.

Arrivés auprès de la place de l'inhumation des
suppliciés, on transporte les corps dans deux cercueils. Je regarde avec soin les deux têtes. Celle de
Rivière est calme; celle de Frey horriblement con-
vulsée. Le tatouage « Pas de chance » est devenu
verdâtre et semble considérablement agrandi.

Je récite les dernières prières. Je jette l'eau bénite. Je remonte en voiture, et, suivant mon usage,
je célèbre à Saint-Sulpice une messe en noir pour
les deux suppliciés.

Les corps, n'ayant pas été réclamés par les familles, sont livrés à l'École de médecine pour les
expériences anatomiques.

Quelques jours après le double drame, je pouvais partir, pour prendre quelques jours d'un repos
dont j'avais grand besoin.

XXII

FIN D'ANNÉE

La fête de la Toussaint, et surtout celle des Morts, ont un caractère spécial, bien fait pour exciter l'attendrissement, même dans les cœurs les moins accessibles à toute émotion chrétienne.

Cette vérité, je la constate chaque année dans les détenus dont j'ai la charge spirituelle; aussi m'efforcé-je de donner à ces deux fêtes une solennité particulière.

La grand'messe de la Toussaint est chantée en musique et suivie d'un salut solennel.

Le lendemain, par permission spéciale, on célèbre la messe des Morts, à la suite de laquelle est donnée l'absoute pour tous les fidèles défunts.

L'autel est revêtu, pour la circonstance, de tentures de deuil du plus saisissant effet; un nombreux luminaire, des chants funèbres très bien exécutés. Tout porte l'âme au recueillement et au souvenir de ceux que l'on a perdus et que l'on pleure encore, surtout dans ce séjour de l'expiation.

Quelques paroles parties du cœur me suffisent pour rappeler aux malheureux qui m'écoutent le souvenir d'un père, d'une mère, d'une épouse, d'un enfant, d'un ami; et rarement ils restent insensibles à ces réminiscences d'un passé qu'ils comparent avec tristesse à la situation présente.

Je n'ai, dans cette fin d'année, qu'à m'occuper de

détenus condamnés à des peines légères, ce qu'en
langage de prison on appelle « les petites peines ».

Une fois cependant, je me trouve en présence
d'un malheureux plus intéressant que les autres.
C'est un Espagnol, aveugle de naissance, condamné
aux travaux forcés à perpétuité pour fabrication et
émission de fausse monnaie!

La chose paraît incroyable, et cependant rien de
plus vrai.

A plusieurs reprises je vois le malheureux, qui
me proteste de son innocence. Son jugement n'en
est pas moins confirmé par la Cour de cassation ;
et, le 5 décembre, il quitte la Roquette pour être
dirigé sur Avignon, où se trouve le dépôt des forçats atteints d'infirmités.

La fête de Noël est célébrée avec la solennité
qu'elle comporte. A la grand'messe, on entend le
Minuit, chrétiens! chanté avec un vrai talent par
un de nos artistes, de passage pour quelques mois
à la Roquette, et qui semble venu exprès pour
nous prêter son précieux concours.

XXIII

ÉVÉNEMENTS IMPORTANTS

L'année 1887 s'inaugure par quelques événements dont l'importance n'est pas douteuse.

Le dimanche 2 janvier, en exprimant mes vœux
à mon auditoire, je parle des incertitudes qu'une
année nouvelle tient en réserve et des surprises de

la mort dont Dieu seul a le secret. D'après la statistique d'un grand nombre d'années, la population parisienne donne annuellement cinquante mille victimes à la mort. Sur qui, cette année, cette mort avide et implacable fixera-t-elle son choix?...

Le lendemain même, une triste nouvelle vint nous donner en partie la réponse.

Tous les aumôniers de prisons étaient réunis, suivant l'usage, à la préfecture de police, pour la visite officielle à son chef. Dans son allocution au préfet, M. l'abbé Fortier, aumônier de la Santé et du Cherche-Midi, annonçait la mort de M. l'abbé de Humbourg, premier aumônier de Saint-Lazare, décédé le jour même, après une très courte maladie.

Le jeudi, 6 janvier, nous rendions les derniers honneurs à notre si regretté confrère en assistant à ses obsèques dans l'église Saint-Vincent-de-Paul. Elles étaient présidées par M. l'abbé Bureau, promoteur, chargé du service religieux dans les prisons.

La révolte des forçats, du 5 mai dernier, a eu un heureux résultat. On a compris tout ce qu'avait de dangereux le contact des criminels condamnés à des peines graves avec les malheureux égarés, qui ne sont passibles que de quelques mois de prison.

Jusqu'à ce jour, on internait à la Grande-Roquette, au moins pour un temps, ceux que, dans le langage des prisons, on désigne sous les noms de « petites peines », « centrales », « travaux », « perpètes », c'est-à-dire, tous ceux condamnés au plus à un an, les réclusionnaires, les forçats à temps, les forçats à perpétuité.

A dater du 1ᵉʳ janvier 1887, la prison de la Roquette ne recevra plus que les récidivistes condamnés à une détention ne dépassant pas douze
mois. Les condamnés à la réclusion ou au bagne
sont internés en cellule à la Santé, jusqu'à leur
départ pour les maisons centrales ou la Nouvelle-
Calédonie.

Quant aux condamnés à mort, ils sont toujours
transférés à la Grande-Roquette, dans un quartier
spécial, où ils ne sont jamais en contact avec les
autres détenus.

XXIV

L'ANARCHISTE DUVAL CONDAMNÉ A MORT

Ce quartier spécial ne reste pas longtemps inoc-
cupé. Trois mois à peine se sont écoulés depuis la
disparition tragique de Rivière et Frey; et Clément
Duval vient l'habiter à son tour.

Duval (Clément), né à Foulletourte (Sarthe),
est âgé de trente-sept ans. Il a été condamné à
mort le 11 janvier 1887, pour crimes de vol, d'in-
cendie et de tentative d'assassinat sur la personne
de Mᵐᵉ Madeleine Lemaire, demeurant rue de
Monceau, et aussi pour une tentative de meurtre
sur l'agent Rossignol, au moment où celui-ci opé-
rait son arrestation.

L'attitude et les réponses de Duval pendant son
procès n'étaient pas de nature à lui concilier l'indulgence de la cour, ni celle du jury. Son langage
a été d'une violence extrême. Il s'est posé en anar-

chisto, qui tirerait une vengeance éclatante, un jour
où lui et ses frères en socialisme auraient vu pré-
valoir leurs justes revendications.

En attendant ce moment si désirable, le jury se
montre implacable dans son verdict, et Duval se
voit condamner à la peine capitale.

Le jeudi 13 janvier, Duval arrivait à la Roquette.
Là, M. le directeur, dans un langage qui ne laisse
plus d'illusion, lui dit que le moment de la pose est
passé; qu'il est à la prison des condamnés à mort,
et qu'il ne sortira de sa cellule que lorsque son
sort sera définitivement fixé.

Lorsqu'on lui demande s'il désire recevoir la visite de l'aumônier, il s'informe d'abord de mon
caractère :

— Qu'est-ce que l'aumônier? Est-ce un jé-
suite ?

— Nullement, lui répond-on; c'est un excellent
homme dont vous serez content.

— Eh bien! qu'il vienne, je le recevrai volontiers en ami, mais jamais comme prêtre.

Pour la première fois, je n'obtempère pas à son
désir. Je veux prouver à certains organes de la
presse que je ne violente pas la conscience des
condamnés ; que je ne force pas la porte de leur
cellule, et que je ne me rends qu'à leur désir,
bien et dûment constaté.

En conséquence, après avoir soumis ma résolution à M. le directeur, qui la trouve fort sage,
je fais savoir à Duval que je ne me rendrai auprès
de lui que sur une demande écrite.

Il ajourne cette demande, et ne me l'adresse
jamais. Tout laisse supposer que les injonctions

de sa femme, anarchiste comme lui, ne sont pas étrangères à cette abstention.

Le jeudi 10 février, la Cour de cassation rejetait le pourvoi de Duval ; et, le 22, M. le Président de la République commuait sa peine en celle des travaux forcés à perpétuité.

Il était resté quarante et un jours en cellule.

Le vendredi 25, je voyais Duval pour la première fois au quartier des séparés. Je commence à le féliciter sur sa grâce ; puis, je lui dis :

— Vous avez vu, Duval, que j'ai respecté votre liberté de conscience ; je n'ai pas pénétré auprès de vous sans votre consentement formel et écrit.

— Monsieur l'aumônier, j'aurais été bien heureux de votre visite ; mais je ne pouvais pas vous écrire : c'eût été vous laisser supposer que je réclamais votre ministère, et mes opinions s'y opposent. Mais je m'étais bien promis, si j'avais dû être exécuté, de vous faire appeler au dernier moment, pour m'accompagner à l'échafaud. J'aurais pu au moins serrer la main d'un ami avant de mourir.

Le mardi 1ᵉʳ mars, Duval assistait à la séance de l'entérinement de ses lettres de grâce, et était transféré à la Santé, en attendant son départ pour Nouméa.

XXV

DEMANGEOT ET ROSSEL CONDAMNÉS A MORT

Rien d'important ne se produit pendant les premiers jours de mars. Mes rapports avec les détenus n'ont pour but que les légers services que je puis leur rendre, et pour lesquels ils font largement appel à ma bonne volonté.

Mais cette accalmie ne dure pas longtemps. La cour d'assises, dans son audience du 9 mars, condamne à la peine de mort le nommé Claude Demangeot, âgé de vingt-huit ans, né à Saint-Marcel, près Chalon-sur-Saône.

Demangeot était sorti le jour même de la prison de Poissy, lorsqu'il se présenta, dans la soirée, chez Mme Roux, débitante de tabac, rue Boissy-d'Anglas. Il venait lui demander des secours. Mme Roux lui refusa, et lui intima l'ordre de sortir. Pour toute réponse, Demangeot se précipita sur la malheureuse femme, qui se défendit énergiquement. L'assassin lui plongea cinq fois son poignard dans le dos; mais aux cris de la victime, les voisins, puis les agents accoururent, et le meurtrier fut arrêté en flagrant délit.

Pendant le procès, Demangeot ne craignit pas de se livrer à des insinuations odieuses vis-à-vis de sa victime. Il voulait faire croire qu'il avait des droits à l'assistance de celle qu'il avait connue dans l'intimité.

Ces allégations, dont la fausseté fut démontrée évidente, n'étaient pas de nature à disposer les jurés à l'indulgence, et le verdict fut implacable.

La peine capitale fut prononcée.

Le soir même de son arrivée à la Grande-Roquette, le condamné m'écrivait ces mots :

« Monsieur l'aumônier, je vous prie d'avoir l'extrême obligeance de venir me faire une visite dans mon triste réduit.   « DEMANGEOT,

                    « Condamné à mort. »

Je me rends aussitôt à son appel. L'accueil qu'il me fait est plein de déférence. Il me remercie de vouloir bien lui consacrer quelques instants, et me prie de renouveler souvent ma visite.

La figure de ce condamné est anguleuse et dure, sans être repoussante. Sa voix est brève et saccadée. Il ne tarde pas, de lui-même, sans question de ma part, à me raconter son crime à sa manière. Il est, dit-il, stupéfait de se voir condamné à mort, car il n'a ni tué, ni volé. Il aurait dû, à son avis, en être quitte pour quelques mois de prison, pour tentative de vol et pour quelques blessures sans intention de donner la mort.

Comme je lui objecte que, si la victime n'a pas succombé, ce n'est pas de son fait, car il a agi pour arriver à ce résultat ; qu'il a frappé Mme Roux de cinq coups de couteau :

— Mais, monsieur l'aumônier, où l'ai-frappée? Est-ce dans la poitrine? L'aurais-je frappée par derrière, si j'avais eu l'intention de la tuer?

Je m'efforce de lui objecter que la malheureuse femme a été assez énergique pour opposer une vive résistance, et que lâchement il l'a frappée par derrière, ne pouvant la frapper par devant.

Il n'en maintient pas moins son assertion. Donc il n'a pas tué, puisque la victime est vivante. A-t-il volé? Pas davantage ; et c'est vrai, puisqu'on l'a arrêté immédiatement, sans lui laisser le temps de fouiller la caisse et les meubles.

Pendant tout son séjour à la cellule, le condamné s'est montré arrogant et cynique. Il jouait aux cartes avec ses gardiens, mais il s'emportait souvent à la moindre contestation dans le jeu.

Dans le jour, il était souvent maussade et inso-
lent. La nuit même, il donnait des marques de bru-
talité et de méchanceté à l'égard des surveillants,
cependant pleins de bonté et d'indulgence.

Un matin, il apostrophe le gardien-chef en ces
termes :

— Dites donc, brigadier, les surveillants sont-ils
ici pour dormir?

— Non, ils sont ici pour veiller sur vous.

— Eh bien! la nuit dernière, un d'entre eux a
ronflé de telle sorte qu'il a troublé mon sommeil.

— S'il a agi ainsi, il a manqué à son devoir.
Mais vous, vous donnez la preuve que vous êtes un
lâche dénonciateur. Aussi je vous préviens qu'à la
première révélation de ce genre, je vous mettrai la
camisole de force, et je supprimerai les gardiens :
vous serez seul et vous pourrez dormir à votre
aise.

Demangeot se le tint pour dit, et ne se permit
plus aucune dénonciation. Pendant quelque temps,
il fut assez convenable et nos entretiens n'avaient
rien de pénible. Il assistait régulièrement à la
messe le dimanche, et je pus croire que quelques
bons sentiments pourraient encore être réveillés
en lui. Il était toujours furieux contre son avocat,
qui, disait-il, l'avait si mal défendu contre le président de la cour d'assises, qu'il disait être un tortionnaire du moyen âge, plutôt qu'un magistrat
d'une époque civilisée.

Un jour, il me demande d'écrire en son nom
aux journaux socialistes (il m'en désigne quatre ou
cinq), pour dire sa situation, et intéresser le public

en sa faveur. Je fis à cette proposition l'accueil qu'elle méritait, et mon refus d'obtempérer à sa demande lui sembla fort pénible. Il me répétait sans cesse qu'il était presque innocent du crime qu'on lui imputait, et victime de l'animosité de ses juges et de l'impéritie de son avocat.

Le jeudi 7 avril, la cour de cassation rejetait le pourvoi de Demangeot. Il restait à la Roquette jusqu'à la fin du mois, de plus en plus agité à mesure que le terme fatal approchait.

Enfin, le samedi 30 avril, M. le Président de la République commuait la peine portée contre le condamné. Notification de cet acte de clémence lui était faite aussitôt.

Quand, le mardi suivant, je lui dis ma joie de la bonne nouvelle, il paraît exaspéré de ce que M. Grévy n'avait rien trouvé de mieux que de l'envoyer au bagne à perpétuité. Il n'avait ni tué ni volé !

Le lendemain, il quittait la Roquette, pour être dirigé sur sa lointaine destination.

Demangeot est entré au Dépôt des condamnés le 9 mars ; le 14, il avait un voisin de cellule, Louis Rossel.

XXVI

LE CONDAMNÉ LOUIS ROSSEL

Louis Rossel, âgé de dix-huit ans, né à Neuchâtel (Suisse), était garçon de café au service de Mme Loyson, à l'angle de la rue Gay-Lussac et de la rue Saint-Jacques.

Dans la nuit du 1er au 2 novembre précédent,

Mme Loyson était assassinée après la fermeture de son établissement. En découvrant le crime, on s'apercevait en même temps de la disparition du garçon de café et de l'effraction de la caisse et des meubles.

L'assassin avait profité de l'absence du mari de la victime, qui accomplissait sa période de vingt-huit jours dans un régiment d'artillerie de Besançon. Aussitôt après son forfait, le coupable prenait la fuite. La police était lancée de tous côtés à sa poursuite. Son signalement était donné à tous les agents de France. Mais plusieurs jours se passèrent, et le coupable échappait à toutes les recherches.

Par un hasard providentiel, Rossel était arrêté quelques jours plus tard à Constantine, à propos d'un vol commis à Fontainebleau. Son signalement était parvenu en Algérie. Il était reconnu comme l'assassin de la rue Gay-Lussac. Ramené en France, il fit les aveux les plus complets, et, le 13 février, la cour d'assises le condamnait à mort.

Rossel appartenait à la religion protestante; je n'eus pas à le visiter. Ce fut M. le pasteur Arboux qui lui prodigua ses soins. Je m'informais auprès lui des sentiments du jeune condamné, qui manifesta toujours un profond repentir. Sa peine fut commuée en même temps que celle de Demangeot; et comme je le félicitais d'avoir échappé au dernier supplice, il me remercia des marques de sympathie que je lui avais adressées par l'entremise de M. Arboux.

Demangeot est resté cinquante-deux jours en cellule, et Rossel quarante-sept jours.

Ils sont partis l'un et l'autre, le 3 mai, pour Nouméa.

Par suite de la décision prise à l'égard des condamnés aux travaux forcés qui, depuis le 1er janvier 1887, ne sont plus internés à la Grande-Roquette, la pose de la couronne de buis bénit et la quête au profit des forçats qui la suivait, n'ont plus lieu le dimanche des Rameaux.

La prédication du vendredi saint a été faite cette année par M. l'abbé Bouyer, du clergé de Saint-Sulpice.

La fête de Pâques, à laquelle une soixantaine de détenus se sont préparés d'une manière spéciale, a été célébrée avec toute la solennité que comporte la modeste chapelle.

Dans ces derniers mois, plusieurs mariages ont été célébrés. D'autres n'ont pas abouti, pour des causes diverses.

XXVII

LE CONDAMNÉ A MORT SÉJOURNÉ

La série rouge, interrompue depuis le départ des condamnés Demangeot et Rossel, recommence à la fin de juin.

Séjourné (Alexandre), né à Joigny (Yonne), 1861, était ouvrier, souvent sans ouvrage, à Paris depuis plusieurs années. A bout de ressources, en novembre 1886, il errait dans les environs de la grande ville à la recherche d'une occasion favorable.

Un jour, un meunier de Garches voyait rentrer

sa voiture et son cheval, mais nullement le conducteur. Fort intrigué, il regarde : il trouve dans la voiture le malheureux sans vie et couvert de sang : il avait été assassiné. Le matin du même jour, le domestique Delporte était parti du moulin avec la mission de livrer quelques sacs de farine et d'opérer le recouvrement de quelques sommes d'argent. Un client de la maison devait verser six cents francs; mais n'ayant pas cette somme en ce moment, il avait chargé Delporte d'en avertir son maître. Delporte n'avait donc touché que quatre-vingt-trois francs chez quelques autres débiteurs.

Comme il se rendait à son domicile, il fut accosté par un passant qui lui demanda la permission de monter dans sa voiture. Delporte, sans défiance, accueillit son compagnon de route improvisé, que, du reste, il connaissait.

Ce faux ami frappa alors le malheureux garçon, prit sa sacoche, et descendit de voiture sans s'inquiéter de la direction que devait prendre le cheval.

L'instinct ramena l'animal à son écurie; quant à Delporte, il était mort quand son cheval arriva à sa destination.

Les agents de la justice furent immédiatement prévenus et se mirent à la recherche de l'assassin.

Deux jours après, il était arrêté, reconnu par des passants qui l'avaient vu en compagnie de la victime. Divers aubergistes déclarèrent qu'il avait dépensé chez eux des sommes dont le total s'élevait à quatre vingt-trois francs, juste ce que Delporte avait touché dans la journée, d'après son carnet de recettes. Le meurtrier présumé était Séjourné (Alexandre).

Pourquoi Séjourné, ayant commis son crime dans le département de Seine-et-Oise, fut-il soumis au jury de la Seine ? C'est probablement parce qu'il habitait Paris depuis longtemps. Quoi qu'il en soit, il fut, malgré ses dénégations, écroué à Mazas.

Si quelques doutes avaient subsisté sur sa culpabilité, ils auraient disparu devant une démarche bien imprudente de l'accusé. Il écrivit de Mazas à une fille qu'il avait connue intimement, ces mots étranges :

« Tu tiens ma tête entre tes mains : je t'en prie, déclare que j'ai passé avec toi la journée du 29 novembre : sans cela je suis perdu. »

Cette lettre, il la confia à un détenu qui devait être conduit au Palais de Justice, et qui se chargeait de la faire mettre à la poste. Celui-ci, au dernier moment, craignit de se compromettre, et remit la lettre à ses gardiens. Elle équivalait à un aveu.

L'instruction fut longue ; enfin, le 29 juin, Séjourné était condamné à la peine capitale.

Le soir même il était transféré à la Roquette.

Deux jours après, je lui faisais ma première visite, qu'il accueillit avec beaucoup de reconnaissance. Sa figure juvénile et douce contrastait avec le crime dont il s'était rendu coupable. Son apparence chétive n'aurait jamais laissé supposer qu'il pût terrasser un homme solide et vigoureux comme l'était Delporte. L'avait-il frappé pendant son sommeil ? Tout le fait supposer.

Je visitais Séjourné trois fois par semaine, et je

8

lui portais chaque fois du tabac, dont il faisait une grande consommation.

Il faisait de bonnes lectures dans des livres que je m'étais procurés à son intention.

Le 21 juillet, la cour suprême rejetait son pourvoi. Séjourné était toujours insouciant sur son sort, et écrivait à ses parents une lettre remplie des sentiments de la plus vive affection.

M. le Président de la République, à la date du 13 août, commuait la peine de mort en celle des travaux forcés à perpétuité.

XXVIII

LE CRIME DE LA RUE MONTAIGNE — PRANZINI

Le 18 mars 1887, lendemain de la mi-carême, une nouvelle sinistre se répandait dans Paris. Dans la nuit précédente, un crime horrible venait d'être commis dans un quartier aristocratique. Trois victimes étaient tombées sous les coups d'un assassin.

C'étaient Mᵐᵉˢ Marie Regnault, dite Régine de Montille, Annette Grumeret, sa bonne, et Marie Grumeret, une enfant de onze ans, fille de la bonne.

Marie Regnault, âgée de quarante ans, était réputée dans la haute galanterie comme une des plus belles femmes du monde facile. Elle occupait tout le troisième étage du n° 57 de la rue Montaigne, dans le faubourg Saint-Honoré.

Elle était connue comme ayant de nombreux visiteurs et une fortune relativement considérable.

Le vol avait été le mobile du crime, car on trouva tous les meubles ouverts et consciencieusement vidés. Les bijoux, les billets, l'argenterie, les valeurs, tout avait disparu.

Les trois cadavres furent trouvés étendus sur le parquet. Les trois victimes avaient eu la tête presque séparée du tronc, probablement par la même arme, et le même meurtrier avait dû commettre le triple forfait.

La concierge de la maison put fournir quelques indications précises à la justice ; et immédiatement la police de Sûreté se mit à la recherche de l'assassin.

Le crime avait été commis dans la nuit du jeudi au vendredi ; et le dimanche on arrêtait à Marseille un individu qui avait essayé de vendre, dans une maison de tolérance de la rue Ventomagy, des bijoux répondant parfaitement à la description donnée de ceux de la principale victime.

Le nommé Pranzini (Henri) était arrêté au théâtre de Marseille, et, après un interrogatoire qui ne fit que confirmer les soupçons, ramené à Paris et mis au secret à Mazas.

Il n'entre pas dans mes attributions de rappeler toutes les phases de l'instruction ; et mon but n'est pas de reproduire les incidents de ce procès, qui figurera parmi les causes célèbres. Je n'ai pas d'autre intention que de dire quelle a été la nature de mes rapports avec le condamné pendant son séjour à la Grande-Roquette.

Henri Pranzini fut condamné à mort par la cour

d'assises de la Seine, le 13 juillet 1887. Il hésita d'abord à signer son pourvoi en cassation. Il ne se rendit aux conseils de son avocat que le 16 juillet ; et, le soir même, il était transféré au Dépôt des condamnés.

Le lendemain, dimanche, je demandai s'il désirait ma visite. On me remit une lettre ainsi conçue :

Monsieur l'aumônier du Dépôt des condamnés, le sentiment de mon innocence m'inspire le désir de recevoir l'appui que vos fonctions accordent aux personnes frappées par la faible justice des hommes.

HENRI PRANZINI.

Il me restait quelques minutes avant l'heure réglementaire de la messe : je les mis à profit en allant voir mon nouvel arrivé. Pranzini était étendu sur sa couche, en proie à une violente migraine. Il se lève aussitôt qu'il me voit, et me remercie de ma démarche.

— Vous voyez devant vous, monsieur l'aumônier, un homme innocent.

— Mon ami, lui dis-je, je ne vois ni un homme innocent, ni un homme coupable. Ce n'est pas à moi à apprécier les décisions de la justice ; je ne vois qu'un homme malheureux, à qui je viens offrir des consolations amicales, en attendant que vous m'en demandiez d'autres. Voulez-vous assister à la messe?

— Monsieur l'aumônier, si vous le permettez, je n'irai pas à la messe aujourd'hui, je suis trop souffrant.

— Comme vous voudrez, mon ami. — Fumez-vous ?

— Comme un Levantin.

— Eh bien ! je vous apporterai du tabac à ma prochaine visite, ou plutôt je vais vous en envoyer de la cantine.

— Merci, monsieur l'aumônier.

Je le quittai en lui serrant la main. Il me rendit mon étreinte, en me priant de venir le voir souvent.

A ma visite suivante, je lui portai du tabac et des cartes. Il avait repris son calme, et il me remercia chaleureusement de mes attentions. Je considérai ce beau visage, plein d'intelligence et de distinction, que je n'avais fait qu'entrevoir à ma première visite ; et je trouvai largement justifiées les appréciations flatteuses qu'on avait faites sur le célèbre accusé.

Je n'eus pas de peine à provoquer sa confiance. Il me dit que d'un mot il pourrait faire crouler tout l'édifice de l'accusation dressé contre lui, mais que ce mot, il ne le dirait jamais.

— Mais, mon ami, hasardai-je, vous êtes dans une situation telle que tous vous pardonneraient une indiscrétion. Vous prétendez avoir passé la nuit du crime avec une femme de haute naissance. Il suffirait de dire le nom de cette personne pour vous faire déclarer innocent.

— Mais le secret promis, monsieur l'abbé ?

— Nul secret n'oblige dans la position où vous êtes. J'admets que vous ayez la délicatesse de ne vouloir compromettre personne ; mais, ce que je n'admets pas, c'est que la femme dont il est question, quel que soit son rang dans le monde, sachant que d'un mot elle peut sauver votre tête, n'ait pas la générosité de dévoiler la vérité. Je dis même qu'elle peut vous sauver sans se perdre. Qu'elle confie le secret au président des assises, à votre avocat ou à moi-même, votre confident actuel, et nous trouverons moyen de vous disculper sans que personne connaisse la révélation. Si elle ne le fait pas, elle est une infâme !...

— Monsieur l'aumônier, je suis parfaitement de votre avis, mais si cette personne ne connaît pas son devoir, ce n'est pas à moi à le lui apprendre.

Impossible de décider le condamné à aucune révélation. En avait-il réellement à faire?...

Pour tout ce qui était étranger à sa situation criminelle, Pranzini en usait avec moi avec la plus entière confiance. Il me racontait son enfance à Alexandrie, en Égypte, sa ville natale, ses nombreux et lointains voyages, les divers épisodes de sa vie aventureuse et accidentée, les relations qu'il s'était créées à bord des navires où il remplissait avec tant de compétence les fonctions d'interprète, lui qui parlait correctement et écrivait de même huit langues, savoir : le français, l'italien, l'anglais, l'espagnol, le russe, le portugais, l'arabe et l'hindou. Quand je lui exprimai mon étonnement de ce qu'il omettait la langue allemande :

— L'allemand! jamais, monsieur l'aumônier, je n'ai voulu étudier cette langue. Je méprise bien trop le peuple qui la parle !

Pour entretenir, bien inutilement, hélas! cette science de polyglotte, il employait ses heures de captivité à traduire en ces différents idiomes plusieurs pages des œuvres d'Alexandre Dumas, son écrivain favori.

Sans manifester des sentiments religieux très prononcés, Pranzini n'éprouvait aucune peine à écouter mes exhortations. Il me disait souvent que sa mère était une sainte, et qu'elle lui avait donné une éducation en rapport avec ses goûts pieux. Plusieurs fois il me demanda d'assister à la messe : il aimait beaucoup, me disait-il, les chants d'église bien harmonisés. Il écoutait avec attention mes allocutions dominicales, et m'en disait la substance à la prochaine entrevue.

Le dimanche 14 août, il s'excusa de ne pouvoir assister à l'office, parce qu'il était souffrant.

— Permettez-moi, me dit-il, d'attendre à demain.

— Demain!... Vous savez donc qu'il y aura une cérémonie religieuse demain, lundi?

— Mais, monsieur l'aumônier, demain c'est l'Assomption, la fête de la Madone. Croyez-vous que je l'ai oublié? A Alexandrie, c'était une grande fête, et plusieurs fois j'ai porté la croix à la procession. J'ai rarement passé devant une église sans m'y arrêter, pour adresser une courte prière à celle que ma mère m'a appris à aimer comme la mère de Dieu.

Est-il téméraire de supposer que l'Auguste Vierge ait intercédé au moment suprême en faveur du malheureux égaré?...

XXIX

LES DERNIERS JOURS DU CONDAMNÉ

Dans son audience du jeudi 11 août, la Cour de cassation a rejeté le pourvoi de Henri Pranzini. Il ne lui reste plus d'espoir que dans la clémence du chef de l'Etat. L'implorera-t-il par un recours en grâce? Non, mais il demandera un sursis.

Le 18 août, il me soumettait une lettre qu'il adressait à sa mère, lui demandant de venir le voir avant sa mort. Je m'efforçai de faire comprendre au condamné à quelle épreuve il allait soumettre cette mère infortunée, en lui infligeant la nécessité de faire une traversée de huit jours pour venir d'Alexandrie à Paris, et cela pour le voir quelques instants, à travers les grilles et dans une si épouvantable position. Que c'était exposer cette pauvre femme de soixante-douze ans à subir mille fois la mort, que de lui imposer un pareil voyage, etc., etc.

— Monsieur l'aumônier, vous ne connaissez pas ma mère. Elle viendrait à la nage, plutôt que de ne pas se rendre à mon appel.

Je n'osai pas dire au malheureux que le temps lui ferait défaut pour recevoir cette visite si ardemment désirée.

Il prévint cette objection; et, un jour, il me priait de corriger les fautes qui auraient pu lui échapper dans la rédaction d'une supplique à M. Grévy pour demander un sursis de trente jours à son exécution.

Je lus cette lettre, aussi châtiée dans la forme que respectueuse dans le fond, et je la remis au signataire, sans avoir à rectifier un seul manquement de grammaire ou d'orthographe. Mais j'ajoutai qu'à la place de Pranzini j'irais plus loin ; que je solliciterais humblement la grâce de la vie ; que M. le Président n'attendait peut-être que cette démarche pour user de miséricorde, etc., etc.

— Alors, monsieur l'aumônier, on m'enverra au bagne !

— Mais, mon ami, le bagne, ce n'est pas la mort ; et j'ai vu beaucoup de condamnés, dans votre situation, regarder le bagne comme un bienfait.

— Mais le bagne, c'est l'infamie.

— Et la mort qui vous menace, n'est-elle pas aussi de l'infamie ?

— C'est possible, mais, au moins, je ne serai plus là pour en rougir !...

Tous mes raisonnements furent impuissants pour l'amener à une autre résolution.

Pendant les jours qui suivirent le départ de ses deux lettres, Pranzini fut beaucoup plus calme. Il semblait presque rassuré. Qui sait s'il n'entrait pas dans sa pensée, qu'après un délai aussi long, on n'userait pas d'une indulgence qu'il n'aurait pas sollicitée personnellement ?

Il continuait à faire ses lectures favorites ; il recevait mes visites avec une satisfaction marquée : nos entretiens revêtaient même un caractère d'intimité qu'ils n'avaient pas eu dès le début. Il mangeait avec appétit, sans se plaindre de l'ordinaire

de la prison. Il dormait une partie considérable de
la nuit d'un sommeil paisible. Il usait largement
du tabac que je lui portais à chacune de mes visites,
et m'en remerciait toujours avec effusion.

Le mardi 30, j'allai lui porter mes consolations
habituelles. Était-ce pressentiment de sa part et de
la mienne? Notre entrevue fut plus cordiale et plus
intime que jamais. Nous restâmes plus de deux
heures en tête-à-tête, et quand je le quittai, il me
témoigna le regret de voir si tôt finir notre entretien.

Un des surveillants, en rentrant dans la cellule,
fit la remarque de l'émotion avec laquelle je serrai
la main de Pranzini, et de l'accent avec lequel je lui
dis :

— Au revoir !

Il en conclut que je connaissais déjà la terrible
surprise du lendemain.

XXX

EXÉCUTION DE PRANZINI

L'heure de l'expiation a sonné pour le grand
coupable. Le mardi 30 août, à huit heures et
demie du soir, un surveillant m'apporte la lettre
de M. le procureur général, m'annonçant que l'exécution est fixée au lendemain 31 août, à cinq heures
précises du matin. A deux heures quarante-cinq
de la nuit, la voiture 3,509 me prenait à mon domicile, rue Garancière, 2; et, à trois heures quinze,

nous arrivons rue de la Roquette, au delà de la place Voltaire.

L'affluence est énorme aux abords de la place de la prison. Sur le conseil d'un officier de paix,

PRANZINI

ma voiture fait le tour de la rue des Boulets, pour longer la prison par la rue de la Vacquerie. Le fiacre s'arrête à la droite de la porte d'entrée. Après quelques mots échangés avec deux officiers supérieurs, j'entre dans la prison. Je suis bientôt rejoint par les deux officiers; et, quelques minutes après, par M. le colonel Lichtenstein; puis arrivent successivement MM. Bernard, procureur de la République; Taylor, chef de la Sûreté; Goron, sous-chef; Caubet, chef de la police municipale; Baron, commissaire; Marmagne, Atthalin, Dide, etc.

Vers quatre heures, M. Deibler vient réclamer le concours de M. le directeur pour faire évacuer la place de l'échafaud, envahie par la foule de plusieurs centaines de journalistes ou de curieux admis dans l'enceinte réservée.

Quelques cavaliers suffisent pour rétablir le bon ordre, et les aides peuvent achever leur funèbre travail.

A quatre heures quarante minutes, nous pénétrons dans la cellule de droite, occupée par Pranzini. Il est profondément endormi. Le directeur l'éveille en lui adressant d'une voix émue les paroles d'usage. Pranzini murmure un ou deux mots inintelligibles, et s'habille en silence. Il se plaint amèrement de ce que M. Grévy ne lui a pas accordé la seule faveur qu'il ait demandée, un sursis de trente jours pour voir et embrasser sa mère. M. Beauquesne lui demande alors à voix basse s'il désire rester quelques instants seul avec moi.

« — M. l'aumônier remplit son devoir, moi je connais le mien, répond-il en faisant sans doute allusion à notre longue entrevue de la veille. »

Nous sortons alors de la cellule, pour nous rendre à l'avant-greffe. Quand le condamné est assis, je lui demande s'il veut prendre un cordial :

« — Merci, mon cher, je n'ai besoin de rien. »

Pendant qu'on lui attache les pieds et les jambes, il proteste de son innocence et se plaint de nouveau du rejet de son sursis. Puis, apercevant M. Taylor, chef de la sûreté, il l'apostrophe aigrement, lui reprochant des faux témoins introduits dans sa cause.

Il s'écrie enfin : « Je meurs innocent, messieurs, Dieu seul est grand et il le sait. Mais malheur à celui!... »

Les aides continuent les lugubres apprêts; M. Deibler coupe largement le haut de la chemise, dont je fixe les extrémités sur la poitrine. Le patient est prêt. On se met en marche. Pranzini refuse tout soutien, mais il me demande d'être à ses côtés. Nous sortons de l'avant-greffe, nous traversons le vestibule, la première cour ; la grande porte roule sur ses gonds. Le condamné voit la foule, entend le cliquetis des sabres qui sortent du fourreau. Il fixe surtout ses regards sur le terrible instrument qui est là tout près, avec son couperet luisant. Son visage se contracte. Cependant, il avance assez droit et ferme. Au moment où, après lui avoir dit un dernier adieu, je fais un pas pour m'écarter, d'une voix étranglée par l'angoisse, dans un cri plein de repentir et de foi, il s'écrie : « Monsieur l'aumônier, donnez-moi donc le crucifix!!! » Je m'approche vivement, je colle le crucifix sur ses lèvres, il le baise avec effusion. Nous échangeons deux paroles... Il est poussé sur la bascule, un bruit sourd, le couperet s'est abattu... tout est fini.

Le corps roule dans le panier, la tête va l'y rejoindre. On part en toute hâte pour le Champ-des-

9

Navets. Nous traversons la place d'Italie, où se trouvent de nombreuses baraques de foire. Plusieurs toiles représentent le crime de la rue Montaigne, la cour d'assises, et l'exécution du condamné!...

Avenue de Choisy, un des chevaux du fourgon funèbre s'abat; quelques minutes sont nécessaires pour réparer un des traits brisés et remettre le tout en bon état. Et les passants s'attroupent nombreux autour du sinistre véhicule.

Vers cinq heures trois quarts, nous arrivons au cimetière. On descend le panier, on transborde le corps dans une bière trop étroite, on est obligé de couper les cordes qui retiennent les mains et les bras, pour tasser le cadavre. La tête est blanche et livide, la physionomie très calme. Les mains sont d'une blancheur éclatante, on les dirait gantées de peau glacée.

Je récite à haute voix les dernières prières, au milieu de l'émotion générale. Le cercueil est aussitôt cloué. On le place dans le fourgon de l'École de Médecine. Je remonte en voiture et viens célébrer à Saint-Sulpice une messe en noir pour l'âme de Pranzini.

De nombreux détachements de troupes à pied et à cheval faisaient le service d'ordre à cette exécution, qui avait attiré près de trente mille spectateurs.

XXXI

FIN DE L'ANNÉE 1887

J'ai rempli ma douloureuse mission auprès du héros qui a tenu en émoi tout le public de France depuis le 18 mars. Les esprits, surexcités par le dramatique événement de la rue Montaigne, se calment aussitôt que le dénouement sanglant s'est produit. On ne parlera plus désormais que comme d'un lointain souvenir de Marie Regnault, (Régine de Montille); d'Annette et de Marie Grumeret, les malheureuses victimes; de Mme Sabatier, de Geissler; et surtout de Pranzini, que comme on parle de ces êtres légendaires qui ont eu une célébrité éphémère et sinistre, dont on a hâte de se débarrasser.

Ainsi fais-je moi-même; et, après ces événements lugubres, je me hâte d'aller oublier auprès de bons et pacifiques amis le drame auquel j'ai été mêlé par mes fonctions.

J'apprends bientôt par les journaux de province que l'exécution de Pranzini a eu de singuliers épilogues, qu'on a oublié même le respect de la mort, en faisant un usage sacrilège de quelques portions du cadavre que la terre réclame en entier.

J'ai peine à croire la triste nouvelle. On aurait, dit-on, distrait des portions considérables de la peau du supplicié pour confectionner des porte-cartes, des porte-cigares et des blagues à tabac!... *Horresco referens!...*

Chose plus incroyable encore! Des fonction-

naires haut placés n'auraient pas refusé ces lugubres épaves!...

J'aime à croire que ces horreurs n'ont existé
que dans l'imagination d'un reporter en détresse,
et sont dénuées de tout fondement... Cependant,
on l'a tellement affirmé, on cite tant de noms, que
ces assertions non démenties laissent subsister un
doute pénible, si ce n'est une certitude plus douloureuse encore.

Le reste de l'année 1887 s'achève sans incident
notable. Mes rapports avec les détenus ont toujours le même caractère. Leur procurer des
secours, vêtements et chaussures pour la sortie,
servir d'intermédiaire entre eux et leur famille;
faire diriger vers telle ou telle maison centrale,
quand les règlements le permettent, les condamnés à la détention ou à la réclusion qui, pour
des raisons diverses, préfèrent Poissy, Lander-
neau, Loos, Gaillon, Clairvaux, etc., etc. : voilà
l'objet de mes préoccupations et de mes démarches.

Nous arrivons ainsi aux fêtes de Noël.

Cette fête si consolante revêt un caractère tout
spécial de solennité cette année. Il se trouve
(j'allais dire heureusement) à la Roquette à cette
époque, un certain nombre de musiciens de talent,
qui rivalisent de zèle pour nous donner une véritable solennité musicale. On entend successivement le *Noël* d'Adam, l'*Adeste Fideles*, etc.,
donnés par les voix les plus sympathiques, et
savamment accompagnés par un organiste d'un
véritable talent.

En somme, cette année 1887 a peu différé de la

précédente, si ce n'est par la disparition complète des forçats et des réclusionnaires, absence qui n'est regrettable à aucun point de vue pour le bon ordre de la prison.

Cinq condamnés à mort, Duval, Demangeot, Rossel, Séjourné et Pranzini, ont subi une détention de cinquante à soixante jours au Dépôt des condamnés. Un seul, le dernier, a subi la peine capitale.

Trois mariages ont été célébrés, deux projets ont avorté. Deux détenus sont morts subitement à l'infirmerie de la prison.

XXXII

FACHEUX DÉBUTS

Le dimanche, 1er janvier 1888, je présente mes vœux à M. le directeur et aux divers fonctionnaires de la prison. Après la grand'messe, je me fais auprès des détenus l'intermédiaire et l'interprète de leurs familles. Ce n'est pas sans émotion qu'ils entendent évoquer le souvenir de ceux qui leur sont chers, et dont le foyer sera si triste en l'absence soit du père, soit de l'enfant de la maison. Je n'ai pas de peine à faire accepter l'espérance que l'année qui commence sera beaucoup plus heureuse que celle qui vient de finir, et je donne à mes auditeurs quelques conseils qui sont écoutés avec recueillement.

Dès les premiers jours de février, quelques

menus faits commencent à me donner de l'inquiétude sur l'avenir qui est réservé à mes collègues des autres prisons et à moi-même.

On commence à ne donner que la moitié de la provision du chauffage et de l'éclairage. C'est à l'adjudicataire nouveau, dit-on, à nous donner le surplus.

Je reçois en effet, au commencement de février, le troisième quart. Mais on m'annonce en même temps que cette fourniture n'étant pas comprise dans le cahier des charges, je ne recevrai rien à l'avenir.

Le 28 février, la Chambre des députés, sur la proposition du rapporteur de la commission du budget, réduit à 4.000 francs le crédit alloué aux huit aumôniers des prisons de Paris, soit 500 francs chacun. Cette inique réduction du traitement de huit prêtres, chargés du plus pénible des services, sera-t-elle approuvée par la Chambre et ratifiée par le Sénat? C'est ce que nous verrons dans deux mois.

En attendant, on me notifie que le logement qui m'est affecté à la Roquette a reçu une autre destination. Je ne m'en plains pas, car, dès le début, j'en ai fait le sacrifice, vu son exiguïté.

Dès le 1er mars, on affiche sur tous les murs de la cour antérieure le nouveau règlement. Les articles sont nombreux, et les intéressés sont loin d'y applaudir: 1° Suppression de la ration d'aliments gras une fois par semaine, le jeudi. Il ne reste donc plus que le dimanche où on recevra la ration de viande et de bouillon ; 2° Suppression de l'usage du tabac, sous toutes les formes (excepté pour les condamnés à mort). Jusqu'à ce jour, les prisonniers du département de la Seine avaient joui à cet égard d'un privilège inconnu dans les autres prisons de France ; 3° Suppression de l'argent de poche, à l'aide duquel on pouvait se procurer à la cantine des suppléments à l'ordinaire plus que modeste de la maison ; 4° Suppression de la faculté de correspondre plus d'une fois par semaine avec le dehors. Encore, cette permission est restreinte à la correspondance, soumise au greffe, avec les proches parents, père, mère, fils, filles, épouse, frères et sœurs.

Mais si des entraves nombreuses sont admises, en revanche, on accorde de précieuses libertés.

Une des principales est la liberté de conscience. Jusqu'à ce jour, l'assistance à la messe le dimanche pour les détenus catholiques a été réglementaire. À l'avenir elle sera facultative, et sous aucun prétexte on ne pourra forcer le détenu à assister à l'office malgré lui.

Cet article du règlement, je l'avoue, m'a laissé perplexe, et je ne savais d'abord ce qui résulterait de la permission si libéralement accordée.

Le premier dimanche de mars, j'avais la réponse. Sur trois cent quatre-vingts détenus présents à la prison et appartenant à la religion catholique, *huit* manquaient à la messe et avaient profité de la liberté de n'y pas assister.

Je ne pus résister au désir de témoigner toute ma satisfaction ; et, après avoir dit à l'assistance toute ma joie, je formulai l'espoir que ce serait toujours avec le même empressement que mes auditeurs rempliraient le grand devoir dominical et répondraient ainsi à ceux qui prétendent qu'on violente les consciences dans les prisons.

XXXIII

DÉCISIONS LÉGISLATIVES

Les fêtes de Pâques approchent : ma grande préoccupation est de préparer mes auditeurs à leur célébration chrétienne.

Le dimanche des Rameaux ne voit pas se renouveler la cérémonie de la couronne. Cet usage a vécu.

Le vendredi saint, nous entendons une très émouvante instruction sur la Passion, que nous donne un vicaire de Saint-Sulpice, M. l'abbé Ferret.

Le dimanche de Pâques, 1er avril, la grand'messe solennelle est suivie d'un salut en musique fort bien exécuté.

Une soixantaine de détenus remplissent leur devoir pascal.

La proposition du rapporteur du budget a été examinée par la Chambre. M. le Ministre de l'intérieur réclame, au nom de la liberté de conscience, le maintien des aumôniers, qu'on voulait supprimer entièrement. On finit par accorder un traitement de cinq cents francs pour les aumôniers des maisons centrales, et trois cents francs pour ceux des prisons départementales. Les prisons de Paris sont rangées dans cette seconde catégorie.

Le Sénat ratifie docilement les décisions de la

Chambre, et la mesure est définitivement adoptée.

Le lundi de Pâques, j'étais appelé à l'archevêché. M. le promoteur m'annonçait officiellement la mauvaise nouvelle, et me faisait part des intentions de Mgr l'archevêque à mon sujet. Devant l'insuffisance du traitement, on se voyait forcé de restreindre le nombre des aumôniers. On me demandait d'accepter le double service de la Grande et de la Petite Roquette. De ce chef, je toucherai un traitement de six cents francs par an ; et M. Herbette, directeur de l'administration pénitentiaire, me fait allouer une indemnité de logement de douze cents francs.

C'est donc un total de 1.800 francs par an, pour le service de deux prisons, alors que ma nomination primitive m'assurait 4.000 francs pour le seul Dépôt des condamnés.

J'ai dû attendre la nomination officielle pour commencer le service religieux à la Petite-Roquette, et, pendant deux mois, mon traitement a été suspendu.

Je n'ai pas moins continué mes soins aux détenus. Je ne sais rien encore de la décision qu'on prendra au sujet de l'indemnité accordée pour les visites aux condamnés à mort. Cette fonction est en dehors du traitement de l'aumônier de la prison. C'est du ministère de la justice, et non de l'intérieur, que me vient cette allocation de mille francs. La supprimera-t-on comme le reste ? Nous le saurons bientôt.

En attendant, le mois de mai ne s'achève pas sans qu'un nouveau condamné à mort fasse son apparition.

9.

XXXIV

CHARLES CORNU CONDAMNÉ A MORT

Neuf mois se sont écoulés depuis la fin tragique de Pranzini, et, depuis le 31 août 1887, le quartier des condamnés à mort est resté sans emploi. Le lundi 28 mai, la cour d'assises nous envoie un intéressant pensionnaire, Charles-Théodore Cornu.

Le 13 février de la même année, le lundi gras, un homme était trouvé assassiné dans les carrières de Charentonneau. Le cadavre disparaissait presque complètement dans le sable où il avait été enfoui. Lorsqu'il fut retiré, on s'aperçut que la tête avait été horriblement broyée à coups de talon de botte, que la poitrine avait subi la même pression. On découvrit, en outre, que la victime avait été frappée de plusieurs coups de couteau.

L'enquête ouverte par la gendarmerie et la police de Charenton permit de reconnaître dans la victime le nommé Lefèvre, marchand d'oiseaux à Charenton.

Ce malheureux, ayant quelques réparations à faire dans sa cheminée, s'était mis à la recherche d'un fumiste.

On lui indiqua un jeune homme de cette profession, soldat momentanément en congé dans sa famille.

Lefèvre se mit aussitôt en rapport avec Cornu, et en attendant le moment du travail, ils firent ensemble de nombreuses stations chez les marchands de vins, en compagnie de quelques autres amis, qui remarquèrent que, si Lefèvre buvait beaucoup, Cornu buvait très peu et gardait tout son sang-froid. Lefèvre eut l'imprudence à plusieurs reprises de laisser voir sa bourse, garnie de dix à douze pièces de cinq francs.

La cupidité de Cornu fut tentée, et il résolut de s'emparer de cette somme au moyen d'un crime.

Il sut éloigner les camarades d'occasion et rester seul avec celui dont il devait faire sa victime.

Le forfait accompli, le meurtrier partit pour la Belgique ; la police française, après d'inutiles recherches, allait renoncer à sa poursuite, lorsque Cornu, à bout de ressources, revint à Paris ; et, sur le conseil de sa mère, qui avait cru à une lutte dans laquelle Lefèvre avait trouvé la mort, il alla se constituer prisonnier et fit les aveux les plus complets.

Cornu était soldat au 51ᵉ de ligne, en garnison à Beauvais ; mais son crime ayant été commis pendant un congé régulier, il appartenait à la justice civile, et non à la justice militaire, de prononcer sur son sort.

Après trois mois de prévention à Mazas, le nommé Charles-Théodore Cornu, né à Crisenoy (Seine-et-Marne), en 1864, et ayant déjà subi deux condamnations légères, comparaissait devant la cour d'assises de la Seine, sous l'inculpation d'assassinat suivi de vol. Le 28 mai, il était condamné à la peine capitale. Le soir même, suivant l'usage, revêtu de la camisole de force, il était écroué à la Grande-Roquette.

Je fis le lendemain ma première visite au condamné. Cornu m'accueillit avec les marques de la plus respectueuse déférence. Il me raconta son crime dans les moindres détails, n'atténuant en aucune sorte sa responsabilité et sa préméditation. Je l'encourageai de mon mieux à ne pas désespérer encore ; que rien n'était fini, et que sa franchise lui serait comptée pour une grâce possible.

Mes paroles le consolèrent un peu ; mais il me dit qu'il préférait ne compter sur aucune indulgence et se tenir préparé à tout événement.

Je lui portai, suivant mon habitude des cartes et du tabac ; et tous les dimanches il assista régulièrement à la messe. J'eus plusieurs fois l'occasion de voir la mère du condamné, je l'assurai du repentir de son fils et je l'engageai à demander la permission de le voir. Elle le fit plusieurs fois et put même l'embrasser.

La sœur de Cornu dut s'entendre avec son avocat, Mᵉ Decori, pour le recours en grâce. Ce n'était pas inutile, car dans son audience du jeudi 16 juillet, la Cour de cassation rejetait le pourvoi du condamné.

Quelques jours après, l'assistance ordinaire se rendait place de la Roquette, pour voir l'exécution de Cornu, annoncée comme imminente par plusieurs journaux.

De mon côté, je faisais tous mes efforts pour rassurer le malheureux ; et, tout en le préparant à une fin chrétienne, si la justice des hommes était inexorable, je lui fis observer qu'il avait trois chances au moins d'échapper à l'échafaud : 1° il était le premier condamné à mort de Paris depuis l'élévation de M. Carnot à la présidence ; 2° il avait prévenu l'œuvre de la justice en se constituant lui-même prisonnier; 3° enfin, la coïncidence de la fête nationale du 14 juillet devait lui donner beaucoup d'espoir.

Il prit le parti le plus sûr en se préparant à son sort en véritable chrétien.

Mes prévisions furent réalisées ; le 17 juillet, on annonçait à Cornu que M. le Président de la République, usant pour la première fois de son droit de grâce, avait commué la peine capitale en celle des travaux forcés à perpétuité. Il était resté cinquante et un jours en cellule. Je le vis le lendemain de sa commutation ; il avait les yeux pleins de larmes de joie. Il me remercia chaleureusement des soins que je lui avais prodigués ; il m'assura que sa vie tout entière serait employée à se montrer digne de l'indulgence dont il était l'objet.

Cornu est le vingtième condamné à mort, depuis mon entrée en fonctions.

Le 25 juillet, Cornu et Morand, l'assassin d'Auxerre, assistaient à la séance de l'entérinement de leurs lettres de grâce et étaient internés à la prison de la Santé.

XXXV

SCHUMACHER ET MASSET CONDAMNÉS A MORT

Le 22 mars 1888, Mᵐᵉ Vinchon, lingère au collège Sainte-Barbe, en rentrant le soir dans son domicile, rue Descartes, trouvait sa mère, âgée de soixante-dix-neuf ans, sans vie. La pauvre vieille avait été étranglée. Les meubles avaient été fouillés, et quelque peu d'argent que possédait la victime avait disparu.

Aux cris poussés par Mlle Vinchon, les voisins accoururent; la police fut avertie. On ne tarda pas à savoir que, dans la journée, un jeune militaire était venu faire visite à Mme Vinchon, qui le connaissait, comme elle connaissait sa famille.

Le lendemain, on arrêtait le nommé Schumacher (Edouard), âgé de vingt-deux ans, soldat au 112ᵉ de ligne, en garnison à Bastia, et présentement en congé dans sa famille à Paris. Sa situation était identique à celle de Cornu. Il ne relevait pas de la justice militaire, mais des tribunaux civils. En conséquence, après une prévention de trois mois et demi à Mazas, il comparaissait devant la cour d'assises de la Seine, et était condamné à la peine de mort.

Le 11 juillet, il était transféré à la Grande-Roquette et enfermé dans une cellule voisine de celle qu'occupait encore le condamné Cornu.

Schumacher appartenant à la religion protestante, je n'eus pas à le visiter. Il reçut les exhortations de M. le pasteur Arboux, qui me donnait des nouvelles de son jeune coreligionnaire, bien repentant de son crime et très convenable dans ses entretiens avec M. le pasteur.

Le pourvoi en cassation était rejeté le 9 août.

Cornu a quitté sa cellule le 17 juillet. Le 10 août, Alphonse Masset vient l'occuper à son tour.

Alphonse Masset, âgé de trente-sept ans, est né à Nancy. Il a assassiné la veuve Denizet, avec laquelle il vivait en concubinage depuis plusieurs années.

Traduit pour ce crime devant le jury de la Seine, il a été condamné à mort.

Masset, étant comme Schumacher de la religion protestante, reçoit les visites de M. le pasteur Arboux.

XXXVI

EXÉCUTION DE SCHUMACHER

Après une captivité de soixante et un jours dans sa cellule, Schumacher ne devait en sortir que pour aller à la mort.

Je ne parle de cette exécution que d'après le compte rendu officiel. Je n'avais pas à y assister, et je n'ai connu l'événement que lorsque le drame était entièrement terminé.

Dans la soirée du dimanche 9 septembre, les ordres étaient envoyés par le parquet à tous les fonctionnaires requis par la loi. L'exécution de Schumacher était fixée au lendemain, 10 septembre, à cinq heures quarante-cinq du matin.

M. le pasteur Arboux était invité à assister le condamné à ses derniers moments.

Réveillé à cinq heures vingt minutes, le condamné est resté seul avec le ministre de la religion pendant quelques instants. Après avoir subi les apprêts funèbres, il est arrivé en face de la guillotine à cinq heures quarante.

Là, M. Arboux a cru devoir lui demander à haute voix s'il se repentait de son crime, s'il demandait pardon à Dieu et aux hommes. Sur la réponse affirmative du patient, il l'a abandonné aux exécuteurs. Mais un instant après, revenant sur ses pas pour obéir au désir exprimé par le condamné de recevoir le baiser au moment suprême, M. Arboux saisit Schumacher sur la bascule et l'embrasse avec effusion.

La foule s'émeut de ces lenteurs et proteste bruyamment. Les exécuteurs sont stupéfaits. Il faut un instant pour que chacun recouvre le sang-froid nécessaire. Enfin, M. Deibler fait jouer de déclic, le couperet tombe. . . . .

. . . .

M. Arboux accompagne au cimetière d'Ivry les restes du supplicié.

Quelques jours après, je disais à M. Arboux toute la peine que j'avais éprouvée en voyant avec quelle sévérité les journalistes avaient apprécié sa conduite.

Elle n'avait pourtant pour mobile que l'affection qu'il avait prouvée de cette manière au malheureux condamné.

Alphonse Masset, voisin de cellule de Schumacher, a entendu le réveil et a été terriblement impressionné. Jusqu'au jour où on lui a annoncé sa commutation, il a été dans les transes, attendant chaque matin si la même scène n'allait pas se renouveler pour lui.

Masset a connu Schumacher à Mazas pendant sa prévention.

La Cour de cassation a rejeté le pourvoi de Masset le jeudi 6 septembre. Sa peine est commuée le 21. Je le trouve dans la cour des séparés. Je lui dis quelques paroles de consolation et d'encoura-

gement, il me remercie de l'intérêt que je lui ai
témoigné par l'intermédiaire de M. Arboux.

Massel était en compagnie de Charon, condamné
par la cour d'assises de Versailles ; et de Parche-

SCHUMACHER

miney, par le jury de Melun. Tous deux ont vu leur
peine commuée. Ils attendent avec Massel l'entérinement de leurs lettres de grâce et leur transport
à Nouméa, où ils subiront la peine des travaux
forcés à perpétuité.

XXXVII

DIVERS ÉVÉNEMENTS

La décision de la Chambre des députés au sujet du traitement des aumôniers de prison reçoit son application à dater du 1er juin. Je reçois, en conséquence, notification de l'arrêté préfectoral qui me charge d'assurer le service religieux du culte catholique au Dépôt des condamnés et à la Maison correctionnelle des jeunes détenus.

Pour ce double service, j'ai droit à des appointements annuels de six cents francs et à une indemnité de logement de douze cents francs.

L'indemnité pour les condamnés à mort, de mille francs, donnée par le ministère de la justice, la fourniture d'huile et bois à brûler sont entièrement supprimées.

Je commence, le dimanche 3 juin, mon service auprès des jeunes détenus. J'adresse une allocution aussi paternelle et aussi cordiale que possible à mes cent quatre-vingts pensionnaires, qui, de leurs petites cabines à la chapelle, peuvent tous voir le prêtre à l'autel sans se voir entre eux. L'entrée et la sortie sont organisées de telle sorte que les jeunes prisonniers marchent à dix pas l'un de l'autre, avec défense formelle de se retourner, sous peine d'une grave punition.

M. Blanc, directeur, étant aux grandes manœuvres en qualité de lieutenant-colonel de l'armée territoriale, c'est à M. le greffier que je présente l'arrêté de ma nomination.

La messe des jeunes détenus est à huit heures et demie.

Celle de la Grande-Roquette à neuf heures et demie.

Pour rendre service à deux détenus, je me suis fait remettre, au greffe criminel, contre autorisation des intéressés, approuvée par le greffe de la prison, une somme de 112 francs et divers bijoux et objets de peu de valeur.

J'ai fait, non sans peine, parvenir le tout dans les maisons centrales où ils subissent leur peine à Gaillon et à Clairvaux. Les difficultés nombreuses que j'ai éprouvées, soit pour faire le retrait, soit pour effectuer l'envoi, m'ont fait prendre la détermination irrévocable de ne jamais me mêler de démarches semblables, qui sont du reste difficilement approuvées par l'administration.

Dans l'espace de deux mois, j'ai dû mener à bonne fin deux projets de mariages. L'un a été célébré, le 1er septembre, à la mairie du dixième arrondissement et à l'église Saint-Vincent-de-Paul; l'autre, le 29 septembre, à la mairie du dix-neuvième arrondissement et à l'église Saint-Jean-Baptiste de Belleville.

Nous avons eu à déplorer, à peu de semaines de distance, la mort subite de deux détenus.

XXXVIII

CAPTIVITÉ ET EXÉCUTION DE MATHELIN

Le 8 septembre, la cour d'assises de la Seine condamnait à mort le nommé Auguste Mathelin, âgé de trente-neuf ans, né à Dommartin-le-Saint-Père (Haute-Marne).

Mathelin, séparé depuis quelque temps de sa femme, vivait d'expédients à Paris, lorsqu'il fit la connaissance du nommé Oudin, surveillant au service municipal. Oudin possédait quelques économies s'élevant à la somme de 700 à 800 francs, déposés à la caisse d'épargne.

Mathelin, dans le but de s'approprier cette somme, persuada sans peine à son ami que l'emploi qu'il occupait était au-dessous de ses aptitudes et de ses mérites. Il lui dit qu'il connaissait dans les environs de Lagny une grande propriété, dont il se chargeait de le faire nommer régisseur, mais qu'il fallait préalablement déposer une faible somme en cautionnement. Oudin se laissa prendre au piège, et, quelques jours après, il retirait de la caisse d'épargne l'argent déposé. Mathelin prit jour avec lui pour le présenter au propriétaire de la maison dont il devait avoir la garde. Ils montèrent ensemble en chemin de fer, et, arrivés à la station d'Esbly, ils descendirent du train; Mathelin conduisit son compagnon à travers champs jusqu'à une ferme importante dont il lui fit faire le tour plusieurs fois. Il l'emmena ensuite dans un petit bois voisin, et, tandis que le malheureux Oudin, sans défiance, marchait devant son ami, celui-ci, d'un coup de bâton, l'assommait par derrière, l'étranglait avec une corde et pendait le cadavre à un arbre de la forêt: puis il prenait la fuite.

Deux jours après, des passants firent la funeste trouvaille. La justice de Meaux fut mise sur pied, mais aucun indice ne fut recueilli.

On crut à un suicide et l'affaire fut abandonnée.

Pendant ce temps, Mathelin était rentré tranquillement à son domicile et avait repris ses habitudes, enrichi des 800 francs qu'il avait trouvés dans les poches de sa victime.

La femme Oudin eut des soupçons en ne voyant pas rentrer son mari. Elle l'avait vu sortir avec Mathelin, qu'elle connaissait depuis leur liaison. Elle fit part de ses doutes à un inspecteur de la Sûreté qui, flairant une affaire qui lui ferait honneur, se voua résolument à la recherche de l'assassin. Après des démarches incessantes et infatigables, il acquit la certitude que Mathelin seul avait pu se rendre coupable du crime. Il opéra si adroitement que Mathelin fut arrêté, enfermé à Mazas et mis au secret le plus absolu.

Quelques jours plus tard, l'inculpé fut extrait de sa cellule, emmené à la gare de l'Est et conduit à la station d'Esbly, sans qu'on lui dît un mot du but de ce voyage.

Lorsque Mathelin descendit de wagon à Esbly, il comprit tout, et aussitôt il s'écria : « N'allons pas plus loin, je sais ce dont il s'agit, je suis l'assassin d'Oudin. » Il fit les aveux les plus complets.

Le 8 septembre, il comparaissait devant le jury de la Seine et était condamné à la peine capitale.

Le lendemain dimanche, sur une demande écrite, je me rendais dans la cellule de Mathelin. Je me trouvai en présence d'un homme de très grande taille, très brun, au teint basané, aux traits anguleux. On lui avait coupé, la veille, une épaisse barbe noire descendant sur la poitrine, en lui faisant revêtir la livrée de la prison.

Je lui donnai les consolations d'usage et l'encourageai à ne pas désespérer. Il se mit à pleurer abondamment. Je lui dis que ces larmes étaient inutiles ; que, puisqu'il avait eu le courage d'un grand crime, il devait avoir, au besoin, celui d'une grande expiation ; que son devoir était de se résigner à la volonté de Dieu, qui seul pouvait inspirer aux hommes la pitié et la miséricorde. Il comprit mes paroles, se rassura un peu ; il assista à la messe et me fit promettre de le visiter souvent.

Mes relations avec Mathelin furent toujours très cordiales. Je me mis en rapports fréquents avec M. le curé de Dommartin, qui avait pour le condamné une compassion profonde. Il l'avait connu familièrement pendant deux ans au moins. Mathelin avait exercé la fonction de suisse dans son église natale.

M. l'abbé Jacobé portait un vif intérêt à la famille Mathelin, à la vieille mère, et surtout à la petite Victoria, âgée de huit ans, fille du condamné. La chère enfant ! quelle place elle occupait dans la pensée de son malheureux père !...

Le jeudi 18 octobre, la Cour de cassation rejette le pourvoi. Mes visites au condamné deviennent alors plus fréquentes, je suis son intermédiaire entre lui et sa famille. Sa mère, sa fille, M. le curé reçoivent chacun une lettre remplie de sentiments de repentir. Sur mon conseil, il écrit à sa femme pour lui demander pardon des torts qu'il a eus envers elle. Enfin et surtout, il se réconcilie avec Dieu dans une suprême confession. Il est prêt à toutes les éventualités.

Voici la lettre particulièrement touchante que Mathelin adressait à sa fille.

Ma chère enfant,

Je réponds à ta lettre que je viens de recevoir par l'intermédiaire de M. mon bon père l'aumônier et qui m'a fait un bien grand plaisir en la lisant et en voyant, ma pauvre Victoria, que tu me pardonnes. Je t'en remercie de tout mon cœur, car je ne le mérite pas, mais enfin à tout péché miséricorde. Et je suivrai bien la recommandation que tu me fais de relire tous les jours la prière à la Sainte-Vierge que tu m'as envoyée. Je ne puis, ma pauvre enfant, te dépeindre le mal qui me ronge et que j'emporterai avec moi dans la tombe. Victoria, je te dirai que j'écoute les conseils que tu me donnes, mais moi de mon côté, j'espère que tu écouteras les miens. Tout ce que je te recommande, c'est d'être bien sage et de bien te conduire en vieillissant et de prendre bien soin de tes grands-parents et de ne jamais les oublier n'importe dans quelle situation où ils se trouvent.

Je te recommande aussi d'être bien fidèle à ce bon M. le curé Jacobé, à ne jamais lui désobéir et à bien écouter ses conseils, je pense qu'il voudra bien me remplacer auprès de toi pour te diriger et veiller sur toi. Tu le remercieras bien pour moi et tu lui diras bien que je lui présente mes respects.

Tu iras pour moi embrasser ta grand'mère et ton grand-père Mathelin. Tu me dis que maman Anastasie va tout doucement. Ça me fait bien plaisir de voir que ça va mieux et j'en suis content.

Ma pauvre Victoria, je m'arrête à ces quelques lignes, car ma force ne me permet plus d'aller plus loin. J'en aurais trop à te dire, et ce trop m'étouffe et me serre le cœur à un point de ne plus me permettre de t'en dire davantage.

Tu me dis que l'on t'a dit que j'étais bien malheureux et bien souffrant. Oui, malheureusement, ma pauvre enfant. Et Dieu soit loué, que tu ne sois jamais au courant de ma maladie qui va d'un jour à l'autre m'emporter dans la tombe. Aussi, Victoria, n'oublie pas de prier tous les jours pour moi et quiconque te parlera de moi, réponds-leur : « Mon père repose en paix et a emporté avec lui le « triste souvenir de ceux qui sont cause de son mal- « heur. »

Reçois, mon enfant, le dernier baiser de ton pauvre malheureux père qui pense à toi et te dit, adieu.

C. MATHELIN.

7 octobre 1888.

XXXIX

L'EXÉCUTION

Le mardi 30 octobre, je recevais l'ordre de me rendre auprès de Mathelin. Le drame était fixé au mercredi 31 octobre, à six heures et demie.

A quatre heures, j'arrivais à la place de la Ro-quette. La foule était moins considérable qu'aux exécutions précédentes. On ne savait pas dans le public l'exécution si prochaine. On avait peut-être oublié le crime du condamné.

Les autorités sont bientôt réunies au greffe, et l'exécuteur y pénètre à son tour, pour signer la levée d'écrou.

A six heures dix, nous entrons dans la cellule. Mathelin est éveillé. M. le directeur lui adresse les paroles d'usage, et, sur sa demande, on le laisse seul avec moi.

Le malheureux se jette à mes genoux et me fait ses confidences dernières et ses suprêmes recom-mandations. Il baise pieusement le crucifix, il accepte volontiers un mélange de rhum et de char-treuse que je lui donne ; et nous nous mettons en marche.

Pendant la toilette, je l'entretiens de sa mère, de sa femme et de sa chère petite Victoria; il me charge de leur porter son dernier adieu, tout en se prêtant docilement aux apprêts.

MATHELIN

Je le soutiens par le bras gauche pendant le trajet. Il est très faible. Plusieurs fois il incline sa haute taille pour baiser le crucifix. Il me parle de son repentir, et veut l'assurance que Dieu lui a pardonné. Je lui donne l'accolade suprême. Il est saisi par les aides ; un coup sourd... tout est fini !...

Pas une goutte de sang ne sort du cadavre.

La phtisie l'avait paralysé depuis longtemps.

Au cimetière, nous trouvons un cercueil trop étroit, comme toujours. On coupe les cordes lentement avec un mauvais couteau, l'opération est lugubre.

L'Ecole de médecine emporte le corps pour les expériences anatomiques, et je vais avec une grande confiance dire la sainte messe pour le repos de l'âme d'Auguste Mathelin.

Quelques jours auparavant, nous apprenions la mort de mon vénérable prédécesseur, M. l'abbé Sébastien-Abraham Crozes, décédé dans sa quatre-vingt-troisième année, le 25 octobre dernier, à l'infirmerie Marie-Thérèse, muni des secours de la religion, après une très courte maladie.

Le dimanche j'annonçais aux détenus, réunis dans la chapelle, la mort du saint vieillard, que beaucoup avaient connu. Une émotion indicible accueillit la funèbre nouvelle, et je pus constater que bon nombre de mes auditeurs· avaient les larmes aux yeux.

Le lendemain avaient lieu les obsèques dans la modeste chapelle de Marie-Thérèse, suivant le vœu formel du défunt, à qui sa dignité de chanoine donnait droit aux honneurs de l'église métropolitaine. J'eus la consolation d'assister à l'autel l'ami intime qui célébrait la messe des morts ; et ce fut également à moi que fut déféré l'honneur de dire les dernières prières sur la tombe.

Un nombre considérable de prêtres, des vicaires

généraux, des curés de Paris, des religieux entou-
raient le cercueil, et un service de gardiens de
toutes les prisons de Paris, accompagnés de leurs
directeurs, escortèrent jusqu'au cimetière du Père-
Lachaise le légendaire et sympathique aumônier
de la Grande-Roquette qui, pendant quarante ans,
avait donné de si admirables preuves de dévouement.

XL

LOUIS-FRÉDÉRIC-STANISLAS, COMTE DE CASTILLON, DIT PRADO

Il entre moins que jamais dans mon intention de
raconter dans tous ses détails l'histoire de Prado.
Cet accusé a tenu en émoi pendant neuf jours la
France entière, qu'il a étonnée par son attitude si
ferme, ses observations si imprévues, ses interpel-
lations parfois mordantes et parfois ironiques, soit
vis-à-vis du président des assises et du ministère public, soit en face des différents témoins; et
enfin par la défense qu'il a présentée lui-même,
jugeant tout à fait insuffisante et incomplète la
plaidoirie de son avocat.

Il y avait déjà quinze jours que Prado était
condamné à mort, lorsque je fus de retour de mes
vacances. J'avais suivi avec attention, pendant
mon séjour à Clermont-Ferrand, les phases du
procès, j'en savais le résultat. Je lisais avec étonnement les récits fantaisistes de certains journaux
« bien renseignés », qui racontaient en détail les en-

trevues que j'avais avec le condamné, dont j'étais séparé par une distance de cent lieues! Et j'attendais patiemment l'heure où il me serait donné de voir de près le célèbre héros. Je ne me préoccupais nullement des huit ou neuf comparses de cette affaire célèbre, avec lesquels je ne devais avoir aucun rapport. Prado seul devait fixer mon attention.

Le vendredi 30 novembre, j'étais de retour à Paris. Ma première visite fut pour le nouvel hôte de la Roquette. Sans attendre d'appel écrit, je me contentai de l'assentiment de M. le directeur, qui me dit que j'étais attendu depuis le premier jour, et j'entrai dans la cellule.

Prado était étendu sur son lit, la pipe à la bouche et un livre à la main. Il aimait beaucoup, me dit-il, la position horizontale. Le brigadier lui ayant annoncé ma visite, il saute à bas de sa couche et me fait l'accueil le plus courtois et le plus respectueux.

— Mon ami, lui dis-je, ma première visite est pour vous: j'arrive de voyage.

— Je le sais, monsieur l'aumônier, et certes, quand on a passé une année avec des individus de mon espèce, on a bien besoin d'un peu de distraction. Je vous recevrai volontiers en ami, quoique je ne me dissimule pas que votre amitié est un honneur que je mérite peu.

— Le titre d'ami, Prado, est le seul que j'ambitionne et que je veuille vous donner.

— Monsieur l'aumônier, fixons bien nos conventions réciproques. Je suis libre penseur.

— Et moi aussi.

— Comment, monsieur, vous êtes libre penseur ?

— Certainement, car j'ai la prétention de penser aussi librement que vous, peut-être plus librement même, car je ne me laisse influencer ni par les mauvaises lectures, ni par les mauvaises doctrines ou les mauvaises sociétés. La liberté de la pensée est un don de Dieu ; à nous il appartient d'en faire un bon ou mauvais usage.

— Oh ! alors, nous nous entendrons à merveille.

— Je l'espère ainsi, mon ami.

La glace était rompue entre nous et, depuis lors, nos entretiens furent très cordiaux et très confiants. Souvent il m'a avoué que les seuls moments supportables étaient ceux qu'il passait avec moi.

Je m'efforçai d'abord de provoquer quelques confidences sur l'identité du mystérieux personnage, sur son pays, sur sa famille, sur son éducation, etc. Je me heurtai ou à un mutisme complet ou à des renseignements très vagues.

— On a voulu faire de moi un héros légendaire de roman, un Fra Diavolo, un Don Quichotte du crime, un Cartouche, un Mandrin, que sais-je ? Et pourquoi ? Parce que je n'ai pas mené une vie de pot au-feu comme tant d'autres ; à les entendre, il faudrait un Ponson du Terrail, un Pierre Zaccone ou un Xavier de Montépin pour écrire mon histoire. Et cependant elle n'a rien de bien mystérieux, allez ! Je me nomme Louis-Frédéric-Stanislas, comte de Linska de Castillon. Né en Espagne, âgé de trente-trois ans, ancien élève des jésuites et de l'Ecole polytechnique de Madrid, ancien officier de l'armée carliste, j'ai combattu sous les ordres du curé Santa-Cruz. J'ai voyagé beaucoup. J'ai très peu habité Paris. J'ai été marié deux fois ; d'abord à la mode italienne, puis avec Dolorès, en Espagne. J'étais en instance de divorce, pour épouser Mauricette Couronneau, la mère de mon enfant !.....

— Et le nom de Prado ?

— C'est un nom d'emprunt.

— Et de Mendoza ?

— C'est le nom de ma mère, qui était une demoiselle de Mendoza.

Je ne prolongeai pas cet interrogatoire, persuadé que je n'obtiendrais aucun renseignement plus précis.

La Cour de cassation, dans son audience du 7 décembre, n'admettait pas le pourvoi de Prado.

Le lendemain, le condamné m'interrogea à ce sujet.

Je lui répondis d'une manière évasive.

— Mon ami, vous savez quel est le rôle de la Cour de cassation, comptez-vous beaucoup sur elle?

— Mais certainement, monsieur l'aumônier.

— Mais il faudrait des vices de forme dans votre procès, où en trouvez-vous ?

— Il y en a quatorze, je me fais fort de le prouver.

— Comment votre avocat ne les a-t-il pas rele-levés ?

— Mon avocat ! avez-vous entendu parler de Tartarin de Tarascon ? Eh bien, c'est mon avocat, un farceur qu'on m'a imposé d'office, un homme qui n'a jamais compris une cause célèbre comme la mienne ! Je l'avais autorisé à dire quelques mots pour ma défense, il a parlé pendant trois heures, et j'ai été obligé de la refaire.

Voilà comment Prado était reconnaissant à l'éminent défenseur, de tous les efforts qu'il avait tentés pour sauver la tête de son énigmatique client.

A ma prochaine visite, il me questionnait encore sur son pourvoi. Dans l'impossibilité où j'étais de lui dire la vérité, je l'engageai à prendre patience.

— Ah ! monsieur l'aumônier, la patience, l'espérance, la confiance, ce sont les vertus les plus... irritantes que j'aie connues. N'avais-je pas de la patience quand je restais, pendant quatre heures, une ligne à la main, au dessus d'un ruisseau pour attendre un goujon qui n'est pas encore venu ? Ce n'est pas de la patience, cela ?

— Vous étiez donc pêcheur ?

— Pêcheur à la ligne, monsieur l'aumônier : ne confondez pas. »

Prado ne se cachait pas d'avoir des notions variées de toutes les sciences, avouant cependant n'en avoir jamais approfondi aucune. Ainsi, il parlait volontiers littérature française et étrangère, philosophie, histoire et même théologie. Un jour, il me dit tout joyeux :

— Monsieur l'aumônier, j'ai la certitude d'aller en paradis directement.

— Je vous félicite, mon ami, de cette assurance, que je suis loin d'avoir pour moi-même. Mais sur quoi repose-t-elle ?

— Sur l'Evangile; ouvrez saint Mathieu à la page qu'on lit le jour de la Toussaint : « Bienheureux les pauvres d'esprit, parce que le royaume des cieux leur appartient. *Beati pauperes spiritu*, etc. N'est-ce pas à mon adresse?

— Prado, si vous n'avez que ce titre pour aller au ciel, vous n'y entrerez jamais, car vous n'êtes pas pauvre d'esprit, vous en avez même beaucoup trop.

Une autre fois, la veille de Noël, il me racontait avec tristesse qu'il comparait la manière dont il allait passer cette fête, avec les années précédentes, quand il la célébrait en Espagne avec tant de solennité. Je voulus saisir cette occasion de ses réminiscences religieuses pour l'amener à quelques sentiments de repentir. Ce fut inutile. Il me dit que ses nombreux voyages lui avaient fait connaître les religions les plus diverses, et qu'il n'était fixé sur la vérité d'aucune ; qu'il ne connaissait que les devoirs naturels; qu'il était fait pour être un bon père de famille, et qu'en dehors de là, il ne croyait à rien.

Le jour de Noël, je le trouvai dans un état de surexcitation extrême. Il me dit qu'il ne voulait pas assister à l'office religieux, parce qu'il était trop irrité contre son avocat, qui le laissait dans l'ignorance sur son sort; qu'il avait des dispositions à prendre dans l'intérêt de son enfant; qu'il était si furieux contre tout le monde qu'il avait sans cesse le blasphème à la bouche; et que si ma présence lui imposait quelque retenue, il se dédommagerait après mon départ. Je m'efforçai de l'apaiser un peu en lui donnant encore de l'espoir.

J'étais persuadé que, s'il pouvait atteindre le
1er janvier, il serait sauvé. La commutation de
peine accordée récemment aux deux assassins du
vénéré curé d'Armentières laissait espérer que
M. le Président userait de la même indulgence vis-
à-vis du meurtrier de Mlle Marie Aguettant.

Mon espoir fut trompé; pour Prado, la justice
devait suivre inexorablement son cours.

Je le revis le 27, sans me douter que c'était pour
la dernière fois avant le jour fatal.

XLI

EXÉCUTION DE PRADO

Le jeudi 27 décembre, à six heures du soir, je
reçois la nouvelle de l'exécution de Prado pour le
28, à sept heures et demie du matin. Je prends
aussitôt toutes les mesures relatives à la triste
cérémonie; et le matin, à cinq heures et demie,
j'arrive à la place de l'exécution. La foule est déjà
immense, au moins autant que pour Pranzini. La
cavalerie est à son poste, la guillotine est presque
entièrement dressée. Les fonctionnaires arrivent
bientôt; à sept heures, tous sont prêts pour leur
tâche respective.

À sept heures dix, nous pénétrons dans la
cellule. Prado est habillé, mais toujours dans sa
position favorite, étendu sur sa couche. M. le directeur, plus impressionné que jamais, lui fait connaître la décision prise à son égard. Le condamné
se borne à dire: « C'est bien. » Puis il demande

des vêtements convenables. Il quitte la livrée de la
prison, pour prendre ceux qui lui appartiennent.
Il revêt avec un grand calme et en souriant, des
chaussettes rouges, un pantalon gris, des bottines
vernies.

M. Beauquesne lui demande alors s'il désire
s'entretenir avec moi. Avec un rire indéfinissable,
il répond :

— Non! Nous nous sommes dit, avec M, l'aumônier, tout ce que nous avions à nous dire.
N'est-ce pas, monsieur l'aumônier ?

— Mon ami, c'est à vous de savoir si vous
n'avez pas de confidence à me faire à ce moment
suprême.

— Non, merci.

— Donnez-moi mes lettres, dit-il au brigadier.

Celui-ci ouvre le tiroir. Prado, sans se presser,
lit une à une les lettres, les déchire. Il en remet
deux à M. le directeur, en lui disant d'en faire
l'usage qu'il jugera convenable. Il me remet à moi
une enveloppe :

— Prenez ce souvenir, monsieur l'aumônier,
gardez-le précieusement. Il vous portera bonheur.
C'est le portrait d'un ange.

C'était la photographie de sa petite fille.

J'offre alors à Prado une gorgée de liqueur pour
lui donner du courage.

— Du courage! mais j'en ai plus que vous;
vous êtes très ému et je ne le suis pas, moi qui
vais à la boucherie pour faire la culbute. Prenez
donc quelque chose vous-même, monsieur l'aumônier.

Il marche courageusement jusqu'à l'avant-

greffe. Là, les exécuteurs s'en emparent; à celui
qui lui attache les pieds, il demande de laisser la
corde assez longue pour qu'il puisse marcher
commodément. Il prie aussi de ne pas trop serrer
les poignets.

— N'ayez pas peur, je ne veux pas m'échapper.

Puis, s'adressant à M. Goron, chef de la
Sûreté :

— Portez, je vous prie, mes félicitations à
M. Guillot, qui a si bien réussi ; et vous monsieur,
je vous souhaite beaucoup de prospérité dans
votre carrière.

A ce moment, épouvanté par cet horrible sang-
froid, je me couvre la figure avec les mains.

— Eh bien! monsieur l'abbé, votre courage s'en
va, vous tremblez!

— Ce n'est pas pour moi, c'est pour vous, Prado,
que je tremble.

— Oh! remettez-vous.

— Mon ami, vous n'avez pas de recommandation à me faire en ce moment?

— Monsieur l'aumônier, je vous prie de faire
votre possible pour m'épargner le séjour à l'amphithéâtre, qu'on laisse mon pauvre corps en
repos, et qu'on l'inhume immédiatement.

— Prado, je vous promets que votre vœu sera
exaucé. Messieurs les magistrats, vous entendez la
demande du condamné, vous me permettrez de
vous la rappeler en temps et lieu.

Ces messieurs s'inclinent en signe d'acquiesce-
ment.

— Vous n'avez rien à me dire, Prado, pour
ceux que vous avez connus et aimés?

Ici une réponse injurieuse pour certaines personnes que le lecteur doit deviner.

— Et votre fille?

— Ah! si jamais vous la rencontrez, embrassez-la mille fois pour moi!

— Voulez-vous que je vous embrasse pour elle?

— Volontiers.

Et je lui donne une double accolade qu'il me rend avec effusion.

Tout est prêt, le condamné veut marcher seul, mais il me demande d'être à ses côtés. Il refuse l'appui des aides. Nous traversons la première cour, la grande porte s'ouvre; à la vue de la foule et surtout du cercueil, Prado devient livide, il chancelle. Je m'approche pour le soutenir, je lui dis doucement, en lui montrant le crucifix:

— Adieu, mon ami.

— Adieu... monsieur... l'aumônier, dit le malheureux d'une voix éteinte.

Il n'a plus conscience de rien, il est saisi, basculé en un clin d'œil, un bruit sourd... Prado a vécu.

Pas un jet de sang. Le corps et la tête sont jetés dans le panier. On part pour le nouveau cimetière d'Ivry.

Avant de réciter les dernières prières sur le cadavre à mes pieds, je m'adresse aux représentants de la Faculté de médecine:

— Messieurs, la dernière prière de Prado a été d'être inhumé immédiatement, sans passer par les expériences anatomiques. Je vous serai personnellement reconnaissant de vouloir bien déférer à ce vœu.

M. Poirier répondit :

— Monsieur l'aumônier, nous sommes tout disposés à répondre au désir du condamné, sans toutefois le considérer comme un ordre.

PRADO

— Messieurs, ma mission est remplie, à vous de remplir la vôtre.

Je récite les prières à haute voix, au milieu de l'émotion générale, et, à neuf heures, je vais célé-

brer la sainte messe pour le repos de l'âme de
Linska de Castillon !..

XLII

COMMENCEMENT DE L'ANNÉE 1889

Ce n'est pas sans peine et sans de vives réclama-
tions que la Faculté de médecine a vu lui échapper
le cadavre de Linska de Castillon, dit Prado. Lors
de la déclaration nette et positive que j'ai dû faire
au cimetière de la volonté formelle du supplicié
de ne pas être porté à l'amphithéâtre, M. le docteur Poirier, tout en s'inclinant de la manière
la plus courtoise devant mes observations, a cru
devoir, après mon départ, protester au nom de la
science contre cette dérogation aux usages reçus.
M. le chef de la Sûreté a maintenu les droits du
défunt, en déclarant que, si Prado n'était réclamé
ni par sa famille, ni par ses amis, il y avait mieux,
puisqu'il s'était réclamé lui-même ; et que son désir
devait être respecté.

Après quelques autres démarches soit auprès de
M. Besançon, soit auprès de M. Lozé, préfet de
police, lui-même, MM. les professeurs de la Faculté
de médecine rédigeaient un procès-verbal se ter-
minant par cette considération très flatteuse pour
l'aumônier de la Roquette :

« Si, dans cette circonstance, la Faculté n'a pas
usé de son droit, c'est qu'il lui a été particulièrement agréable de prouver à M. l'abbé Faure en
quelle haute estime elle tient les sentiments déli-

cats qui l'ont animé en conduisant Prado à l'échafaud. » (*Gaulois*.)

Tous les journaux, sans exception, ont approuvé
la décision ratifiée par l'autorité compétente.

Le dimanche 30 décembre, j'adressais mes vœux
à l'assistance réunie à la chapelle; mais je me gardais bien de faire aucune illusion au triste événement du vendredi précédent.

Pour la deuxième fois, nous ne recevons point
de convocation officielle pour la réception du nouvel an. Les aumôniers de prisons se bornent aux
règles de la politesse usuelle envers les fonctionnaires de chacun des établissements auxquels ils
sont attachés.

Le commencement de l'année 1889 est marqué
à la Grande et à la Petite Roquette, par de nombreux déplacements dans le personnel adminis-
tratif. Toutefois, il est juste de dire que tous les
fonctionnaires déplacés bénéficient d'un avancement sérieux.

Le jeudi 10 janvier, un mariage de détenu est
célébré à la mairie du onzième arrondissement et à
l'église Saint-Joseph.

Aucun événement important ne se produit pendant les quatre premiers mois de cette année.
Mes préoccupations sont toujours les mêmes :
servir d'intermédiaire entre les détenus et leurs
familles, solliciter quelques secours pour le jour
de la libération (œuvre très ingrate et qui trouve
peu d'écho).

Dès le commencement du carême, je m'efforce
de préparer mes auditeurs à la grande fête de
Pâques.

A la maison des Jeunes détenus surtout, je
remarque que mes exhortations sont comprises, et
que je ne dois pas désespérer de ramener au bien
un grand nombre de ces pauvres enfants.

Le vendredi saint, à deux heures, j'introduisais
dans la chapelle de la Grande-Roquette M. l'abbé
Valadier, aumônier des sœurs aveugles de Saint-
Paul. Pendant une demi-heure, il tenait l'auditoire
sous le charme d'une parole chaleureuse et vi-
brante, faisant ressortir avec un tact merveilleux les
passages les plus saillants de la Passion du Sau-
veur, et en tirant des enseignements pratiques et
précieux pour l'auditoire spécial qui l'écoutait avec
autant de respect que d'admiration.

Après la prédication, M. le directeur venait féliciter M. Valadier et le remercier au nom de toute
l'assistance. Il lui faisait ensuite en détail les honneurs de la maison.

A trois heures, nous étions, pour le même motif,
à la prison des Jeunes détenus. Les petites cellules
de la chapelle étaient entièrement occupées. Pendant une demi-heure, M. le prédicateur faisait entendre sa parole si persuasive, si ferme et si tendre.
Il provoquait des larmes d'attendrissement chez
tous ces pauvres enfants, qui l'écoutaient avec une
émotion visible. Et lorsqu'après le sermon, nous
parcourions les cellules dans les différentes sec-
tions, M. le directeur nous faisait remarquer combien les jeunes prisonniers étaient encore sous
l'impression des paroles qu'ils venaient d'entendre.

En résumé, bonne et consolante journée pour
les deux prisons, et reconnaissance au digne prêtre

dont le zèle et l'éloquence ont fait tant de bien à ces malheureux égarés.

XLIII

LE CRIME DU BOULEVARD SAINT-GERMAIN

Quinze jours à peine s'étaient écoulés depuis que la tête de Prado était tombée sous le couteau de la guillotine, et déjà la population parisienne était épouvantée par un nouveau forfait.

Le lundi 14 janvier, les habitants du boulevard Saint-Germain étaient étonnés de voir closes, à une heure assez avancée de la matinée, les portes d'un magasin de vins et liqueurs portant l'enseigne des *Caves de la Gironde*, au n° 234. La police, aussitôt prévenue, faisait ouvrir la devanture en fer, et un horrible spectacle s'offrait à la vue des assistants.

Mme veuve Roux Coulomy, directrice de l'établissement, était étendue sans vie, baignant dans une mare de sang. La malheureuse femme avait reçu plus de quarante coups de marteau au milieu du crâne. La cervelle avait jailli de tous côtés et des fragments d'os étaient trouvés dans la bouillie sanglante du cerveau.

Les tiroirs de la caisse avaient été fouillés, et une somme de quelques centaines de francs avait disparu. Toutefois, le coffre-fort, dissimulé au milieu des meubles, et contenant à ce moment de trente-cinq à trente-sept mille francs, avait échappé aux yeux du malfaiteur.

Les recherches de la justice pour retrouver l'assassin ne furent pas de longue durée. Car sur le parquet, auprès du corps de la victime, on ramassa une enveloppe de lettre portant cette suscription :

Monsieur Géomay, caporal au 87° de ligne,
Saint-Quentin (Aisne).

On télégraphiait immédiatement à Saint-Quentin, et la réponse ne se faisait pas attendre. Le caporal Géomay avait demandé une permission de quatre jours pour se rendre à Paris, et il n'était pas encore de retour à sa caserne.

On sut plus tard que, le lendemain du crime, il était reparti pour Saint-Quentin, qu'il avait passé joyeusement deux jours dans la famille de sa future promise, et qu'il avait arrosé du vin de champagne emporté du magasin de sa victime, le repas que lui avaient offert les parents de sa prétendue fiancée.

Deux jours après, Géomay était arrêté dans sa caserne, et faisait les aveux les plus complets. Il était alors ramené à Paris et enfermé à Mazas.

Depuis moins d'un an, trois soldats avaient profité d'une permission pour venir à Paris et s'y rendre coupables d'un horrible assassinat.

Cornu, venant de Beauvais, avait tué le malheureux Lefèvre à Charentonneau, le 13 février 1888.

Schumacher, en garnison à Bastia, également en congé temporaire, avait étranglé, le 22 mars, la veuve Vinchon ; et, le 13 janvier 1889, Géomay assassinait Mme Roux.

Ces trois meurtres étant commis par des militaires en congé régulier, les trois coupables échappaient à la justice des conseils de guerre et relevaient de la cour d'assises.

Cornu, condamné à mort, avait bénéficié d'une commutation de peine; et il expiera par les travaux forcés à perpétuité le crime dont il s'est rendu coupable.

Schumacher a été guillotiné le 19 septembre 1888. Géomay attendra, depuis le 15 janvier jusqu'au 26 mars, sa comparution devant le jury.

Le procès de Géomay n'a été ni long ni difficile. Le crime était évident, les aveux complets. Malgré tous les efforts de Me Robert, son avocat, aussi habile que dévoué, Fulgence-Benjamin-Joseph Géomay était, le 26 mars, condamné à la peine capitale.

Le soir du même jour, il était transféré, revêtu de la camisole de force, à la Grande-Roquette, et occupait la cellule laissée vacante par Prado.

XLIV

GÉOMAY DANS SA CELLULE

Le mercredi 27 mars, sur la demande du condamné, j'allai faire ma première visite à Géomay. Son accueil me prouva aussitôt que ma présence lui était une consolation. Je fus frappé de la physionomie de cet enfant. Il avait à peine vingt ans et il en paraissait avoir seize au plus. Sa figure rose et joufflue, son visage presque imberbe, sa très petite taille, sur laquelle il plaisantait volon-

tiers, tout inspirait de la pitié pour cet adolescent
qui, par un crime horrible, s'était attiré une si
épouvantable condamnation.

Je n'eus aucune peine à lui faire agréer mon
ministère religieux. Il me raconta lui-même son
enfance, son éducation dans un collège ecclésiastique de Vannes, sa ville natale, puis son séjour
dans l'établissement des Pères jésuites de cette
ville, où il demeura jusqu'après sa quatrième.

A cette époque, son père, marchand quincaillier,
fit de mauvaises affaires, et, par suite d'une faillite,
vint se fixer à Paris avec sa famille. Mme Géomay
devint veuve peu de temps après, et ne put donner
une éducation bien complète à ses trois enfants :
car elle subit plusieurs condamnations, et, pendant
son séjour prolongé dans différentes prisons, laissa
à l'aventure ceux dont elle devait diriger les premiers pas dans la vie.

Avant d'avoir atteint l'âge de dix-neuf ans, Fulgence Géomay s'engageait au 87e de ligne, en garnison à Saint-Quentin (Aisne). Au bout de six
mois, il obtenait les galons de caporal, qu'il per-
dait ensuite par une infraction à la discipline.
Mais cette épreuve n'était pas de longue durée, et
il reconquérait bien vite ses galons.

Géomay avait fait connaissance d'une famille de
Saint-Quentin, qui l'accueillait volontiers. La présence d'une jeune fille dans cette maison n'était
pas de nature à en éloigner le caporal, qui bientôt
conçut l'espoir de demander en mariage la jeune
héritière de ses nouveaux amis.

A l'occasion du jour de l'an, il désirait lui offrir
un cadeau, que la modicité de ses ressources ren-

dait impossible. Il demanda alors une permission
de quatre jours pour se rendre à Paris. Cette permission lui fut accordée. A son arrivée, sa première visite fut pour sa mère. Il se rendit donc à
son domicile. Hélas! on lui apprit que la malheureuse femme était en prison à Saint-Lazare, sous
l'inculpation de vol et de faux!...

Géomay, étourdi par ce coup imprévu, pensa
alors à la veuve Roux-Coulomy, qu'il avait connue
autrefois, alors qu'il était commis dans un magasin
de la rue du Bac.

C'était le dimanche 13 janvier, vers six heures
du soir. M⁣ᵐᵉ Roux était occupée à fermer la devanture de fer de sa maison. Géomay se présente
devant elle.

Quelles paroles ont été échangées? Quel accueil
lui a-t-elle fait? Personne ne saurait le dire,
Géomay lui-même ne se rend pas un compte
exact. Il a vu rouge!... On sait seulement que le
drame sanglant a été consommé.

Le condamné m'a avoué bien souvent qu'après
le crime il était en proie à un trouble inexprimable,
et que, pendant les deux jours qui ont précédé son
arrestation, sa conscience était bourrelée d'un
remords qui ne lui laissait aucun repos, quoi qu'il
fît pour s'étourdir; et qu'il lui tardait de se sou-
lager par des aveux complets.

Trois fois par semaine, je me rendais dans sa
cellule, et nos entretiens avaient un caractère de
franche et cordiale intimité. J'admirais son calme
et sa parfaite impassibilité, qui ne s'est jamais
démentie. Il dormait d'un sommeil calme et profond, sans cauchemar, sans mauvais rêves. Il

mangeait avec appétit. Il jouait beaucoup aux
cartes. Il fumait avec plaisir le tabac dont je
renouvelais chaque semaine la provision. Mais sur
tout il lisait et se livrait à des compositions poétiques, qui, si elles ne sont pas irréprochables dans
la mesure, démontrent au moins une grande ri-
chesse d'idées. Nous y reviendrons dans un instant.

Pour s'en rendre compte il faut lire les vers qu'il
a écrits dans sa dernière prison. Géomay ne ressemblait point aux criminels endurcis et qui se
font gloire de leurs crimes. Ces poésies, si l'on peut
appeler ainsi des pièces de vers souvent informes,
sont assez nombreuses, et constituent dans leur
ensemble un document des plus intéressants au
point de vue psychologique. Les ayant lues, on ne
peut se défendre d'un sentiment de commisération
pour le malheureux dont la jeunesse a été entourée
des plus lamentables exemples, et dont le crime,
inspiré par une cause vraiment enfantine, apparaît
comme un acte de stupidité, pour ne pas dire de
folie.

Toutes les pièces de ce curieux recueil sont soigneusement écrites d'une belle écriture de sergent-
major, très régulière et parfaitement alignée ; l'orthographe est presque bonne. Chacune est signée
et datée, bien que parfois il en existe plusieurs se
suivant sur un même feuillet de papier. Les dates
très rapprochées prouvent que les pièces ont été
écrites d'abondance et avec cette excessive facilité
qui est le partage des gens qui ne savent pas faire
les vers. Il ne manque à certaines d'entre elles
qu'un peu de ce rien qui est l'art tout entier,
pour être vraiment exquises.

A un œillet

Petit œillet
Plein de senteur,
Toi si discret,
Viens sur mon cœur.

Tu sais, ma belle,
Elle m'a quitté
Cette infidèle
Que j'ai aimé -

Gracieuse fleur
Pleine de charmes,
Tu es la sœur
De mes larmes

De la cruelle
Qui fut Marie,
Parle-moi d'elle
Je t'en supplie

Gomez

1er avril 1884

Nenuphara — *Fleur de Dieu*, remanié par une main habile, figurerait, avantageusement dans un livre destiné aux jeunes filles. *Waterloo*, *La Phalsbourgeoise*, *Plipoudon et Mistigris*, *Belle-Ile en Mer*, étant retouchés, ne seraient point ridicules parmi des poésies patriotiques et des meilleures. Il y a des pièces descriptives d'un sentiment honnête et fier sans déclamation, il y a enfin des vers d'amour d'une entière pureté de sentiments, et où rien n'indique aucun instinct mauvais, aucune habitude d'esprit blâmable.

Ne pouvant tout citer, il faut choisir celles des pièces qui parlent du crime et de la vie du criminel. — Il n'en existe que trois sur ce sujet.

Voici d'abord l'état d'âme (comme on dit aujourd'hui) de Géomay, peu de jours après son entrée à la Roquette.

Les Trois Dates.

Treize janvier! nuit obscure
Où mon âme éperdue
Errant à l'aventure
Sur une pente inconnue
S'est laissée pour toujours
Entraîner à l'abîme.
O misérable jour!
Il te fallait un crime!

Je crois, lorsque j'y pense,
Voir passer dans un songe
Ce moment d'ignorance.
O infernal mensonge,
Suis-je le vrai coupable!
Ne s'est-on point trompé?
Voyons, grand misérable
Es-tu bien éveillé?

Mais oui...! J'entends, je vois,
Puisque le condamné,
Le coupable, c'est moi.
O juste vérité !
Ah! je croyais rêver,
Pourquoi vouloir nier,
Pourquoi donc me trompais-je?
Mon triste sacrilège?

Vingt-six mars! Jour fatal!
Jour à jamais maudit,
Tu m'as servi de pal
A quoi m'as-tu réduit?
Encore je la revois
Cette salle étouffante,
Où mon cœur aux abois,
Sous la peine infamante,
N'a pas trouvé un geste,
Pas un cri, pas un mot;
Cela aurait du reste
Eté l'œuvre d'un sot.

J'attendais de pied ferme
Ce jour détestable
Qui devait mettre un terme
A mon sort peu enviable,
Où tous les efforts vains
De mon cher défenseur
N'ont pu que des humains
Irriter le bon cœur.

Car que peut-on attendre
Des hommes ici-bas?
A quoi peut-on prétendre?
La justice n'est pas.
Aussi, je connaissais
Mon dur et triste sort ;
Et je prends pour bienfait
Le moment de la mort.

Je l'attends sans trembler,
L'œil rempli d'assurance.
Il viendra terminer
Ma terrestre souffrance.
Je préfère cet instant
A un lointain exil.
C'est un bien doux moment :
Quand arrivera-t-il ?

GÉOMAY.

4 avril 1889.

Voici maintenant une pièce beaucoup plus importante. Elle n'est pas seulement curieuse au point de vue particulier de Géomay ; elle est surtout la relation fidèle de la vie du condamné à mort, et contient la description la plus détaillée et la plus précise de cette cellule n° 1 de la *Grande Roquette* où ont passé tant d'hommes destinés à l'échafaud. La maladresse même de la forme semble ajouter je ne sais quoi de naïf et de sincère à cette description et de définitif à cette autobiographie, qui est, en réalité, celle de tous les condamnés à mort en pareil lieu.

Ma vie et ma cellule.

Au fond des couloirs sombres,
Dans la grande Roquette
On aperçoit dans l'ombre
Trois belles oubliettes.
Double seuil pour entrer,
Monstrueuse serrure,
Voilà, pour commencer,
Les premières parures
De mon dernier logis
Dans le fangeux Paris.

J'occupe la première
Portant le chiffre : *un*;
Les autres, sans mystère,
Attendent leur chacun.

LA CELLULE N° 1.

Toutes, fort spacieuses
Pour de tels occupants,
Paraissent orgueilleuse
Dans de certains moments,

Car elles ont hébergé
Bien des célébrités.

Lorsqu'on a pénétré
Dans ma triste chambretto,
On y voit d'un côté
Ma solide couchette;
De l'autre, on aperçoit
Un grand poêle en faïence,
Puis une table en bois
Où l'on joue en silence,
Et dans son seul tiroir,
Des cartes l'on peut voir,

Les cartes et damier
Servent de distraction
Au pauvre prisonnier
Et à ses compagnons,
Car il a jour et nuit
Pour fidèles gardiens,
Dans son pauvre réduit,
Deux mortels humains
Qui se montrent pour lui
Véritables amis.

A deux mètres de terre,
Le gaz est maintenu
Dans sa cage de verre.
Au fond est un bahut
Servant de coffre-fort
Dont une faible clé
Est l'unique ressort.
Tout y est entassé
Et le bois et les pots
Pleins de tisane et d'eau.

Une table massive
Sous l'unique croisée,
De mon âme pensive
Est la compagne aimée.

C'est là où je retrouve
Le fil de mes idées,
C'est là où mon cœur s'ouvre
A mes tristes pensées,
Et dont les chers lambeaux
Traversent mes barreaux.

Au fond de ma cellule,
Un angle de planchette
Pour moi, chose bien nulle
Sont appelés tablette.
Puis, en jetant les yeux
Derrière une cloison,
On remarque des lieux
Le bienséant tampon.
Trois chaises et un crachoir
Voilà tout mon avoir.

Lorsque le crépuscule
Et l'ombre de la nuit
S'en vont de ma cellule,
Je me réveille au bruit
Que me font ces indiscrets
Se servant pour langage
Du tendre et doux ramage,
Des oiseaux gentillets
Gazouillant avec soin
Et que j'entends au loin.

Six heures du matin,
Quittant mon traversin,
Je saute au bas du lit
Endossant mon habit,
Puis le débarbouillage
De mon individu
Se fait à l'impromptu,
Alors comme café
La tisane est goûtée

Après, prenant ma plume
Afin de me distraire,

Je demande un volume
Au bibliothécaire.
Sept heures moins un quart
C'est le sous-brigadier
Arrivant sans retard
Pour faire nettoyer
Mon infernal foyer,
Par un vieux prisonnier.

Ensuite un cent-cinquante
Remplaçant un picon
Vient combler mon attente
Et sert de trait d'union
Jusqu'à mon déjeuner
Qui, à neuf heures, arrive.
Lorsque le brigadier,
De sa parole vive
Me demande sans tarder
Si j'ai bien sommeillé,

Dormant comme un vrai loir
Ma réponse est pareille,
Le matin et le soir,
A celle de la veille.
Puis, pour ingurgiter
Mes vivres peu changeants
Vous devez bien penser
Qu'il suffit d'un instant.
Alors pour digestion
J'arpente mon salon.

Ensuite pour refaire
Ma couche infortunée
Je mets mon savoir-faire
A la rendre carrée.
Je puis alors reprendre
Les cartes, le damier,
M'occupant pour attendre
Le moment du dîner
Qui arrive devançant
Les trois coups du cadran.

Quand ce repas est pris,
La lecture commence.
Quelques livres choisis
Ont toute ma préférence.
Par moment, délaissant
Un peu mes manuscrits,
Je m'amuse en faisant
Quelques faibles écrits.
Puis la causette a lieu
Me distrayant un peu.

Il est un aumônier
Qui, deux fois par semaine,
Vient pour me consoler
Et adoucir ma peine.
Mon défenseur aussi,
Mon unique secours,
Vient me voir en ami.
Puis aussi tous les jours
Une heure de promenade,
Voilà ma régalade.

Éloigné de tout monde
Par ma captivité,
Seul, dans le mur de ronde,
Est un bruit cadencé,
C'est de la sentinelle
Le pas sonore et lourd
Qui vient à mon oreille
Retentir tout le jour.
J'entends aussi parfois
Quelque confuse voix.

Pendant que les parties
De piquet sur manille
Rejoignent les demi
Et les heures tranquilles,
Je finis ma journée
Dont le cours bien rempli
Termine la soirée
En me portant au lit,

Où, dans un bon repos,
Je me lance aussitôt.

Ni rêve ni présage
Ne trouble mon sommeil.
Toujours les mêmes nuages
Assistent à mon réveil
J'attends impatiemment
A connaître mon sort.
Quel sera son présent :
La prison ou la mort ?
J'aime à tout entrevoir
Ne vivant que d'espoir.

GÉOMAY.

Avril 1889.

Dans sa prison, Géomay écrivait des vers pour remercier ceux qui l'avaient assisté. Une pièce intitulée *Merci* est adressée à M⁰ Henri Robert, son avocat. Elle n'est point des plus curieuses, mais elle révèle un sentiment de gratitude sincère. Une autre pièce adressée à l'aumônier est plus intéressante et montre le fond du cœur de ce malheureux criminel, qui, s'il n'avait point été dans des conditions spéciales, n'eût certes pas été envoyé à l'échafaud.

Pensées d'un malheureux

A M. l'abbé Faure,
Aumônier de la Roquette.

Serviteur de Dieu,
Messager d'espérance,
Vous venez en ce lieu
Alléger ma souffrance.
Votre parole amie
En ma triste cellule,
Résonne à faire envie,
A l'âme la plus nulle.

Je suis abandonné
A mon triste malheur,
Je me croyais aimé;
Mais j'étais dans l'erreur.
J'ai cependant un frère
Bien jeune, presque innocent,
Dont l'amitié m'est chère
Et j'y pense souvent.

Je ne puis croire que lui
Dont le cœur est aimant,
M'abandonnerait ainsi
Moi, qui le chéris tant,
De lui, pas de nouvelles,
Et cependant, je vois
Ses lèvres fraternelles,
Là-bas prier pour moi.

J'ai eu aussi une mère,
Je n'en veux point parler,
Ma douleur est amère
Quand il m'y faut songer.
Je lui pardonne le mal
Où elle m'a fait tomber,
Mon amour est égal
Pour elle, comme l'an dernier.

En songe quelquefois,
O moment de bonheur,
Devant mes yeux, je vois
Le visage d'une sœur
Qui, dans sa tendre enfance,
N'aura jamais connu,
Son grand-frère Fulgence
A l'avenir perdu.

Il est là-bas aussi
Des souvenirs d'amours,
Venant à mon esprit
Le faire souffrir toujours.

Le long de mes journées
D'inquiétude mortelle,
Voilà où nos pensées
S'envolent à tire-d'aile.

Pour finir, je murmure
Un bien sincère aveu,
De ma croyance pure
En l'amour de Dieu!

                                    GÉOMAY.

8 avril 1889.

Le condamné assistait volontiers à la messe du
dimanche et lisait avec soin les prières que je lui
indiquais. Il avait conservé le culte légendaire des
Bretons du Morbihan pour leur auguste patronne
sainte Anne d'Auray, et me parlait souvent des
pieuses pratiques de son enfance.

Il a écouté avec émotion le sermon du vendredi
saint; auquel il assistait dans sa tribune réservée.

Le 15 avril, il reçut une lettre qui lui fit une
profonde   impression.   Elle était   adressée   à
M. Géomay, caporal au 87ᵉ de ligne à Saint-Quentin. Elle venait de la prison de Doullens (Somme)
elle était signée par la mère du condamné!...

La malheureuse ne savait donc rien de la situation de son fils! Que faire? Après de mûres
réflexions, j'écrivis à M. l'aumônier de Doullens;
je le priais de préparer doucement sa pensionnaire
à l'horrible vérité.

Le jeudi 2 mai, la cour de cassation rejetait le
pourvoi de Géomay. Mais il avait tout lieu d'espérer en la clémence du chef de l'État. L'approche
des fêtes du Centenaire de 1789, l'ouverture de

l'Exposition universelle, tout concourait à donner l'espérance d'une commutation.

Le condamné lui-même, quoique bien résigné
à son sort et plein d'énergie pour se tenir prêt à
tous les événements, accueillait avec joie les
chances de salut qu'on lui laissait entrevoir, et tout
semblait indiquer que la grâce arriverait dans la
première quinzaine de mai.

Vain espoir! Les chances diminuaient à mesure
qu'on était plus loin des fêtes. Des bruits circu-
laient, que l'autorité militaire réclamait impérieu-
sement une répression inexorable qui pût servir
d'exemple à ceux qui seraient tentés d'imiter
Schumacher et Géomay.

Le vendredi 17 mai, Me Robert venait faire sa
dernière visite à son infortuné client. Il me trouvait auprès de lui : nous sortîmes ensemble et il
m'annonça que tout espoir était perdu et que les
heures de Géomay étaient comptées.

Je le vis encore le dimanche suivant, d'une
façon intime..... Il me fit une observation qui me
fit frémir. Comme, dans l'entretien, je lui disais
mon âge, le comparant au sien :

— Mais, monsieur l'aumônier, vous êtes bien
plus jeune que moi, car vous avez bien plus longtemps à vivre!

Le malheureux ne se trompait pas!

XLV

EXÉCUTION DE GÉOMAY

Le mardi 21 mai, à quatre heures et demie du soir, je recevais une lettre signée par M. le procureur général Quesnay de Beaurepaire. J'étais invité à me rendre, la nuit suivante, à la prison de la Roquette pour assister Fulgence Géomay à ses derniers moments. L'exécution était fixée au mercredi 22 mai, à quatre heures trente du matin.

A deux heures de la nuit, le cocher Victor Esnault était à ma porte avec le fiacre légendaire 3.509. Mon frère m'accompagnait dans ma nocturne pérégrination.

A deux heures et demie, j'entrais dans la prison. Déjà le fourgon de l'exécuteur était arrivé et on sortait les bois de justice.

Les autorités administratives arrivaient peu à peu. J'eus occasion alors de faire connaissance avec le nouveau commissaire de police du quartier. M. Leygonie, successeur de M. Baron, admis à la retraite.

A trois heures et demie, le secrétaire de M. Goron, puis le chef de la Sûreté lui-même me prenaient à part. On m'invitait, dans le cas où Géomay me demanderait de soustraire son corps aux expériences anatomiques, de ne pas lui faire une promesse trop positive et d'être très discret. On désirait éviter un conflit avec la Faculté de médecine et donner satisfaction à la science médicale, déjà froissée par le refus du cadavre du dernier supplicié. Je réponds alors qu'il est très probable que le condamné n'aura pas la pensée de faire une semblable demande; que de tous ceux que j'ai accompagnés à la mort, un seul, Prado, dont l'esprit était plus cultivé et plus pratique, a

GÉOMAY

formulé cette demande, mais que certainement Géomay n'y pensera pas.

A quatre heures dix, nous entrons dans la cellule; Géomay dort d'un sommeil profond, les poings fermés. On le réveille et M. le directeur, en lui annonçant le rejet de son pourvoi, lui dit :

— Allons, mon ami, ayez du courage!

— J'en aurai, monsieur, soyez tranquille.

Il revêt sans trouble ses chaussettes, son pantalon et ses bottines. M. le directeur, suivant l'usage, lui demande alors s'il veut s'entretenir avec l'aumônier,

— Oui, bien volontiers.

Je m'approche aussitôt. Tout le monde se retire et nous sommes seuls, dans la cellule. J'offre au malheureux un cordial, rhum et chartreuse, qu'il prend volontiers. Je remplis une seconde fois le gobelet :

— Un instant, monsieur l'aumônier, autre chose avant tout.

Et il se jette à genoux. Cinq minutes de conversation intime.

Il prend le second verre de liqueur. Il me prie alors d'annoncer à sa mère qu'il est mort, mais sans lui dire de quelle maladie! Il me demande d'écrire à son frère, qui sait sa situation. Il me donne son adresse par écrit sur son cahier de compositions poétiques. Et comme je veux déchirer la page :

— Gardez ce cahier, monsieur l'aumônier, j'aime mieux qu'il soit entre vos mains qu'en celles de tout autre.

Nous sortons alors de la cellule et nous arrivons à l'avant-greffe, où l'attendent les exécuteurs. Je lui adresse encore quelques paroles, et je m'assois près de lui pendant que les aides commencent leur funèbre opération.

Il se tourne bientôt vers moi et me dit :

— J'ai autre chose à vous dire, mais je ne m'en

souviens plus... et, après deux minutes de réflexion : Je vous en prie, faites que je ne sois pas porté à l'Ecole de médecine.

Stupéfait et embarrassé par cette demande, je réponds timidement :

— Mon ami, je ferai tout mon possible.

— Mais me le promettez-vous?

— Oui, je vous promets de faire tout ce que je pourrai pour répondre à votre désir.

Alors d'une voix ferme et me regardant bien en face :

— Enfin, me le promet-on?

Ainsi interpellé, je m'adresse aux fonctionnaires présents, à M. le chef de la Sûreté en particulier :

— Messieurs, vous entendez la demande de Géomay, que faut-il lui répondre?

— Promettez, monsieur, me dit alors M. Goron, et j'affirme au condamné que son vœu sera fidèlement rempli.

Le ligottage est achevé. Géomay l'a subi sans aucun trouble. Après l'échancrure de la chemise, j'attache sous le menton, avec les manches, le vêtement jeté sur les épaules; je soutiens le patient sous le bras gauche, un aide le prend par le bras droit, et nous partons pour le supplice.

En chemin, le condamné récite l'*Ave Maria*, il insiste sur ces paroles : « Priez pour moi... à l'heure de ma mort. » La lourde porte roule sur ses gonds, Géomay ne sourcille pas, il regarde l'horrible machine sans pâlir, il marche d'un pas ferme et assuré. A un mètre de la bascule, je l'arrête, je l'embrasse longuement, il me rend mon accolade à deux reprises avec effusion. Il baise avec ferveur le crucifix : « Adieu à ma mère et à mon frère. » Je l'abandonne, il se retourne alors du côté de la prison, et, apercevant le brigadier et les surveillants, il s'écrie d'une voix forte et pénétrante : « Messieurs, je vous remercie tous de vos bontés ! » Et lui-même s'appuie sur la planche. La bascule s'abaisse — une seconde à peine — le couperet s'abat avec fracas !... Un double jet de sang énorme jaillit à droite et à gauche. Le corps roule dans le panier, on y jette la tête, et le départ pour le cimetière a lieu aussitôt avec l'appareil accoutumé.

A Ivry, nous nous dirigeons vers le coin de terre qui sera désormais réservé aux suppliciés, à l'endroit où a été inhumé Prado le 28 décembre dernier. Là, avant de réciter les prières sur le cadavre placé dans le cercueil, sur l'invitation de M. Goron, je m'adresse à la Faculté de médecine, représentée par le docteur Poirier et une quinzaine de personnes :

— Messieurs, j'ai un devoir suprême à remplir envers le malheureux qui est là. Sur ses vives instances, réitérées trois fois, j'ai promis à Géomay que son corps ne serait pas donné aux expériences anatomiques, ni porté à l'École de médecine. J'accomplis une mission sacrée, je vous laisse à apprécier ce que vous avez à faire.

M. Poirier me répond :

— Monsieur l'aumônier, nous respectons la volonté du condamné, tout en regrettant que la science soit privée d'un sujet intéressant pour ses études.

Je récite à haute voix les prières de l'inhumation au milieu du recueillement général, je jette l'eau bénite, un grand nombre d'assistants font de même ; et je me retire.

J'ai remarqué que la figure de Géomay n'avait subi aucune altération. Elle était calme, les yeux et la bouche fermés, mais rendue méconnaissable d'un côté, à cause du sang et du son mêlés qui s'y étaient attachés.

A cinq heures quarante-cinq, j'étais de retour à Saint-Sulpice et je célébrais avec une grande confiance la sainte messe pour mon pauvre Géomay, dont la mort a été aussi courageuse que chrétienne.

Il est mort en soldat, en Breton, en chrétien !... Mon premier soin en rentrant dans ma chambre est de remplir les intentions du défunt. J'écris une longue lettre à l'aumônier de la prison de Doullens, M. l'abbé Cailleux. Je le charge de préparer la mère du supplicié à la nouvelle de la mort de son fils, sans lui en dire la nature. Et au besoin, dans le cas où elle apprendrait l'affreux événement, de lui lire les détails si consolants que je lui donne sur les derniers moments du malheureux.

Je remplis le même devoir, mais sans taire la vérité, envers le frère du condamné, Gustave Géomay, à Vannes. Je mets toute la tendresse de mon cœur dans cette douloureuse communication, vis-à-vis de cet enfant de quinze ans, qui sait déjà l'affreuse situation de son frère aîné.

Jamais je n'ai mieux compris que dans cette circonstance tout ce qu'il y a de poignant dans mon émouvant ministère.

12.

Je complète ici par quelques mots l'histoire de
Géomay en racontant les entrevues que j'eus avec
sa mère après sa libération.

Dans la première semaine d'août, la mère de
Géomay venait me faire visite. Il lui tardait, après
sa sortie de prison, d'avoir des détails sur la mort
de son fils.

Un jour, en traversant un des couloirs de la
prison de Doullens, elle ramassa un fragment de
journal et, par curiosité, le porta dans sa cellule.
Les premières lignes qui tombèrent sous ses yeux
étaient celles-ci : « La Cour de cassation, dans sa
dernière audience, a rejeté le pourvoi de Géomay,
condamné à mort, etc. »

La malheureuse montre aussitôt le papier au
directeur. Celui-ci répond brusquement qu'il y a
de nombreux Géomay en France, et que rien ne
prouve qu'il s'agisse de son enfant.

Au jour de sa libération, le même directeur,
puis M. l'aumônier, apprennent à la pauvre mère
toute la vérité. Et c'est alors qu'elle vient me demander dans quelles dispositions est mort le con
damné.

Je n'ai pas besoin de dire que je la reçois avec la
plus bienveillante compassion et que je m'efforce
d'atténuer l'effet de la terrible communication.

Quelques semaines plus tard, la femme Géomay,
que ses nombreuses condamnations n'ont pu ramener à une vie plus honnête, était prise en flagrant délit de vol dans les magasins du Bon
Marché, et, de ce fait, condamnée à trois ans de
prison et à la relégation perpétuelle.

Elle eut alors l'inconcevable idée de m'écrir

pour me prier d'intercéder en sa faveur auprès
des juges de la Cour de cassation, et cela en souvenir des bonnes relations que j'avais eues avec
son malheureux fils !...

Je ne crus pas devoir donner suite à une demande si bien motivée, et j'en avertis la mère du
supplicié.

À quelque temps de là, je reçois de la mère de
Géomay la lettre suivante :

Paris, Issy-Vaugirard, 2 octobre 1889.

Monsieur l'Abbé,

Depuis que j'ai eu le plaisir de vous voir, il y a dix jours,
je n'ai pas pu, tel que je le pensais, aller lire les écrits
de mon cher et bien-aimé Fulgence qui est au ciel, car
j'ai été indisposée quelques jours. Néanmoins je suis
mieux et j'irai la semaine prochaine, mardi, de onze
heures à midi. J'ai à vous faire savoir que je suis toujours
dans cette bonne famille en attendant que je travaille.
Monsieur l'abbé, je me suis permise d'écrire à M. le Préfet
de la Seine, après avoir été reconnaître où reposait mon
enfant, pour qu'il m'autorise à élever une croix et mettre
quelques fleurs sur sa tombe. Cela m'a été accordé avec les
deux initiales : F. G. SANS NOM. J'ai été la plus heureuse,
car c'est un souvenir pour moi d'aller prier pour lui à cet
endroit. Vous qui l'avez connu et qui lui avez servi de
directeur et de père, vous serez content de cette référence
bienveillante qui m'a été faite : aussi je vous l'annonce
avec bonheur.

Recevez, monsieur l'abbé, l'assurance de mon respect
et de ma vive reconnaissance pour moi et mon fils. Ne
m'oubliez pas auprès de Mme votre sœur à qui j'offre mes
respects.

Veuve JULIA GÉOMAY.

P.-S. — Si vous connaissez quelqu'un qui ait besoin
d'une bonne lingère, pensez à moi, s'il vous plaît.

XLVI

NOUVELLE SITUATION

Une année s'est écoulée depuis que l'administration diocésaine, de concert avec l'autorité civile,
m'a chargé du service religieux à la Petite-Roquette
Cette combinaison était devenue nécessaire depuis
la suppression ou au moins la réduction du traitement de l'aumônier. On a cru que, moyennant
une allocation dérisoire, le même prêtre pouvait
s'acquitter de la double charge et du Dépôt des
condamnés et de la Maison des jeunes détenus.

L'obéissance à mes supérieurs m'a fait accepter
les deux services, et, pendant une année, je me
suis efforcé de remplir la double mission.

J'ai reconnu qu'il était matériellement impossible
de s'acquitter convenablement et utilement du
double emploi.

Je ne puis me rendre à la Petite-Roquette que
dans l'après-midi : or, toute la soirée est occupée
par les divers exercices : la classe, le travail ma-
nuel, le repas, la promenade et, à certains jours,
le parloir absorbent toutes les heures.

Du reste, serais-je libre, combien d'enfants pour-
rais-je visiter? Ils sont tous astreints au régime
cellulaire. C'est donc isolément, un par un, que je
puis les voir pendant quelques instants. Comment
pouvoir, dans ces conditions, exercer sur eux une
action salutaire? Comment préparer à la première
communion des enfants de quatorze et seize ans
qui n'ont aucune notion religieuse, qui n'ont jamais

ouvert un livre de catéchisme, et dont l'éducation, s'ils en ont reçu, a été essentiellement laïque, c'est-à-dire sans Dieu?

D'autre part, il est rare que les détenus restent dans la maison assez de temps pour qu'on puisse leur faire remplir ce grand devoir. Les uns, placés à titre de correction paternelle, sont généralement retirés par leurs parents après un ou deux mois d'épreuve. Les autres, ayant subi un jugement, sont bientôt envoyés dans les colonies pénitentiaires de province, où ils bénéficieront plus long-temps des soins d'un aumônier.

Pour que le prêtre puisse faire quelque bien à ses intéressants pensionnaires, il est de toute nécessité qu'il ait son logement dans la maison. Il pourra alors leur prodiguer ses attentions à toute heure, sans que le règlement en subisse aucune atteinte.

Ma situation étant toute différente, j'ai cru devoir, en conscience, demander à Mgr l'archevêque de me relever de mes fonctions d'aumônier de la Petite-Roquette, et de me laisser plus de temps pour répondre aux besoins de mes grands condamnés.

En conséquence, l'autorité diocésaine a demandé à M. l'abbé Scalla de reprendre ses anciennes fonctions.

Une autre de mes préoccupations a été de faire rétablir au moins l'indemnité qui m'était allouée pour les soins religieux et matériels donnés aux condamnés à mort.

Depuis la suppression de ce traitement, six condamnés à la peine capitale ont séjourné à la Roquette et ont reçu mes visites. Je les ai vus pendant un laps de temps variant entre cinquante et soixante jours, leur portant chaque fois des cartes et du tabac autant qu'ils en avaient besoin.

Trois d'entre eux ont subi le châtiment suprême. Chaque fois les frais de voiture pour me conduire au lieu de l'exécution et au cimetière sont restés exclusivement à ma charge, en sorte que mes dépenses dans ces occasions dépassent de beaucoup l'allocation mensuelle de vingt-cinq francs que je reçois de l'administration.

Sur le conseil de M. le directeur, j'ai adressé un rapport à M. Herbette, conseiller d'État, directeur de l'administration pénitentiaire; un second rapport à M. le ministre de l'Intérieur, et enfin un troisième à M. le garde des sceaux, ministre de la justice. Ces trois demandes sont restées sans réponse.

XLVII

LE DRAME D'AUTEUIL

Dans la journée du 10 mars une nouvelle sinistre se répandait dans Paris; un crime avait été commis la nuit précédente, dans une villa de la rue Poussin, à Auteuil.

La maison, appartenant à M. Chabaud, était confiée à la garde du jardinier Joseph Bourdon, âgé de vingt-cinq ans.

Vers le milieu de la nuit, quatre malfaiteurs s'introduisaient par la cour opposée à la rue et se mettaient en mesure de dévaliser la maison. Déjà ils avaient fait des paquets des objets de toutes sortes, pendules, tableaux, argenterie, linge, etc. En continuant leurs explorations, ils s'aperçurent qu'un homme était couché dans une chambre du devant. Le malheureux n'était certes pas à craindre ! En entendant le bruit produit par les quatre misérables, il s'était enfoncé sous ses couvertures plus mort que vif. Les voleurs auraient pu continuer leurs recherches sans qu'il lui vînt à la pensée de les déranger dans leur criminelle occupation.

Mais les bandits, dans la crainte d'être reconnus et dénoncés, conçurent aussitôt la pensée de se débarrasser de ce témoin dangereux. Ils entourèrent le lit de Bourdon. L'un le saisit à la gorge et l'étrangla à demi, l'autre le frappa de plusieurs coups de couteau, tandis que les deux complices éclairaient avec une lanterne, ou faisaient le guet jusqu'à l'achèvement de la victime. Puis tous prenaient la fuite.

Cependant les cris de Bourdon avaient été entendus, et quelques instants plus tard, les agents de service nocturne arrêtaient les malfaiteurs nantis des objets volés.

Conduits devant le commissaire de police, ils déclarèrent être les nommés Allorto (Quentin Joseph), âgé de vingt-six ans, né à Cassato (Piémont); Sellier (Jean-Baptiste), dit « le Manchot », âgé de trente ans, né à Dieppe (Seine-Inférieure); Mécrant (Charles-Henri), âgé de dix-neuf ans, né à Paris; Cathelain (Charles-Henri), âgé de vingt-cinq ans, né à Clichy.

Le lendemain, après un interrogatoire minutieux et une confrontation avec le cadavre de la victime, ils étaient tous transférés à Mazas et mis au secret.

Le 28 juin, ils comparaissaient devant la cour d'assises de la Seine, et, le 29, ils étaient condamnés

Allorto (Quentin-Joseph), à la peine de mort;

Sellier (Jean-Baptiste), à la peine de mort;

Mécrant (Charles-Henri), à la peine de mort;

Cathelain (Charles-Henri), à vingt ans de travaux forcés.

Le soir même, les trois condamnés à mort étaient transférés à la Grande-Roquette; Cathelain était dirigé sur la prison de la Santé.

À leur arrivée au Dépôt des condamnés, Allorto Sellier et Mécrant manifestaient un vif désir de me voir. Je les visitai tous trois, le lendemain dimanche, avant la messe.

Allorto fut désigné par le gardien-chef pour assister à l'office. Les deux autres durent, à regret, attendre les dimanches suivants.

XLVIII

ATTITUDE DES TROIS CONDAMNÉS

1° Allorto. — Lorsque, le dimanche 30 juin, je pénétrai pour la première fois dans la cellule d'Allorto, je trouvai le malheureux affaissé sur sa chaise et fondant en larmes. À ma vue, il se remet un peu, et me reçoit avec toutes les marques de la plus respectueuse déférence. Je tâche de le rassurer et de faire luire quelque rayon d'espérance. Il me répond qu'il est résigné à son sort pour lui-même.

— Mais que va dire ma pauvre mère, quand elle apprendra mon crime et ma condamnation?

— Mon ami, je vous approuve de songer à votre mère ; mais avez-vous pensé à celle du malheureux Bourdon, votre victime, qui était le seul appui, la seule ressource de celle qui pleure aujourd'hui son enfant assassiné par vous et vos complices?

Allorto comprit et se calma peu à peu. Je voulus alors lui donner un livre pour assister à la messe, et d'autres pour le distraire pendant sa captivité. Il me répondit qu'il ne savait pas lire, que ses parents avaient fait leur possible pour lui donner le bienfait de l'instruction, mais qu'il avait toujours été réfractaire à toute idée d'étude, que la lecture et l'écriture lui étaient totalement inconnues.

A ma seconde visite, je portai au condamné du tabac et des cartes. Il me remercia beaucoup de mes prévenances et nous nous entretînmes plus longuement de sa vie passée. Il appartenait à une famille de cultivateurs des environs de Milan. Depuis cinq ans, il avait quitté sa famille pour se réfugier à Paris. Il avait trouvé du travail dans une raffinerie et il gagnait largement sa vie, lorsque des amis de rencontre le détournèrent du travail et l'amenèrent facilement à un vol qui lui valut six mois de prison à la Santé.

Là, il fit connaissance avec ses trois complices ; et, quelques semaines après leur libération, sur les indications de Cathelain, le vol d'Auteuil était décidé, sans que les associés eussent prévu d'avance que le pillage de la villa serait compliqué d'un assassinat.

Allorto (Quentin-Joseph), vingt-six ans, est un homme de taille moyenne, assez bien prise; le visage est régulier et n'a rien de repoussant, les cheveux et la barbe sont d'un brun foncé, le front est bas, les mains sont petites et nerveuses, les yeux noirs, mais sans mauvaise expression. Il parle assez correctement le français avec un accent italien très prononcé. En somme, il est difficile de deviner le criminel dans cet homme au repos.

Dès les premiers jours, il m'a témoigné une grande confiance et m'a fait part de son désir de se préparer chrétiennement au sort qui lui est réservé, quel qu'il soit.

Sur mon conseil, il veut laisser sa famille, qu'il n'a pas vue depuis six ans, et dont il n'a aucune nouvelle, dans l'ignorance la plus complète sur sa situation, afin de lui épargner au moins un immense chagrin.

2° Sellier. — C'est sur un désir formellement exprimé, le soir même de son arrivée à la Grande Roquette, que je me présente dans la cellule de Sellier.

Son accueil est des plus empressés et respectueux. Je me trouve en face d'un homme de grande taille, à la forte musculature, privé du bras droit, amputé à la suite d'un accident, il y a une douzaine d'années. Le visage est énergique, mais n'a rien de farouche; son encolure est puissante; on devine une force considérable dans ce corps de trente ans.

Dès le moment où il a entendu l'arrêt de mort, Sellier ne s'est fait aucune illusion sur le sort qui l'attend. Il me parle aussitôt de sa famille, qui habite Aubervilliers.

Cette famille, originaire de Dieppe, se compose du père, de la mère, de six enfants, trois garçons et trois filles, dont le condamné est l'aîné; neuf autres enfants sont morts.

Le chef de la famille a été successivement employé dans la Compagnie Richer et aux abattoirs de la Villette.

Sellier, avant l'amputation de son bras, exerçait la profession de forgeron, à laquelle il a dû renoncer à cause de son infirmité.

Je n'ai eu aucune peine à faire naître le repentir dans cette âme, dont l'éducation religieuse avait été totalement négligée. Sous des apparences un peu sombres, Sellier cache un cœur qui n'est pas insensible, et j'ai pu lui inspirer l'horreur de son forfait. Sans assumer toute la responsabilité du crime, il a toujours avoué y avoir pris une large part et n'a jamais récriminé contre l'arrêt qui l'a frappé.

Quoi qu'il en soit, il accepte avec joie l'espoir d'une commutation de peine, quand son père vient lui dire les démarches qu'il fait dans ce sens.

Il a attendu vainement la visite de son avocat, Me Decori, qui, n'ayant probablement aucune bonne nouvelle à lui apprendre, s'est dispensé d'une démarche qui ne pouvait avoir aucun heureux résultat.

Le tour d'assister à la messe est venu deux fois pour Sellier. Le premier dimanche, il me dit qu'il avait chanté pendant tout l'office; le second dimanche, il me répétait assez fidèlement l'allocution que j'avais adressée aux détenus.

Nous sommes au 15 août, fête de l'Assomption : Sellier me rappelle que dimanche prochain reviendra son tour.

En aura-t-il le temps ?...

3° Mécrant. — Charles-Henri Mécrant est né à Paris en 1869. A l'âge de onze ans, il a été placé par ses parents au lycée d'Amiens. Comme il était destiné à la carrière commerciale, il a été retiré du lycée après deux ans de séjour. Il est entré alors à l'école Colbert, à Paris. Grâce à une intelligence assez développée, il a suivi avec succès les cours de cette importante maison, et y a obtenu le certificat d'études. Rentré dans sa famille à sa seizième année, il a été placé dans diverses maisons de commerce et spécialement dans l'établissement Potin, et envoyé à plusieurs reprises dans une succursale de province. Rien ne laissait supposer d'abord qu'il eût de mauvais instincts. Mais peu à peu il fit des connaissances dangereuses, quitta à plusieurs reprises la maison paternelle ; et enfin se laissa entraîner à un vol qui lui valut quatre mois de prison en 1888.

Il subit sa peine à la Santé; n'étant pas astreint au régime cellulaire, il fit dans cette prison connaissance avec Sellier, Allorto et Cathelain; il se lia d'une étroite amitié avec ces trois personnages. dont la fréquentation devait lui être si funeste.

Quelques mois après leur libération, les quatre amis se retrouvaient dans Paris, et, sur les indications de Cathelain, le pillage de la maison Chabaud était résolu.

Il est très possible, encore une fois, que l'idée d'un meurtre ne se soit pas présentée à la pensée des quatre complices. Ils croyaient la villa inhabitée pendant l'hiver, et Cathelain, dans ses investigations préalables, n'avait aperçu aucun gardien dans la propriété.

Le pillage fut fixé à la nuit du 17 au 18 mars. On sait par quel concours de circonstances le vol fut suivi du meurtre du malheureux Bourdon.

Il faut laisser dans le domaine de l'imagination et des fausses histoires les scènes scandaleuses qui se seraient produites après l'attentat. L'illumination de la chambre mortuaire, la danse macabre exécutée autour du cadavre, sont de pure invention. Les meurtriers avaient hâte de quitter le lieu du crime, et c'eût été folie de leur part de se livrer à ces funèbres plaisanteries. Ils sortirent aussitôt, emportant les objets volés.

Ils tombèrent tout de suite entre les mains de la justice. On sait quelle fut l'issue de leur procès.

Mécrant, comme ses compagnons, me fit le meilleur accueil, quand je le visitai pour la première fois. Je n'eus aucune difficulté pour l'amener au repentir; et, bien qu'il n'avouât avoir pris qu'une part indirecte au meurtre, il n'en reconnaissait pas moins sa responsabilité.

Il ne tarda pas à me parler de son père et de sa mère, demeurant rue de Flandre. Il me pria d'aller leur porter l'expression de son repentir et de leur donner quelques paroles d'espoir et de consolation.

J'obtempérai volontiers à sa demande et, plusieurs fois, je suis allé faire visite à ces infortunés parents, si cruellement éprouvés dans la personne de leur unique enfant!...

Les habitants et négociants du quartier donnèrent une marque non équivoque de leur sympathie à M. Mécrant en couvrant de près de trois cents signatures un recours en grâce pour le coupable auprès du chef de l'État. Ce recours était basé sur la parfaite honorabilité du père et de la mère du condamné.

Je craignis un instant que cette démarche, si honorable pour les parents, ne fût écrasante pour le fils qui leur ressemblait si peu.

Me Alpy, le dévoué et infatigable défenseur de Mécrant, m'affirma que cette supplique aurait un heureux résultat, que le jeune âge du condamné, la part moindre qu'il avait prise au crime, et qu'enfin la considération dont jouissait sa famille, pèseraient d'un grand poids dans la décision qui serait prise à son égard.

Mécrant n'ignorait pas ces démarches. Il voyait sa mère trois fois par semaine, il était instruit par elle de tout ce qui était tenté en sa faveur. Il ne s'en préparait pas moins à tout événement et se disposait chrétiennement à la fête de l'Assomption.

La Cour de cassation avait rejeté le triple pourvoi le 25 juillet. La commission des grâces se prononçait presque aussitôt. Et, sans ajouter foi aux racontars qui prêtaient au shah de Perse le désir de voir une exécution capitale, nous pouvons supposer que son séjour à Paris a fait prolonger quelque peu la vie des condamnés.

Sellier, nous l'avons dit, comptait assister à la

messe le dimanche 18. Il n'en eut pas le temps, comme nous allons voir.

XLIX

DOUBLE EXÉCUTION CAPITALE — ALLORTO ET SELLIER

Pour la troisième fois, je vais être appelé au triste spectacle d'une double exécution. Pendant les vingt-quatre années de son ministère à la Grande-Roquette, mon vénérable prédécesseur, M. l'abbé Crozes, n'a eu que deux exécutions doubles : celle de Moreau et Boudas, le 13 octobre 1874, et celle de Barré et de Lebiez, le 7 septembre 1878.

Dans l'espace de quatre ans, j'ai eu le douloureux privilège de voir trois fois deux têtes tomber le même matin :

Gaspard et Marchandon, exécutés le 10 août 1885 ;

Rivière et Frey, exécutés le 4 octobre 1886 ;

Allorto et Sellier, exécutés le 17 août 1889.

L'exécution étant imminente, je m'étais assuré le concours bienveillant de M. l'abbé Valadier, aumônier des Sœurs-Aveugles, le même qui a laissé un si bon souvenir à la Roquette à l'occasion du sermon du vendredi saint. Dans l'hypothèse même d'une exécution triple, ce que je redoutais beaucoup, j'aurais eu un auxiliaire dévoué dans la personne d'un vicaire de Saint-Sulpice. Je n'en eus pas besoin. La justice ne devait avoir son cours que pour deux des condamnés, Allorto et Sellier.

J'attendais avec anxiété le lugubre signal pour le 16 août ; il n'arriva que pour le 17.

Le vendredi 16, vers cinq heures du soir, un inspecteur de la Sûreté m'apportait deux lettres de M. le procureur général. L'une m'était destinée : je devais assister Sellier ; l'autre était pour mon collègue : il aurait à encourager Allorto à ses derniers moments. L'exécution était fixée au samedi 17, à cinq heures du matin.

Je me mets aussitôt en mesure pour remplir mon pénible ministère. Je m'assure de la voiture qui d'ordinaire me sert en pareil cas. Puis je me rends chez M. Valadier : nous convenons de l'heure du départ : deux heures et demie de la nuit.

Après quelques heures d'une nuit pleine d'angoisses, et pendant lesquelles je prie pour les deux malheureux dont les heures sont comptées, je descends l'escalier tournant de Saint-Sulpice, et bientôt j'arrive à la voiture, dans laquelle a pris place M. Valadier.

A trois heures un quart, nous arrivons place de la Roquette. Une foule immense, composée comme on sait, occupe la rue depuis la place Voltaire, mais est impitoyablement refoulée par la cavalerie loin du lieu du supplice.

On regarde curieusement dans notre voiture et la vue de deux prêtres donne aussitôt la certitude d'une double exécution.

Le cocher s'arrête à la place habituelle, à droite, et nous pénétrons dans la prison. Pendant ce temps-là, les exécuteurs dressent l'instrument de mort. Bientôt le funèbre travail est achevé. M. Deibler prend les plus minutieuses précautions pour que la double exécution se fasse sans encombre, et, vers quatre heures et demie, vient signer au greffe la levée de l'écrou des deux condamnés.

A quatre heures quarante, M. le directeur donne

ALLORTO

le signal, et la funèbre procession s'organise pour le réveil des patients. Huit ou dix surveillants sont en tête. Le directeur, les deux aumôniers : MM. Caubet, Goron, Leygonie et une douzaine d'autres personnages officiels nous suivent.

Le brigadier ouvre, sans bruit, la lourde porte du vestibule. A ce moment, nous achevons. mon collègue et moi, le psaume *Miserere* que nous avons récité pendant le trajet.

On ouvre aussitôt la porte de gauche, celle d'Allorto.

Le criminel est endormi et on a de la peine à le réveiller. Il écoute d'un air effaré l'annonce qu'on lui fait de sa mort prochaine, et demande tout d'abord s'il sera seul exécuté. Personne ne lui répond.

Quand il a pris ses chaussettes et ses bottines, M. le directeur lui demande s'il veut s'entretenir avec un des prêtres présents. Il me désigne, comme désirant me faire ses suprêmes recommandations et ses dernières confidences. Il avale un grand verre de rhum, que M. Valadier lui présente. Il me dit quelques paroles, et je le laisse avec mon dévoué collègue. Allorto comprend que je me rends auprès de Sellier et ne dit plus rien.

Il est conduit dans la petite salle située entre la cantine et l'avant-greffe. Les bourreaux l'y attendent et lui font subir les derniers apprêts.

Allorto écoute, tantôt attentivement, tantôt d'une manière distraite, les exhortations de M. l'abbé Valadier. Il proteste de son innocence relativement à l'assassinat, et prétend n'avoir fait que bâillonner l'infortuné Bourdon.

En passant devant la cellule de Mécrant, il s'est écrié d'une voix forte : « Adieu, Charles, tu sais que j'y passe : as-tu quelque chose sur ta conscience ? » Mécrant lui répond de l'intérieur : « Adieu et courage. »

Bientôt la toilette d'Allorto est terminée, on se met en marche, la grande porte s'ouvre à deux battants, le condamné s'avance assez ferme, soutenu par le prêtre et un aide de l'exécuteur. Il rend avec effusion le baiser que l'aumônier lui donne. Il baise avec transport la croix qui lui est

SELLIER

présentée. On s'empare de lui. Une, deux secondes, un bruit sourd, et le corps roule dans le panier.

. . . .

Pendant que les aides essuient la machine sanglante et qu'on remonte le couperet, les fonctionnaires rentrent dans la prison et vont chercher le second condamné.

Aussitôt après le réveil d'Allorto, M. Beauquesne s'est rendu dans la cellule occupée par Sellier. Comme son complice, Sellier était endormi. On lui annonce que ses derniers moments sont venus. Il ne sourcille pas, il s'habille sans le secours de personne, aussi promptement que peut le faire un manchot.

On me laisse seul avec lui, je lui offre deux verres de rhum et anisette, qu'il boit avec une satisfaction marquée. Je lui dis de mettre à profit les rares instants qui lui restent. Je l'entretiens pendant trois ou quatre minutes d'une manière intime. Je lui parle de son père, sa mère, de ses sœurs. Il me répond aussi convenablement qu'on peut l'attendre de sa nature sauvage et inculte, mais sans grossièreté ni récrimination.

Nous attendons dans l'avant-greffe que la toilette d'Allorto soit terminée, et je profite d'un moment de répit pour entretenir le malheureux de pensées de repentir.

On procède aux derniers apprêts : Sellier les subit sans faiblesse, se plaignant seulement de ce qu'on lui serre trop les « z'haricots » (les pieds).

Après l'échancrure de la chemise et du gilet de flanelle, on nous laisse pour la troisième fois.

Par mesure d'humanité (contrairement à ce qui eu lieu lors de la double exécution de Rivière et de Frey en 1886), le second condamné ne sera pas sur la place, en face de l'échafaud, au moment de la chute du couteau sur la tête de son complice.

(Aggravation bien cruelle et bien inutile apportée au dernier châtiment.)

Enfin les fonctionnaires rentrent pour former le second cortège. Je prends Sellier par le bras gauche. Il me demande alors si Allorto a eu du courage. Je lui réponds que je désire qu'il en ait beaucoup lui-même, et nous nous acheminons à travers la première cour. La porte s'ouvre. La foule est haletante. Je m'arrête à un mètre de la bascule et j'embrasse le condamné, qui me rend mon baiser en disant:

— Au revoir, monsieur l'aumônier, et bonne chance !

Il baise avec ferveur le crucifix et je l'abandonne... Un éclair passe... un bruit se fait entendre, et les deux corps sont réunis dans le même panier. . . . .

. . . .

1. L'abbé Valadier, immobile d'abord et comme hypnotisé auprès de la guillotine, me prend le bras, et nous montons rapidement dans notre voiture. On part au galop des gendarmes de l'escorte.

Nous traversons les rangs de la foule massée tout le long de la rue de la Roquette. Devant la gare d'Orléans, le cheval de notre fiacre s'abat: un brancard est brisé; après un arrêt forcé et une réparation sommaire, nous regagnons la tête du cortège.

Au cimetière d'Ivry, j'avertis les membres de la Faculté de médecine qu'aucune opposition n'ayant été formulée par les condamnés ni par leurs familles, les corps peuvent être revendiqués pour les expériences anatomiques. Ces [messieurs s'inclinent, et je récite à haute voix les prières de l'inhumation sur les deux cadavres, dont les cercueils sont aussitôt fermés.

Je remonte en voiture avec mon confrère, très ému du spectacle lugubre auquel il a assisté pour la première fois ; et tous deux nous allons dans nos églises respectives célébrer la sainte messe pour le repos des âmes des deux suppliciés.

Le même jour, à sept heures du matin, M. le directeur annonçait à Mécrant que M. le Président de la République, usant de son droit de grâce, avait commué sa peine en celle des travaux forcés à perpétuité.

Le lendemain, avant la grand'messe, j'allai féliciter Mécrant. Je le trouvai transfiguré par la joie qu'il éprouvait de sa commutation. Il me remercie beaucoup des preuves d'attachement que je lui ai données pendant sa captivité.

Je le retrouvais encore le mardi suivant. Mais le vendredi 23, sa mère apprit que, le matin, il avait comparu devant la Cour pour l'entérinement de ses lettres de grâce, et qu'il avait été transféré à la Santé, jusqu'à son départ pour la Nouvelle-Calédonie.

Mécrant n'a eu aucune frayeur au moment du réveil de ses deux compagnons. Je l'avais assuré, autant que possible, qu'il n'avait rien à craindre et que, s'il devait être exécuté, c'est lui qui, des trois, serait réveillé le premier. Il s'est souvenu de mes paroles et a éprouvé un immense soulagement quand il a entendu ouvrir la porte d'Allorto.

L

ACCALMIE MOMENTANÉE

Après la double exécution, les corps, non réclamés, sont placés dans le fourgon de l'École de médecine et transportés à la salle des expériences anatomiques, rue Vauquelin.

Comme on est en pleine époque de vacances, un grand nombre de professeurs sont absents. M. Brouardel décide qu'il n'y a pas lieu de faire l'autopsie des cadavres. On enlève seulement les cerveaux, et les deux corps sont ramenés au cimetière pour y être inhumés.

Le jour même de l'exécution, M⁰ Mécrant est venue à la prison pour avoir la confirmation de la grâce de son fils, et M. le directeur a eu l'humanité de lui permettre de voir son malheureux enfant pour la dernière fois.

Le lendemain, je trouve dans le cabinet du directeur le père de Sellier. Je lui communique les dernières paroles du supplicié de la veille, et nous nous efforçons de donner au père infortuné les consolations que comporte la terrible vérité.

Le père Sellier réclame les vêtements et objets qui ont appartenu à son fils; on fait immédiatement droit à sa demande.

Sellier, avant de mourir, avait rédigé un testament ainsi conçu :

« Je laisse à mon ami, le baigneur, tout ce qu'on trouvera dans ma cellule après ma mort. »

On a eu quelque peine à deviner quel était ce
« baigneur » : on a fini par savoir qu'il s'agissait du
détenu remplissant les fonctions de garçon de bains
à la prison, et qui chaque jour nettoyait la cellule
du condamné. Il n'a pas jugé à propos de bénéficier de la succession.

Quelques jours après le double drame, je rendais compte à S. Em. le cardinal-archevêque, des
dispositions dans lesquelles étaient morts les deux
condamnés ; et le vénérable prélat paraissait fort
ému en apprenant les détails de cette lugubre
cérémonie.

Les journaux publiaient, à cette occasion, un
passage du rapport que j'adressai en janvier à
M. le Ministre de l'intérieur, sur l'effet que produit la peine de mort sur les coupables frappés de
cette condamnation.

Dans le courant de septembre, j'adressais une
demande d'un mois de congé ; et le 26, je partais
pour Clermont, où, au milieu de nombreux et sympathiques amis, je trouvais une heureuse diversion à mes tristes préoccupations de cette année,
marquée par quatre exécutions capitales.

M. l'abbé Valadier, mon obligeant collègue, a
bien voulu me remplacer pendant mon absence : il
édifiera les détenus par des allocutions aussi pratiques qu'éloquentes.

Le dimanche 27 octobre, je reprenais mes fonctions, avec le désir de me consacrer de plus en plus
à l'œuvre si intéressante qui m'est confiée.

Les trois cellules des condamnés à mort sont
vides. Combien de temps resteront-elles inoccupées?...

A mon retour des vacances je trouve une lettre
datée de Doullens. Mme Géomay m'annonce que
M. le préfet de la Seine l'a autorisée à placer une
croix sur la tombe de son fils et à y planter quelques arbustes, à la condition que la croix ne portera pas le nom du supplicié, mais ces deux seules
initiales : F. G. (1).

<h2 style="text-align:center">LI</h2>

KAPS (GEORGES), CONDAMNÉ A MORT

Le 30 octobre 1889, la cour d'assises de la
Seine condamnait à la peine de mort le nommé
Georges Kaps, âgé de dix-neuf ans et demi, pour
crime d'assassinat.

Il n'est rien de plus tristement intéressant que
la vie de ce jeune criminel qui, à peine sorti de
l'enfance, a su dépasser en scélératesse les plus
célèbres héros du crime.

Kaps (Georges), né à Paris, le 1er mars 1870,
appartenait à une famille d'ouvriers de Ménilmon-
tant.

Cette famille se composait du père, monteur en
bronze, de la mère, femme de ménage, et de
quatre enfants, dont trois garçons et une fille.
Georges était le second de ces enfants. Son éducation ne paraît pas avoir été plus négligée que celle
de ses frères; mais ses mauvais instincts se sont
révélés de bonne heure. Il aurait fallu une surveillance active pour maintenir dans la bonne voie

1. Voir cette lettre citée page 211.

cette nature vicieuse et trop portée à la paresse. Malheureusement, cette surveillance lui a fait défaut. Le père et la mère obligés par leur travail de partir de bonne heure chaque matin, laissaient les trois plus jeunes enfants sous la garde de leur grand-père maternel.

Le vieillard, fatigué par le bruit qu'ils faisaient autour de lui, ne s'opposait nullement à leur sortie de la maison, sans s'inquiéter de ce qu'ils pourraient devenir au dehors.

Georges Kaps ne tarda pas à faire un mauvais usage de cette liberté. Il n'avait pas encore l'âge de onze ans, que, surpris en flagrant délit de vol, il était condamné à la réclusion dans la prison de la Petite-Roquette.

Après six mois de séjour, il était mis en liberté; mais il ne tardait pas à encourir une seconde condamnation. Vers l'âge de treize ans, il était encore dans la maison correctionnelle; et, par les soins de l'aumônier, il était préparé à sa première communion.

C'est le seul acte solennel de religion qu'il ait accompli. Rendu à sa vie aventureuse, il ne tardait pas à commettre un crime qui devait le ranger au nombre des plus grands scélérats. Il avait à peine quatorze ans, lorsqu'il fit la connaissance d'un vieillard nommé Vinçard, avec lequel il se lia assez intimement pour avoir un libre accès dans sa maison.

Supposant que M. Vinçard avait de l'argent caché, il résolut de se l'approprier par un crime; et un matin le vieillard fut trouvé sans vie dans son logement.

Le cadavre portait plusieurs blessures faites à l'aide d'un poinçon. Les meubles avaient été fouillés, mais sans grand profit pour l'assassin. Le malheureux Vinçard ne possédait chez lui, on l'a su plus tard, que la somme insignifiante de cinq francs quatre-vingts centimes.

Les soupçons de la justice se portèrent aussitôt, non sur Kaps, que la jeunesse de son âge semblait rendre incapable d'un pareil forfait, mais sur un individu qui avait été vu souvent avec la victime. Georges Kaps fut appelé devant le juge d'instruction; et, avec un aplomb imperturbable, il eut la franchise de dire que l'inculpé n'était pour rien dans le meurtre du vieillard, et il donna, à l'appui de son assertion, des preuves si convaincantes, que le juge rendit une ordonnance de non-lieu, et que l'accusé fut mis en liberté.

Les recherches de la justice s'arrêtèrent là, et on regarda cette affaire comme classée, au moins pour le moment.

Kaps recommença sa vie aventureuse et vagabonde. Il se lia avec les pires gredins, et ne tarda pas à tomber de nouveau entre les mains de la justice.

Entre deux séjours à la Petite-Roquette, il s'accoupla avec une jeune fille de bas étage, qui devait payer bien cher son coupable attachement pour le jeune bandit.

Un jour, dans un moment d'expansion causé par l'ivresse, Kaps avoua à sa jeune amie qu'il était l'assassin de Vinçard, en lui recommandant le secret le plus inviolable sur cette révélation.

Léontine Drieu promit le silence, et s'empressa,

en conséquence, de raconter la chose à une de ses compagnes.

Quelques semaines plus tard, Kaps encourait une cinquième condamnation. Il était contremaître à la Petite-Roquette, quand j'y exerçais les fonctions d'aumônier.

Au mois de janvier 1885, à l'expiration de sa peine, il reprenait la vie commune avec Léontine Drieu; et, un jour, ayant appris l'indiscrétion commise par la malheureuse, il lui brûla la cervelle.

Arrêté aussitôt pour ce nouveau forfait, il fut transféré à Mazas. Quelques jours après, il devait être conduit chez le juge d'instruction. Il avait eu, au préalable, la précaution de desceller une barre de fer de son lit et de la dissimuler sous ses vêtements.

Dans le cabinet du juge, il en asséna plusieurs coups sur la tête de la jeune amie de Léontine Drieu, appelée pour faire sa déposition; et prompt comme l'éclair, saisissant un chandelier de bronze sur la cheminée, il le lançait à la tête du garde de Paris préposé à sa surveillance. Par un heureux hasard, cette double tentative de meurtre n'a pas eu l'effet que l'assassin espérait, et n'a eu pour résultat que d'aggraver singulièrement la situation de l'accusé.

Le 30 octobre, Kaps (Georges) comparaissait devant la cour d'assises de la Seine. Contrairement à l'usage, il était escorté par deux inspecteurs de la Sûreté en tenue civile, et non par deux gardes municipaux.

Au moment où on était venu le prendre à Mazas, il s'était récrié violemment sur la présence des

gardes. Il avait assuré qu'il ferait un mauvais parti
à celui qui le premier le toucherait. On eut l'inexplicable bienveilance d'accéder à son désir; et il se
laissa docilement conduire par les inspecteurs de
la Sûreté.

Après six heures de débats, la cour d'assises
rendait un arrêt en vertu duquel Kaps (Georges)
était condamné à la peine de mort.

Le lendemain, le condamné était transféré à la
Grande-Roquette, et témoignait aussitôt le désir de
voir l'aumônier de la prison.

Il occupait la cellule n° 1, laissée libre par
Allorto.

LII

KAPS DANS SA CELLULE

C'est l'histoire du vingt-neuvième condamné à
mort qui ait passé sous mes yeux, que je vais raconter.

Ce n'est pas sans une certaine appréhension sur
l'accueil qui m'était réservé « malgré son appel »,
que je fis ma première visite à Kaps. La réputation du jeune criminel n'était pas de nature à me
laisser croire qu'il agréerait mon ministère. Je fus
bientôt rassuré.

Le jour de la Toussaint, on m'apprit que le condamné était arrivé depuis la veille, et que son premier soin avait été de réclamer ma visite. Je me
rends aussitôt dans sa cellule. Je vois un grand et
beau jeune homme, à l'air souriant, qui me fait le

meilleur accueil. Je le fais tourner du côté de la
fenêtre, en lui disant :

— Laissez-moi donc voir, mon ami, comment
est fait un homme qui fait trembler les gendarmes.

Il se met à rire, et m'explique la cause de son
ressentiment à l'égard des gardes de Paris. Il me
dit alors que je ne suis pas un inconnu pour lui,
qu'il m'a vu l'année dernière à la prison des jeunes
détenus, mais qu'il n'a pas eu l'occasion de me
parler.

Il me raconte volontiers sa jeunesse orageuse et
criminelle, l'assassinat du malheureux Vinçard,
les causes de ses nombreuses condamnations. Il
accuse la société de l'avoir traité en paria, la justice de l'avoir fatalement voué au crime, en le frap-
pant d'interdiction de séjour après sa deuxième
condamnation :

— Que vouliez-vous que je devinsse, monsieur
l'aumônier, quand on m'assigna Grenoble pour
résidence, alors que je ne connaissais personne
dans cette ville, et que j'avais à peine quinze ans ?

Il me parla ensuite de ses liaisons de passage et
de ses rapports avec l'infortunée Léontine Drieu, etc.

Je l'encourageai de mon mieux à ne pas perdre
espoir : que rien n'était encore fixé sur son sort,
que son jeune âge plaiderait en sa faveur, que sa
bonne conduite lui serait comptée. Je vis bien
qu'il ne se faisait aucune illusion et qu'il se rendait
à lui-même la justice que son sort était mérité. Abor-
dant alors la question religieuse, j'appris qu'il
n'avait aucune notion de ses devoirs de chrétien, et
que s'il avait fait sa première communion à la

Petite-Roquette, ce grand acte n'avait laissé aucune trace dans son esprit, aucun germe de bien dans son cœur.

Je profitai de la solennité du jour pour engager le condamné à assister religieusement à la messe. J'évoquai le souvenir de son malheureux père, mort de chagrin, il y a trois mois, à la pensée de la vie criminelle de son fils. Kaps paraît ému à ce souvenir, et j'en augure que tout sentiment généreux n'est pas éteint dans le cœur de cet enfant de dix-neuf ans !...

Depuis notre première entrevue, nos rapports n'ont pas cessé d'être remplis, de part et d'autre, de confiance et d'affection. Je n'ai aucune peine à provoquer les confidences du jeune criminel. Il m'a raconté naïvement toute son existence, son éducation au foyer paternel, ses escapades nombreuses, ses condamnations réitérées, ses liaisons plus que suspectes, et enfin ses crimes. Tout cela était raconté d'un ton parfaitement naturel, comme une histoire banale, sans que rien dans son regard, dans sa physionomie, révélât le moindre repentir ou le moindre regret. Du reste, pas l'ombre de récrimination sur la sentence des juges. Il prétendait cependant qu'on ne pouvait lui imputer l'assassinat de M. Vinçard : « Car, disait-il, j'avais alors quatorze ans, et j'ai agi sans discernement !... » Le meurtre de Léontine Drien ne pouvait pas entraîner la peine capitale, car il avait cédé à un mouvement de jalousie, sans préméditation.

Il ne restait donc à sa charge que la double tentative de meurtre sur la jeune fille et sur le garde de Paris.

Il se permettait en conséquence de trouver un peu sévère la condamnation qui l'avait frappé. Toutefois il affirmait souvent qu'il préférait la mort au bagne, surtout si on lui laissait le choix du mode de son supplice. Il aurait demandé alors « à mourir de vieillesse dans sa famille!!! » (*sic*).

Depuis le commencement de décembre, Kaps ne sortait plus de sa cellule pour la promenade réglementaire. Il craignait de s'enrhumer dans la cour. Il passait son temps à jouer aux cartes avec ses gardiens et à fumer le tabac dont je lui laissais toujours une abondante provision. Il ne lisait presque jamais.

Il était appelé deux fois par semaine au parloir par sa mère. Mais après trois ou quatre minutes d'entretien, il levait la séance. Il ne pouvait supporter les larmes de la malheureuse femme, qui me confiait alors son désespoir et ses appréhensions, qui n'étaient que trop justifiées.

Deux fois il reçut la visite de son avocat, M° Robert, qui voulut tenter une demande en grâce auprès de M. le Président de la République. Cette démarche n'eut pas le résultat que l'infatigable défenseur en attendait.

Il convient de laisser à la responsabilité des journalistes les prétendus écarts de Kaps pendant son séjour à la Grande-Roquette. Jamais il n'a donné lieu au moindre blâme.

Il était très poli envers tous et très reconnaissant des moindres attentions qu'on avait pour lui. Ses menaces, ses voies de fait, l'emploi de la camisole de force, sont de pure invention.

Ses rapports avec l'aumônier ont un caractère

trop confidentiel pour que je me permette d'y faire
la moindre allusion.

Le jeudi 28 novembre, la Cour de cassation
rejette le pourvoi de Georges Kaps.

Le mardi 17 décembre, je le visitai pour la dernière fois. Comme je lui parlais de l'approche de
la grande fête de Noël, il me répondit tranquillement :

— A Noël, monsieur l'aumônier, je serai au
Champ-de-Navets !...

Le malheureux ne croyait pas prophétiser si
juste !...

LIII

EXÉCUTION DE KAPS

C'est le mercredi 18 décembre, à cinq heures et
demie du soir, qu'un inspecteur de la Sûreté m'apportait le pli de l'avocat général, conçu dans les
termes réglementaires. On m'invitait à me rendre
le lendemain matin à la prison des condamnés,
pour assister Kaps (Georges-Henri) à ses derniers
moments.

L'exécution est fixée à sept heures quinze.

Je m'empresse de prendre les précautions
d'usage ; et le jeudi matin, à quatre heures trois
quarts, je montais en voiture pour me rendre à la
Roquette. Le froid est intense à mon arrivée, il
n'y a pas plus de trente curieux sur la place.

Seuls, les gendarmes et les gardes républicains,
convoqués on ne sait pourquoi à une heure de la

nuit, battent la semelle, tandis que leurs mon-
tures hennissent bruyamment. C'est à peine si à
cinq heures arrivent les fourgons de l'exécuteur.

Le travail du montage de la guillottine commence, lorsque je fais mon entrée dans la prison.

Rien de lugubre comme les apprêts de ce drame.
Une nuit sombre, un froid pénétrant, un pavé
glissant, un silence qui contraste avec les cris
scandaleux et cyniques des exécutions précédentes, l'extrème rareté des spectateurs, même
aux places réservées ; tout est de nature à étreindre
le cœur d'une angoisse profonde, quand on pense
à la jeunesse de celui pour lequel s'opèrent ces
funèbres apprêts.

Les fonctionnaires arrivent l'un après l'autre et
sont reçus par M. le directeur. L'exécuteur,
M. Deibler, vient à son tour, et signe au registre la
levée de l'écrou.

Il est sept heures, la nuit est complète : fera-t-on
l'exécution à la lueur des torches ? Tout le fait
supposer, car il ne reste plus que quinze minutes.

A sept heures dix, nous pénétrons dans la cellule. Kaps est levé depuis longtemps. A six heures,
il a dit à ses gardiens :

— Je vais être *fauché* ce matin. Je veux fumer
une dernière cigarette.

Il se recouche cependant un instant ; puis il se
relève avec son idée fixe. Il fume encore, quand
s'ouvre la porte. Il est au milieu de la pièce. Il
entend sans sourciller les paroles de M. le directeur, qui lui souhaite bon courage.

— Du courage, monsieur, on fera son petit possible pour en avoir.

Puis il quitte les vêtements de la prison et les échange contre les siens. A la demande s'il veut s'entretenir avec moi, il répond qu'il a une commission à me donner. On nous laisse seuls. Je lui

KAPS

offre un gobelet de rhum, qu'il prend volontiers. Je lui parle de sa mère et de son frère. Il me charge de les embrasser pour lui. Il me remet une lettre pour son avocat. Je l'exhorte alors au repentir, à demander pardon à Dieu.

— Je n'ai à me repentir de rien, je n'ai de pardon à demander à personne. J'ai tué, on me tue; nous sommes quittes.

Je n'ai pas à insister; j'ouvre la porte, et nous partons. La toilette a lieu sans incident. Kaps boit avec avidité deux verres de rhum, pendant qu'on l'attache et qu'on échancre largement sa chemise.

Le funèbre cortège se met en marche. Je soutiens, avec un aide, le malheureux pendant le trajet; et nous arrivons à un mètre de l'instrument du supplice. J'embrasse bien cordialement le condamné; il me rend deux fois mon baiser : pour sa mère! pour les siens! Je lui présente alors le crucifix, mais il détourne violemment la tête!!!...

Il est saisi, basculé, un éclair passe, et le corps décapité tombe dans le panier. Il est sept heures vingt-cinq.

Très douloureusement ému, je monte dans ma voiture, et on part pour Ivry. Mais le verglas recouvre le pavé d'une couche épaisse; il tombe sans cesse une pluie glaciale. Les gendarmes de l'escorte mettent pied à terre et tiennent leurs chevaux par la bride. C'est ainsi, avec un retard considérable, que nous arrivons au nouveau cimetière d'Ivry.

Les passants s'arrêtent nombreux pour voir le sinistre convoi. Au champ du repos, un cercueil de sapin est là tout prêt; on y descend le cadavre et la tête livide. Je récite les dernières prières sur ces tristes débris. La Faculté de médecine s'en empare sans aucune contestation. Je remonte en voiture; et, à neuf heures et demie, je célèbre à Saint-Sulpice la sainte messe pour mon malheureux condamné.

Le dimanche 22, je faisais appel aux sentiments

religieux des détenus, à l'occasion de la fête de Noël ; et j'ai eu la consolation de constater qu'un certain nombre d'entre eux avaient compris mon exhortation.

La belle solennité du 25 décembre a eu tout l'éclat que comportent nos modestes ressources. Une messe en musique, parfaitement interprétée par nos artistes. Le *Chant de Noël*, d'Adam, donné à l'offertoire, a impressionné tous les assistants.

Cette année qui s'achève a été la plus douloureusement remplie de toutes celles que je compte dans mon ministère. Pendant ces douze mois, sur six condamnés à mort, cinq ont subi le dernier supplice : un seul y a échappé.

J'ai eu à m'occuper de plusieurs mariages ; pas un seul n'a pu être mené à bonne fin, pour des causes diverses.

Du reste, depuis que les forçats ne sont plus internés à la Grande-Roquette, il y a peu de circonstances où ces unions soient possibles. Les détenus font dans cette prison un séjour trop limité pour qu'on ait le temps de remplir les formalités légales ; et je m'efforce de dissuader les intéressés de se marier avant leur libération.

Le mardi 24 décembre, M. l'abbé Scalla, aumônier des jeunes détenus, se sentait assez indisposé pour ne pouvoir se rendre à son poste, même le jour de Noël.

Le 26, il succombait aux suites de la maladie régnante, l'influenza. Le samedi soir, par dépêche, M. Odelin, promoteur, me priait d'assurer le service religieux à la Petite-Roquette jusqu'à la nomination d'un titulaire. J'ai donc repris mes fonctions dans cette maison, du 29 décembre au 3 février 1890.

A cette date, M. l'abbé Valadier a été appelé, par S. Em. le cardinal-archevêque, à occuper cette situation, tout en conservant l'aumônerie des Sœurs-Aveugles.

LIV

LE CRIME DE LA RUE BONAPARTE

Les merveilles de l'Exposition universelle de 1889 n'ont pas eu le pouvoir de distraire de leurs utiles occupations les aimables escarpes, si nombreux dans Paris. Il semble même qu'à leur manière, et dans leur genre d'industrie, ils aient voulu édifier les étrangers sur leurs agissements.

Deux mois et demi ne sont pas écoulés depuis l'ouverture des grandes assises de la science et de l'industrie française et étrangère ; et la nouvelle d'un crime se répand dans le public.

Le lundi 15 juillet, le lendemain de la fête nationale, une malheureuse femme, âgée de soixante-quinze ans, concierge de la maison portant le numéro 86 de la rue Bonaparte, était assassinée dans sa loge. Le crime avait été commis avec tant de précaution et de célérité, qu'aucun des locataires de la maison n'avait entendu ni les cris de la victime ni les mouvements des assassins. Seule, la domestique de M. Le Guen, sénateur, put affirmer avoir vu sortir de la maison deux jeune gens

qui se hâtaient de prendre la fuite. Mais elle ne put
donner le signalement exact.

Le meurtre ne tarda pas à être découvert. Un des
locataires remarqua que, contrairement à ses habitudes, la dame Kuhn ne s'acquittait pas à l'heure
voulue des devoirs de sa charge. On pénétra dans
sa loge, et on trouva la pauvre vieille dans une
mare de sang; un mouchoir était serré autour de
son cou, et la gorge laissait voir une horrible
entaille. La mort a dû être presque instantanée.

Les assassins avaient fouillé tous les meubles,
mais n'avaient trouvé qu'une somme insignifiante,
au lieu du total des loyers qu'ils espéraient.

On était en effet au jour du terme, et tout laissait
croire aux assassins qu'ils feraient une riche cap-
ture dans cette maison si bien habitée. Par un
hasard providentiel, la concierge n'avait livré
aucune quittance de loyer dans la journée.

Ce crime commis en plein jour sept heures du
soir, le 15 juillet, dans un quartier paisible, en
face du séminaire Saint-Sulpice, à ingt mètres du
poste de la mairie, où de nombreux gents sont en
permanence, frappa de stupeur tous es habitants
du sixième arrondissement ; et la police se mit
aussitôt à la recherche des assassins.

Le même jour, un meurtre avait été commis rue
du Château, à Plaisance. On arrêta plusie s jeunes
gens, et il vint d'abord à la pensée que même
bande avait bien pu se rendre coupable du double
forfait. C'est ainsi que furent arrêtés les n mmés
Ribot, Jeantroux et Pillet, avec deux utres
associés.

Les trois premiers n'eurent aucune peine à se

disculper du crime de la rue du Château, mais l'interrogatoire qu'ils subirent les mit dans l'impossibilité de nier être les auteurs de l'assassinat de la rue Bonaparte; et, huit jours après leur crime, ils étaient conduits à Mazas. Ils ne tardèrent pas à faire des aveux complets.

L'instruction de cette affaire fut longue et minutieuse, soit à cause du nombre des accusés, soit à cause des soupçons qu'on avait encore sur leur participation à d'autres crimes.

Enfin, le 7 janvier 1890, les trois accusés comparurent devant le jury de la Seine. On leur avait adjoint un individu convaincu de recel des objets volés.

Les débats de cette affaire durèrent deux jours.

Le mercredi 8 janvier, la cour d'assises, présidée par M. Bérard des Glajeux, condamnait :

Ribot (Henri) à la peine de mort;

Jeantroux (Albert) à la peine de mort;

Pillet (Henri) à dix ans de réclusion et à vingt ans d'interdiction de séjour.

Le recéleur était acquitté.

Ribot avait pour défenseur Me Robert.

Jeantroux était assisté par Me Despias.

Le soir même, les deux condamnés à mort étaient transférés à la Grande-Roquette.

LV

RIBOT ET JEANTROUX A LA ROQUETTE

1° Ribot. — Il y a trois semaines, jour pour jour, que Georges Kaps a quitté sa cellule pour aller à la mort, quand Ribot (Henri) vient l'occuper à son tour.

Le vendredi 9, je suis désagréablement surpris, quand on m'apprend que le nouvel hôte de cette cellule refuse ma visite. C'est en vain que le gardien-chef veut bien obligeamment l'avertir de ma présence. Il ne reçoit aucune réponse. Plusieurs tentatives de ce genre restent sans résultat. Je me résigne à attendre une demande formelle. Je sais par expérience que, tôt ou tard, il sollicitera ma visite, ne serait-ce que dans un but intéressé.

Le 24 janvier, un jeune prêtre de la maison de M. Roussel, à Auteuil, me priait de vouloir bien procurer à l'un de ses pensionnaires le moyen de voir son frère, Henri Ribot. J'indiquais les formalités à remplir pour obtenir la permission ; et, le lundi suivant, l'autorisation était accordée.

J'espérais un bon résultat de cette visite d'un frère élevé chrétiennement. J'étais sûr d'avance qu'elle aurait une heureuse influence sur l'esprit du condamné.

Mon espérance ne fut pas trompée. Le mardi suivant, je recevais une lettre par laquelle Ribot me priait de lui faire une visite. Il y avait trois semaines que j'attendais cet appel.

Je me rends aussitôt dans la cellule, je laisse le malheureux jeune homme juger si mon abord est assez farouche pour motiver son refus de me voir ; et, après qu'il s'est excusé de son mieux de sa longue abstention, il me dit combien la visite de son jeune frère lui a fait de bien, et me fait promettre à moi-même de le visiter le plus souvent possible.

Depuis lors, nos entretiens sont très cordiaux et très faciles. Tout en ne se faisant aucune illusion sur son sort, il ne désespère pas de son pourvoi en cessation; il escompte aussi son jeune âge. Il n'a pas encore vingt ans; et, enfin, il ne perd pas tout espoir en la clémence de M. le Président Carnot.

Il assiste volontiers à la messe, en alternant chaque dimanche avec son codétenu Jeantroux.

Ribot (Henri) est né à la Chapelle-Fortin, dans l'Eure-et-Loir, et habite Paris depuis l'âge de quatre ans. Sa mère est morte il y a une dizaine d'années; son père est employé dans un restaurant du quartier Montparnasse.

Sur la prière du condamné, je suis allé demander au père de venir voir son fils. Il l'a fait plusieurs fois.

Je n'ai eu que très peu de peine à ranimer les sentiments religieux de Ribot. Il s'est montré surtout très docile aux pressantes sollicitations de son frère; et c'est ainsi qu'il s'est préparé à une bonne confession, qu'il a faite dans les sentiments les plus édifiants, le mercredi des Cendres.

Il a compté, néanmoins, sur une décision favorable de la Cour de cassation. Son avocat, M⁰ Robert, qui lui a fait plusieurs visites, n'ose plus lui ôter cette suprême espérance.

Le malheureux condamné ne se doute pas que son pourvoi a été rejeté le 30 janvier dernier, et qu'il n'a plus à espérer qu'en la clémence du chef de l'État.

2° Jeantroux. — Je n'ai pas eu à attendre longtemps pour visiter le second des condamnés. Le soir même de son arrivée à la prison, Jeantroux (Albert) manifestait le désir de me voir.

J'ai été douloureusement impressionné quand je me suis trouvé en face de cet enfant de dix-sept ans, à la figure fine et douce, à la voix de jeune fille, à la taille élevée et svelte. Je ne pouvais me faire à la pensée que ces mains petites et blanches étaient celles d'un assassin. Et cependant, c'est bien Jeantroux qui a frappé la victime d'une façon si sûre, que, d'un coup de couteau, il a tranché l'artère carotide et provoqué la mort instantanée.

C'est le premier aveu qu'il a fait de lui-même, quand on lui a demandé la part qu'il avait prise au forfait.

Il convient volontiers que Ribot ne voulait pas de sang, et que c'est malgré son complice qu'il a joué du couteau.

L'éducation de Jeantroux a été fort incomplète. Il est né à Troyes le 26 mars 1872. Ses parents, modestes ouvriers, sont venus à Paris en 1873. Ils avaient trois enfants, trois garçons. Le plus jeune est le condamné. Vers l'âge de huit ans, Albert fut placé à l'école des Frères de la paroisse de Vaugirard. A sa onzième année, il suivait les exercices du catéchisme préparatoire à la première communion ; quand, au mois de mars, l'école subit la loi commune de la laïcisation.

Dès lors, plus d'enseignement religieux, plus de catéchisme, plus de première communion possible. Le jeune Jeantroux, abandonné à lui-même, oublia bien vite les notions du bien et du mal que lui avaient données ses premiers maîtres. Il fut placé comme typographe dans une imprimerie et y travailla pendant quelque temps.

Mais bientôt il subit l'influence d'amis dangereux pour sa nature faible et sans énergie ; et si les occasions ne se présentèrent pas pour l'entraîner au mal, les bons conseils lui firent complètement défaut pour le guider vers le bien.

Bientôt il fit la connaissance de Ribot et Pillet, ainsi que de quelques autres garnements de la même espèce. L'atelier fut abandonné. Il fallut vivre d'expédients. La bande se livra aux jeux de hasard et en tira quelques profits.

Mais les ressources étaient maigres. Il était temps de faire un coup fructueux. C'est alors que Pillet, dont la mère portait les provisions de lait dans le quartier Saint-Sulpice, et qui souvent la suppléait dans ses livraisons, étudia les habitudes de la dame Kuhn et des locataires de la maison. Il fit part de ses observations à ses deux amis, et le jour du terme de juillet fut choisi pour l'attentat.

On sait comment les meurtriers furent déçus dans leurs calculs, et quelle fut l'issue de leur procès.

LVI

UNE PREMIÈRE COMMUNION EN CELLULE

Je n'eus qu'à me louer des bonnes dispositions du jeune condamné Jeantroux. C'est avec la soumission la plus respectueuse qu'il a écouté mes exhortations. Depuis son arrivée à la Roquette, il étudie le catéchisme et je suis fort satisfait de la manière dont il comprend.

Quand je lui ai demandé s'il ne voudrait pas faire sa première communion, il m'a répondu que c'était son ardent désir; et, sur mon conseil, il s'est mis aussitôt en mesure pour s'y préparer.

Sans désespérer absolument d'avoir la vie sauve, il ne se fait aucune illusion sur le châtiment qu'il a mérité; et tout porte à croire que, s'il le faut, il subira la mort avec une résignation toute chrétienne.

Contrairement aux bruits qui ont circulé dans le public, chacun des condamnés assume pour lui la responsabilité la plus lourde. Ribot ne cesse de me répéter que c'est lui, le plus âgé, qui a usé de son influence sur Jeantroux pour l'entraîner au crime. Celui-ci, au contraire, disculpe son camarade et prend sur lui tout l'odieux de l'assassinat.

Le pourvoi en cassation est rejeté. Il ne reste plus que peu d'espoir.

Une grande consolation était réservée à Jeantroux dans les derniers jours de sa captivité.

Le 28 février, j'avais une entrevue à son sujet avec S. Em. le cardinal archevêque. Le charitable prélat, en apprenant que le jeune condamné n'avait pas fait sa première communion, me donnait toutes les permissions nécessaires pour lui faire accomplir ce grand acte du chrétien dans quelque position qu'il fût placé.

De concert avec M. le directeur, il fut convenu que cette importante cérémonie aurait lieu le dimanche suivant, deuxième de carême (2 mars).

Afin d'éviter tout commentaire indiscret ou mal

veillant, les précautions les plus minutieuses furent prises pour que cette première communion ne fût connue que du condamné. Le gardien-chef seul devait y assister.

J'appris à Jeantroux, le vendredi, le bonheur qui lui était réservé. Il manifesta une grande joie à cette nouvelle, et reçut de nouveau avec beaucoup de piété l'absolution.

Le dimanche 2 mars, j'allai voir mes deux condamnés. C'était au tour de Ribot d'assister à l'office. Je ne changeai rien à l'ordre accoutumé.

Après la messe, revêtu du surplis et de l'étole dissimulés sous mon manteau ; portant sur ma poitrine l'hostie sainte, presque le viatique ; accompagné du brigadier seul, je pénètre dans la cellule. Les deux gardiens nous cèdent la place.

Sur une modeste table de sapin, j'étends une petite nappe, un corporal et le saint ciboire. Le luminaire se compose d'une simple bougie, collée sur la table. Et c'est dans de telles conditions que le Dieu de l'Eucharistie vient visiter le condamné !...

J'adresse alors au malheureux agenouillé une courte allocution, telle que mon cœur me la suggère dans ce moment solennel. Je fais lire au pauvre enfant les actes avant la communion. Il récite le *Confiteor*. Il se frappe la poitrine. Il reçoit son Dieu !!!...

Ses yeux étaient pleins de larmes, son visage rayonnant. Je fais avec lui l'action de grâces. Le grand acte était accompli. Pourquoi tous les détenus n'en ont-ils pas été témoins ?

Mon émotion était profonde. J'ai vu bien souvent

l'auguste cérémonie dans toute sa splendeur, dans nos grandes églises. Jamais je n'oublierai cette première communion si pleine de grandeur dans son austère simplicité.

Un enfant de dix-sept ans, faisant sa première communion dans une cellule de condamné à mort, peut-être la veille du jour où le bourreau viendra s'emparer de lui pour lui faire subir sa peine !...

Quand je quittai Jeantroux, je l'embrassai tendrement. Il me dit alors d'une voix douce :

— Maintenant, monsieur l'aumônier, je suis prêt ; quand on voudra.

Le lendemain, je me faisais un devoir d'aller donner à Son Eminence tous les détails de cette inoubliable cérémonie, inconnue jusqu'à ce jour dans la sombre prison.

Le pieux cardinal me chargeait alors de porter sa bénédiction paternelle, avec ses consolations pour le jeune et intéressant condamné.

LVII

DOUBLE EXÉCUTION CAPITALE — JEANTROUX ET RIBOT

Il y a six mois que le lugubre spectacle d'une exécution double était donné à Paris (le 17 août 1889), et, pour la quatrième fois, je vais avoir ce spectacle sous mes yeux.

Le jeune âge des assassins de la rue Bonaparte ne doit pas les garantir des sévérités de la loi. M. le Président de la République, ému des crimes mul-

tipliés, commis par de jeunes scélérats, impose
silence à sa clémence et décide que la justice aura
cette fois son inexorable cours.

Le vendredi 7 mars, je venais de faire ma visite
habituelle à mes deux condamnés : Ribot me disait
que, selon toute apparence, rien ne serait décidé
sur leur sort avant trois semaines ; que ce temps
était nécessaire pour examiner l'état mental de
Jeantroux. On supposait que de nombreux cas de
folie s'étaient produits dans sa famille, et que la
Cour de cassation ne se prononcerait pas avant cet
examen. Ribot ne se doutait pas que, depuis cinq
semaines, la Cour suprême avait rejeté le double
pourvoi.

Jeantroux, au contraire, tout pénétré de la
grande action qu'il avait accomplie le dimanche
précédent, ne faisait pas ces calculs, et abandon-
nait à la Providence de fixer son sort.

Chez le concierge de la prison, au moment où
j'allais sortir, je me trouve en face d'un secrétaire
du Ministre de la justice. Son air mystérieux me
donne un soupçon sur la mission qu'il venait remplir. Il me fait un signe, et nous rentrons dans la
première cour. Je lui dis alors :

— Il y a du nouveau?
— Oui.
— C'est pour demain?
— Oui.
— Pour les deux?
— Oui.

J'étais fixé; et, en effet, en rentrant à mon domicile, je trouve deux lettres de M. le procureur général : une était pour moi, l'autre pour le prêtre

qui devait me prêter son concours. Je devais assister Jeantroux. M. l'abbé Valadier, nouvel aumônier de la Petite-Roquette, était chargé de Ribot.

Je prends aussitôt les dispositions nécessaires, et le lendemain matin, à quatre heures, la voiture légendaire nous transporte à la place des exécutions.

La foule est encore peu considérable. Il semble qu'on commence à se blaser sur ce spectacle si souvent reproduit depuis deux ans. Peu à peu, cependant, les curieux arrivent.

Les fantassins et les cavaliers de la garde de Paris sont à leur poste, renforcés d'un détachement de gendarmes à cheval et de deux cents agents de police. Le public est maintenu à une distance d'environ cent mètres du lieu de supplice. Il ne verra rien, dit un auteur célèbre ; mais il verra ceux qui peuvent voir quelque chose du drame annoncé.

L'arrivée de la voiture des prêtres excite toujours le même sentiment de curiosité. On s'approche, on regarde dans l'intérieur : il y a deux prêtres, donc il y aura deux suppliciés.

Il reste une heure et demie à attendre avant le réveil. La température est très douce, on ne grelotte pas comme à l'exécution dernière ; on regarde avec attention le travail des aides dressant la funèbre machine. Bientôt M. Deibler vient donner le coup d'œil du maître. Il essaie à plusieurs reprises le fonctionnement du couperet. Tout va bien. Il entre dans la prison pour prendre possession des condamnés.

Les fonctionnaires autorisés sont tous réunis au

greffe à six heures dix. M. le directeur, suivi des deux aumôniers, pénètre dans la cellule de Jeantroux.

Le malheureux dort profondément, comme on dort à son âge. Un surveillant le touche à l'épaule; et à la recommandation paternelle et très émue de M. le directeur d'appeler à lui tout son courage, il répond tranquillement : « Du courage! monsieur, j'en aurai. » Il passe son pantalon et ses bottines; et, sur sa demande, on me laisse seul avec lui.

Notre entrevue dure cinq minutes. Je n'ai qu'à lui rappeler la grande action du dimanche précédent et à lui donner une dernière absolution. Il prend le cordial que je lui présente, et nous sortons de la cellule.

Il aperçoit la porte de Ribot entr'ouverte, et devine aussitôt la vérité.

Deux salles ont été préparées pour la double toilette. La plus rapprochée de la porte est destinée à Jeantroux. Les exécuteurs l'y attendent et lui font aussitôt subir les ligatures ordinaires, sans que le patient manifeste aucune opposition.

Quand on a coupé largement sa chemise, j'attache moi-même les extrémités. Je noue autour de son cou les manches du vêtement jeté sur ses épaules. Pour la seconde fois, on nous laisse seuls. Le condamné me manifeste aussitôt le désir de voir son complice, de l'embrasser et de lui dire adieu!... mais c'est impossible!...

Je lui promets de remplir ses intentions. Il me recommande de dire adieu à son père, à sa mère: je le lui promets encore. Il appuie un instant sa tête sur ma poitrine, pendant que je lui suggère quelques bonnes pensées. Il prend encore une gorgée de liqueur, et se met en marche. Je le soutiens à gauche; il marche d'un pas assuré. La grande porte s'ouvre. Il voit tout d'un regard; il ne sourcille ni

JEANTROUX

à l'aspect de la foule ni à celui de l'instrument de mort.

Je l'embrasse de toute mon âme. Il me rend mon baiser avec effusion. Il colle ardemment ses lèvres sur le crucifix :

— Adieu à ma mère! Adieu à Ribot!...

Les aides l'ont saisi, et, avec la rapidité de la
foudre, le corps et la tête roulent dans le panier.

. . . .

La guillotine sanglante est lavée à grande eau.
On essuie le couperet ruisselant de sang; on le re-
monte; tout est prêt pour une seconde immolation.
Je reste sur la place et j'attends l'autre cortège.

Ribot a été réveillé comme son compagnon d'in-
fortune. Il a d'abord manifesté le désir de me voir,
mais il a vite compris la raison de mon absence et
a accepté le ministère de mon confrère, M. Valadier.

Arrivé à l'avant-greffe, après une courte confession, il demande à voir Jeantroux. On lui répond,
comme à l'autre, que c'est impossible.

Quel spectacle eussent offert ces deux enfants se
disant un éternel adieu en face de la mort, en se
donnant le baiser de paix!...

Ribot est vivement contrarié du refus qu'on lui
oppose, mais il n'insiste pas; il écoute avec respect
les exhortations du prêtre et attend le signal du
départ.

Cinq minutes après l'exécution de Jeantroux, la
grande porte s'ouvre de nouveau, et Ribot apparaît
au bras de l'aumônier. Un rictus semble contracter
sa bouche, mais il marche avec assurance et sans
faiblesse. M. Valadier l'embrasse, lui présente la
croix, que le malheureux baise avec respect.

Aussitôt je m'approche :

— Ah! monsieur l'aumônier, laissez-moi vous
remercier pour toutes vos bontés!

— Mon pauvre ami, je vous donne le dernier baiser de votre ami Jeantroux,

— Merci!...

L'infortuné est saisi, et deux secondes ne sont pas

RIBOT

écoulées, qu'il va rejoindre son complice dans le fatal panier.

. . . .

La foule, vivement impressionnée par ce terrible spectacle, semble surtout fort émue par l'attitude

15.

si ferme et si résignée de ces deux malheureux enfants.

Je monte rapidement en voiture avec mon excellent confrère, et le convoi funèbre, avec l'escorte des gendarmes, se dirige vers le cimetière d'Ivry.

Les deux corps sont extraits du panier rouge et placés dans les cercueils. Mais on a recours à moi pour reconnaître les deux têtes. Personne de l'assistance ne peut donner un renseignement certain Je désigne celle de Jeantroux, puis celle de Ribot, ainsi que leurs troncs respectifs.

Je récite avec M. Valadier les prières de l'inhumation. J'avertis MM. les membres de la Faculté de médecine qu'il n'a été formulé aucune réclamation des cadavres. Je profite même de cette occasion pour décliner toute responsabilité, quand la science est privée des sujets utiles à ses expériences. Je proteste contre l'assertion d'un journaliste, qui prétend que c'est à l'instigation de l'aumônier que certains condamnés réclament l'inhumation immédiate. MM. les membres de la Faculté répondent courtoisement qu'ils savent très bien que je ne suis que l'interprète des mourants, et qu'ils approuvent entièrement ma conduite.

M. Valadier et moi nous remontons en voiture, pour aller dans nos églises respectives prier pour nos intéressants condamnés.

Est-il inutile de raconter un épilogue écœurant de l'exécution de Ribot ? Pour obéir ponctuellement à ses volontés suprêmes, M. l'abbé Valadier se rend le jour même auprès du père de Ribot ; et voici l'entretien :

— Vous êtes monsieur Ribot ?

— Oui, monsieur.

— Vous avez deux fils, où sont-ils?

— L'un est à Auteuil, l'autre a eu des malheurs. Il est à la Grande-Roquette.

— C'est de sa part que je viens vous voir.

— Vous le connaissez donc? Vous n'êtes pas l'aumônier de la Roquette, vous ; je le connais moi : il est venu me voir ici et je l'ai vu en allant visiter mon fils.

— Une circonstance a voulu que je le voie ce matin.

— Ce matin! est-ce donc vrai ce qu'on me disait à l'instant, qu'on les a expédiés tous les deux ce matin?

— Mon ami, si vous voulez dire par là que votre enfant a payé ce matin sa dette à la justice humaine, c'est vrai.

— Alors, c'est une affaire réglée, on n'en parlera plus. Il n'était cependant pas méchant, il n'aurait pas fait de mal à une mouche ! Mais s'est-il bien tenu, est-il mort avec courage?

— Il a fait une mort aussi courageuse que chrétienne.

— Eh bien! tant mieux. C'est égal, il a dû faire une drôle de tête quand vous êtes allé le chercher !»

Et ce digne père reprend tranquillement ses occupations!... Quelle éducation cet homme avait-il pu donner à son enfant? Et faut-il s'étonner du résultat obtenu?

A l'heure où se faisaient les préparatifs de l'exécution, un jeune détenu de quatorze ans se suicidait à la Petite-Roquette en se pendant à la porte de sa cellule.

Il se nommait Louis Marchandon. Tous les journaux, trompés par le nom, annonçaient que c'était le frère de l'assassin de Mme Cornet, exécuté le 10 août 1885.

Je fus invité, le lendemain, à dire les dernières prières au moment du départ du convoi; et en voyant la famille du défunt, je m'assurai qu'elle n'avait de commun que le nom avec celle du condamné Charles Marchandon.

LVIII

FÊTES PASCALES

Après les émotions causées par le terrible drame du 8 mars, émotions ressenties également par les détenus qui ont appris le douloureux événement au moment même où il s'accomplissait, je reprends le cours de mes fonctions habituelles; et mon premier soin est de rappeler le grand devoir pascal à mes auditeurs. Dès le dimanche de la Passion, mon appel est entendu par un certain nombre de prisonniers.

Le jour des Rameaux et le dimanche de Pâques verront d'autres retours aux pratiques chrétiennes, et tout fait espérer pour cette année, comme pour les précédentes, de nombreux sujets de consolation.

Je dois mentionner ici une regrettable décision prise par le nouvel entrepreneur des travaux dans la prison.

On m'annonce qu'à partir de ce jour, l'administration ne donnera plus le buis bénit du dimanche des Rameaux, sous prétexte que cette dépense n'est pas prévue dans le cahier des charges. Je m'empresse alors de dire à M. le directeur que, loin de vouloir laisser disparaître ce pieux usage, je ferai moi-même les frais de cette acquisition ; et le dimanche suivant, après la grand'messe, la distribution des rameaux a lieu comme les années précédentes ; chaque détenu en emporte une branche dans sa cellule, comme vestige des habitudes chrétiennes de la famille. Une belle palme est mise à la disposition de l'aumônier.

Le vendredi saint, la Passion est prêchée par M. l'abbé Dadon, vicaire à Saint-Joseph ; et, pendant trente-cinq minutes, tous les détenus, spontanément réunis dans la chapelle, écoutent avec recueillement la parole émue de M. le prédicateur.

Le saint jour de Pâques, la grand'messe est célébrée avec toute la solennité que comportent nos modestes ressources, et un salut du saint sacrement est donné à la fin de la cérémonie.

Rien de saillant ne se produit dans la prison. Mes rapports avec les détenus sont toujours les mêmes. Les demandes de secours, surtout de vêtements pour la sortie, sont toujours aussi fréquentes, et je m'efforce de leur donner satisfaction dans la mesure du possible, sans toutefois pouvoir répondre à tous les désirs : mon appel trouve si peu d'écho chez les personnes charitables, qui s'obstinent à dire qu'elles trouvent un emploi plus légitime de leurs largesses auprès des infortunes plus imméritées !

Le jour de l'Ascension, 15 mai, j'apprends avec

douleur un retranchement nouveau dans les fournitures relatives à l'exercice du culte religieux. Le nouvel entrepreneur des travaux, adjudicataire des dépenses de la prison, me fait prévenir que, désormais, il ne subviendra plus aux frais de l'éclairage, sous prétexte que la bougie n'est pas un article liturgique prévu par le cahier des charges; qu'il ne doit que la cire absolument nécessaire aux six souches de l'autel, et qu'en conséquence je devrai m'en contenter, tant pour les dimanches ordinaires que pour les plus grandes solennités de l'année.

La fête de l'Ascension est donc célébrée dans ces conditions misérables; et les détenus, accoutumés à un brillant luminaire, voient avec stupéfaction la parcimonie avec laquelle on célèbre une des fêtes maintenues par le Concordat.

J'adresse immédiatement un rapport à M. le directeur. Je lui rappelle son propre désir de voir donner le plus d'éclat possible à nos réunions religieuses, afin de fixer l'attention des assistants et de captiver leurs regards, pour arriver plus facilement à toucher leurs cœurs.

Le départ de plusieurs de nos artistes a laissé au dépourvu notre chœur de chant : aussi me fais-je un devoir d'en appeler à toutes les bonnes volontés. Je prie mes auditeurs qui ont quelques aptitudes musicales d'imposer silence à leur modestie et de se faire connaître.

Mon appel a été entendu, et on y a répondu au delà de mes espérances. Le jour de la Pentecôte, le chœur des artistes est plus que doublé. Un organiste de premier ordre fait ressortir toutes les richesses de l'instrument. La messe est chantée à plusieurs voix. Le salut est d'une solennité que nous auraient enviée les cathédrales.

Une autre surprise non moins agréable m'était ménagée : un luminaire splendide brillait à l'autel, mais ne coûtait rien à « monsieur l'adjudicataire ». Un grand nombre de détenus, spontanément, sans aucune invitation et encore moins de pression, avaient prélevé sur leur modique salaire de quoi fournir une bougie pour la décoration de l'autel. Quelques-uns même, qui avaient quitté la prison, avaient voulu laisser un souvenir à l'occasion du mois de Marie, et offraient une ou deux bougies, pour les représenter au jour de la Pentecôte; de telle sorte que jamais notre chapelle n'avait eu un pareil éclat.

Inutile de dire avec quelle émotion j'ai remercié toutes ces bonnes volontés, et assuré que Jésus et Marie accueillaient avec joie ces témoignages de filial amour.

Que tous les généreux donateurs soient bénis pour leur délicate attention !

Le samedi 24 mai, Son Eminence le cardinal archevêque daignait recevoir M. le directeur et l'aumônier de la Grande-Roquette, et, après s'être longuement entretenu avec eux, promettait de venir bientôt honorer de sa visite notre sombre et chère prison.

LIX

LE CRIME DE LA RUE BASFROI — JEAN VODABLE CONDAMNÉ A MORT

Le vendredi 9 mai, la cour d'assises condamnait à la peine de mort le nommé Jean Vodable, reconnu coupable de l'assassinat d'une jeune fille de douze ans, nommée Alexandrine Lemée, fille naturelle de la femme Malfilâtre. Le crime avait été commis au domicile de la mère, rue Basfroi, n° 10.

Le vendredi 29 novembre, la femme Malfilâtre, en rentrant chez elle, trouvait dans son logement le nommé Vodable, avec lequel elle avait vécu pendant quatre ans, et dont elle était séparée depuis quelques mois.

Le premier soin de la mère est de s'enquérir de son enfant. Vodable dit alors que l'enfant s'est rendue à l'école, et qu'il lui a même donné quinze centimes pour son goûter.

Les deux anciens amis passent alors quelques heures ensemble et attendent l'heure de la sortie des classes. Mais la jeune Alexandrine ne rentre pas. La mère, inquiète, se rend à l'école. La jeune fille n'y a pas paru de la soirée. La pauvre mère continue ses recherches. Vodable s'associe à ses explorations. Mais tout est inutile.

La police est prévenue. Vodable et sa compagne reviennent au domicile de la rue Basfroi et y passent la nuit.

Le lendemain, Vodable s'esquive de bonne

heure, et la 'femme met un 'peu d'ordre dans sa chambre, avant de recommencer ses recherches. Quelle n'est pas son horrible stupéfaction, quand elle aperçoit les deux jambes de l'enfant sortant de dessous le matelas sur lequel elle a passé la nuit!..

La malheureuse appelle ses voisins ; on constate que l'enfant a été étranglée. Le médecin, appelé en toute hâte, constate, en outre, qu'elle a subi les derniers outrages. Aussitôt les soupçons se portent sur Vodable ; mais, pendant deux jours, il est impossible de le retrouver.

Le lundi matin, le misérable ayant appris par les journaux qu'on lui imputait, outre l'assassinat, le viol, se livrait lui-même à la justice pour se disculper du second crime.

Aussitôt après sa déclaration devant le juge d'instruction, il est écroué à Mazas et mis au secret. Il fait les aveux les plus complets. Il déclare avoir voulu se venger sur la fille de l'abandon de la mère. Pressé de questions, il raconte qu'il s'est rendu rue Basfroi pour savoir par la jeune fille la conduite de la femme Malfilâtre, que l'enfant avait opposé un mutisme absolu à ses questions, et qu'alors, sans préméditation aucune, emporté par la colère, il lui avait serré le cou, puis, ne sachant que faire du cadavre, il l'avait enfoncé entre les deux matelas, et qu'il avait ainsi attendu l'arrivée de la mère ; mais qu'il protestait de toute son énergie contre l'odieuse profanation du corps de l'enfant.

L'instruction a été longue et minutieuse. Ce n'est que le 8 mai que Vodable a paru devant la cour d'assises, et le 9 il était condamné à mort.

Vodable est âgé de trente-neuf ans, né à Paris de parents originaires de l'arrondissement d'Issoire (Puy-de-Dôme).

Le soir même de sa condamnation, il était transféré au Dépôt des condamnés; il exprimait un vif désir de me voir.

LX

VODABLE APRÈS SA CONDAMNATION

Je n'ai pas attendu un appel écrit pour me rendre auprès de Vodable. Il sait à peine écrire son nom. Son accueil est empressé et respectueux. Je provoque aussitôt sa confiance. Notre première entrevue a été courte : c'était un dimanche, je n'ai que le temps de l'engager à assister à la messe, ce qu'il a fait volontiers.

Dès lors, mes visites ont eu lieu régulièrement trois fois par semaine. Je lui porte chaque fois un paquet de tabac, dont il fait grand usage. Il est passionné pour le jeu. Je lui fournis des cartes autant qu'il en a besoin.

Ces petites attentions de ma part lui étaient fort précieuses; aussi avons-nous été bientôt les meilleurs amis.

Vodable (Jean) est né à Paris en 1851; il a donc trente-neuf ans. Son enfance s'est écoulée chez ses grands-parents, à Apchat, près d'Issoire. Une lettre de M. le curé d'Apchat m'a appris que la famille du condamné jouit de l'estime de tous ceux qui la connaissent. L'enfance de Vodable s'est écoulée dans un milieu calme, parmi les bons paysans d'Auvergne, et rien ne laissait supposer que le jeune Parisien, transplanté au milieu d'eux, dût avoir plus tard une si triste célébrité.

C'est à l'âge de quinze ans que Vodable est revenu à Paris d'une manière définitive. Entre deux voyages, il a fait sa première communion à l'église Sainte-Marguerite; mais, à part ce grand acte, il ne paraît pas qu'il ait eu aucune habitude religieuse.

Son père, qu'il perdit de bonne heure, ne s'occupa nullement de l'éducation chrétienne de son enfant, et sa mère imita cette coupable négligence.

Il occupait un emploi de charretier à la Compagnie parisienne du gaz. Il m'a déclaré bien souvent qu'il gagnait largement de quoi vivre : ses journées ne lui rapportaient pas moins de 8 à 10 francs. Mais il contracta bientôt des habitudes d'intempérance qui absorbaient ses ressources. L'inconduite vint bientôt s'ajouter à l'ivrognerie. Il eut plusieurs liaisons de passage avec des femmes de mœurs plus qu'équivoques ; et enfin, en 1885, il se liait d'une façon intime avec la femme Malfilâtre, balayeuse de la ville, dont les antécédents n'étaient que trop connus.

Cette union irrégulière dura quatre ans; souvent des scènes scandaleuses et bruyantes se produisaient dans le faux ménage. Vadable, ivrogne et brutal, rentrait souvent au logis dans un état complet d'ivresse, et se livrait à des actes de sauvagerie sur sa triste compagne en présence de la jeune Alexandrine. Enfin, au commencement de l'année 1889, les deux associés étaient en si mauvaise

intelligence, que la femme mit l'homme à la porte
de son logis et ne voulut avoir désormais aucun
rapport avec lui.

Cette séparation exaspéra.Vodable, qui jura de
se venger. On sait de quelle horrible façon il tint
son serment.

Condamné à mort le 9 mai, il est resté cinquante-
trois jours à la Roquette, ne se faisant aucune illusion sur le sort qui l'attendait ; et, tout en acceptant avec reconnaissance l'espoir que je lui
donnais parfois d'une commutation de peine, il ne
se préparait pas moins à tout événement.

Chaque jour, il voyait sa mère pendant quelques
minutes. La pauvre vieille femme ne lui donnait
aucun espoir. Elle lui apprit même, malgré la défense qu'on lui avait faite, le rejet du pourvoi en
cassation.

La Cour suprême avait, en effet, rejeté ce pourvoi le 12 juin. A partir de ce jour, le condamné
s'est préparé d'une manière plus complète et plus
chrétienne à la mort, qu'il ne semblait pas redouter. Ses nuits étaient calmes, ses journées
tranquilles. D'une convenance parfaite envers tous
ceux qui l'approchaient, remerciant avec empressement ceux qui lui apportaient sa nourriture ou
qui nettoyaient sa cellule; il était surtout plein de
respect pour l'aumônier, dont il acceptait avec
joie les visites et dont il accueillit plusieurs fois le
ministère sacré et confidentiel.

Le 21, je recevais de lui la lettre dont on verra
ci-contre l'original.

Le dimanche 22, au moment où je quittais
Vodable, il me demanda :

— Quand reviendrez-vous me voir, monsieur l'aumônier?

— Mercredi prochain, mon ami, comme d'habitude.

— Mercredi! mais je n'y serai plus.

— Pourquoi donc?

— Parce que j'aurai été exécuté.

— Non, mon ami, rien ne prouve qu'une décision soit prise si vite.

— Mais alors, nous célébrerons ensemble la fête de saint Jean, notre patron.

— Oui, et j'espère bien que nous célébrerons aussi la Saint-Pierre.

Je ne me trompais pas. Mais l'octave de la Saint-Jean ne devait pas finir avant que se produisît le sanglant dénouement.

LXI

EXÉCUTION DE VODABLE

C'est la dix-septième exécution à laquelle j'ai assisté, dont je donne ici les détails. Les préliminaires sont toujours les mêmes. Il ne se produit de variations que dans l'attitude des condamnés à leurs derniers moments.

M. Carnot n'a pas cru devoir user de son droit de grâce en faveur de Vodable.

Le lundi 30 juin, je recevais l'invitation habituelle; je devais me rendre le lendemain 1ᵉʳ juillet, à quatre heures et demie du matin, auprès du condamné, pour l'assister dans ses derniers instants.

Le 21 juin 1890

Monsieur L'Aumonier.

Je me recommande a vous étant
sur le point de passer dans l'éternité
que vous fissiez le necessaires pour
que mes dernieres volontés soit
exécutées commec je le desir;
Je pense que vous voudrait bien
me rendre ce service; Mes
dernieres volontés sont celles-ci 1°
que mon corps ne fut pas transporte,
a L'amphitéatre de l'Ecole de
Medecine 2° que vous Monsieur
L'Aumonier vous informiez ma
mere. de ce quelle a affaire

concernent la ceremonie
de l'exumation a l'humieration

Monsieur L'Aumonier

Merci d'avence de toutes vos
bontés a mon égard tous a
vous

Jean Vodable

Pour le 21 Juin 1890

grande Roquette

A deux heures et demie, j'étais sur la place de la Roquette. Peu de monde encore. Mais peu à peu, la foule s'accroît. Vers trois heures et demie, une averse épouvantable tombe ; mais elle est impuissante à décourager les curieux, tous restent à leur poste.

Les fonctionnaires arrivent et je retrouve toutes les figures déjà vues aux exécutions précédentes. Il y a aussi de nouveaux visages, des personnages qui, jusqu'à ce jour, n'avaient pas eu accès dans l'intérieur de la prison. C'est ainsi qu'on s'étonne de voir M. Gervex, peintre; M. Joseph Reinach, député, avec lequel j'ai une conversation des plus intéressantes sur la peine de mort, et quelques personnes qui pénétrèrent avec nous jusque dans la cellule du condamné.

A quatre heures quinze, nous entrons dans cette cellule. Vodable est réveillé, debout, complètement habillé. Il vient de terminer une partie de cartes et de dire tout haut : « J'ai perdu ! », au moment où nous entrons. M. le directeur lui annonce que sa dernière heure est arrivée. Il ne sourcille pas. Il échange tranquillement les vêtements de la prison contre les siens, et demande à être seul avec moi... Il se jette à genoux... Trois ou quatre minutes d'entretien intime. Il reçoit le dernier pardon et se relève...

Je lui offre un verre de liqueur, qu'il accepte volontiers. Puis il me demande la permission d'allumer une cigarette.

— Bien volontiers, mon ami, mais je n'ai plus de tabac à vous offrir.

— Il m'en reste encore de celui que vous m'avez

donné hier. C'est à vous, monsieur l'aumônier, que je devrai ma dernière cigarette.

Et il la roule tranquillement : un surveillant l'allume au gaz, et nous partons pour la toilette.

VODABLE

Là, pas d'incidents. Il demande à boire, à deux reprises. Je lui ôte la cigarette de la bouche et lui présente le gobelet.

On se met en marche, le condamné demande comme une grâce que son corps n'aille pas à l'amphithéâtre. On lui répond que sa mère a fait les démarches, nécessaires et que je veillerai à la réalisation de son vœu. On s'achemine vers l'échafaud. A la grande porte, il laisse échapper de ses lèvres la cigarette éteinte, et s'avance avec fermeté. Je lui suggère quelques paroles de repentir et de foi. Il me rend avec effusion l'accolade que je lui donne devant la guillotine, baise trois fois le crucifix, me demande d'embrasser pour lui sa mère, et se livre sans faiblesse aux exécuteurs...

Les restes sont jetés dans le panier rouge, et nous partons pour Ivry avec l'appareil accoutumé.

A cinq heures et quart, nous arrivons au cimetière.

Conformément au désir du condamné, la Faculté de médecine n'a pas été avertie du jour de l'exécution, et aucun de ses membres ne se trouve présent pour réclamer le corps du supplicié. Après les dernières prières, l'inhumation a lieu sous mes yeux, dans une fosse creusée aux côtés de celles de Géomay et de Prado.

A cinq heures et demie, j'étais de retour à Saint-Sulpice, plein de reconnaissance pour la fin si ferme et si chrétienne du malheureux Vodable.

Une fois de plus, à la pensée de ce retour si inespéré à des sentiments si repentants, je me sens porté à répéter le cri du prophète : *Misericordias Domini in æternum cantabo*!

Puis-je taire un épilogue grotesque et à peine croyable de cette exécution? Le jeudi 3 juillet, la mère du condamné se rend à la prison pour réclamer les effets qui ont appartenu à son fils. On lui apporte un paquet de hardes et une paire de mauvais souliers. Elle examine le tout et s'écrie :

— Il n'avait pas d'autres chaussures?

— Non.

— Cependant, au moment de son arrestation, il avait une paire de bottines de 15 francs, toutes neuves : que sont-elles devenues?

— Ce sont celles qu'il a emportées quand il est mort.

— Comment, cet..., il a emporté ses bottines neuves! Ces souliers ne suffisaient pas pour aller jusque-là, sur la place!

Et elle se retire furieuse, à cause des bottines perdues.

LXII

DOUBLE ASSASSINAT DE LA RUE DE BELZUNCE

Rien d'extraordinaire ne se produit à la prison après l'exécution de Vodable. Les trois cellules des condamnés à mort sont inoccupées au moment où M. Pellat, inspecteur général des prisons, vient faire sa visite officielle; et, sur son désir, j'ai avec lui une conversation des plus intéressantes sur le régime auquel sont soumis les détenus.

Le 16 juillet, M. le directeur part pour un mois de congé. Il n'était pas encore de retour, quand un condamné à mort faisait son entrée : c'était Bousquet.

Voici son histoire :

Le 17 avril dernier, dans l'après-midi, un homme de petite taille, à l'accent méridional très prononcé, se présentait au n° 14 de la rue de Belzunce et demandait à parler à Mⁱˡᵉ Juliette Derouard, bonne d'enfants chez M. Pagny, avocat à la Cour d'appel.

Mⁱˡᵉ Derouard était absente : il promettait alors de revenir un peu plus tard dans la soirée. A six heures, il était de retour. La bonne se présenta, tenant dans ses bras le jeune enfant de ses maîtres. Le visiteur s'écrie alors en lui mettant la main sur l'épaule :

— Juliette, veux-tu, oui ou non, revenir à la maison?

— Tout ce que vous ferez et direz sera inutile : allez-vous-en, je ne reviendrai jamais.

— Tu ne veux pas? Tant pis pour toi.

Et l'assassin fait feu de trois coups de revolver à bout portant. L'infortunée tombe et laisse tomber l'enfant qu'elle portait. Le meurtrier s'acharne sur elle et lui décharge un quatrième coup, qui lui fracasse le crâne et l'achève. Elle avait à peine vingt ans!...

Au bruit des détonations, Mᵐᵉ Pagny accourt. L'assassin aperçoit le mari, se précipite sur lui et lui tire dans la poitrine les deux coups restés dans son arme. Le malheureux avocat, mortellement atteint, roule à son tour sur le tapis; et le meurtrier s'étend dans un fauteuil.

— Je regrette pour vous, madame, dit-il à la pauvre femme, ce qui vient de se passer, mais c'est tant pis pour votre mari.

Quelques instants après, le meurtrier était arrêté.

Charles Bousquet est né à Montreul, près Condom (Gers), en 1852. D'abord clerc d'huissier à Mar-

seille, il acheta plus tard une charge d'huissier à
Saumur; et, en 1884, il épousa dans cette ville
Mlle Jeanne Derouard, native de Chinon, à peine
âgée de seize ans.

En 1886, Mme Bousquet, mère pour la seconde
fois, réclamait les soins de sa sœur, plus jeune
qu'elle de deux ans.

Des relations ne tardèrent pas à s'établir entre
Bousquet et sa belle-sœur, qui devint bientôt
enceinte de ses œuvres, ce qui provoqua dans la
ville de Saumur un scandale tel, que Bousquet dut
vendre son étude et se réfugier à Paris.

Là, il fit l'acquisition d'un lavoir, rue Brantôme;
mais son inexpérience et son inconduite le forcè-
rent bientôt à vendre cet établissement avec une
perte considérable.

Il loua alors une maison à Noisy-le-Sec, où, après
de fallacieuses promesses, sa femme vint le rejoindre. Néanmoins, il n'avait pas renoncé à ses coupables rapports avec sa belle-sœur, de laquelle il a
eu trois enfants, conjointement avec les trois que
sa femme légitime lui a donnés.

Cette existence criminelle et incestueuse fati-
guait la jeune Juliette Derouard, qui prit enfin la
fuite, et se présenta chez les époux Pagny, espérant
bien échapper à jamais aux obsessions de son
beau-frère. Des trois enfants, il ne lui en restait
qu'un seul.

Bousquet finit par découvrir le lieu de la retraite
de sa belle-sœur, et, après plusieurs tentatives
infructueuses, il résolut le double crime qui a
amené sa comparution devant le jury.

Les efforts de Me Forny pour sauver la tête de

son client ont été inutiles. Les jurés ont écarté la
préméditation en ce qui concerne l'assassinat de
M. Pagny. Mais quant au meurtre de Juliette Derouard, ils ont refusé les circonstances atténuantes;
et le samedi 9 août, Charles Bousquet était condamné à la peine de mort

Le soir même, après avoir signé son pourvoi en
cassation, il était transféré, avec les formalités
d'usage, à la Grande-Roquette.

Le premier soin du condamné était de réclamer
la visite de l'aumônier.

LXIII

DISPOSITIONS DU CONDAMNÉ BOUSQUET

Le dimanche 10 août, je me rends dans la cellule de Bousquet : je me trouve en face d'un
homme de petite taille, trapu, aux cheveux noirs,
au crâne un peu dénudé. Les yeux sont vifs, la
physionomie intelligente, mobile rusée. L'accent
gascon très prononcé, la parole facile, les expressions choisies et justes.

L'accueil qui m'est fait est plein de déférence et
de respect. En quelques mots, je fais comprendre
au condamné quelle sera la nature de nos relations. J'essaie de lui donner quelque espoir de
commutation de peine. Mais je vois bien qu'il ne
se fait aucune illusion sur le sort qu'il a mérité. Il
se rend parfaitement compte de son double crime.
Il envisage avec effroi qu'il laisse derrière lui deux
veuves, sa femme et Mme Pagny, sept orphelins :

ses trois enfants légitimes. celui de sa belle-sœur,
et les trois enfants de Mme Pagny. Il songe à ses
vieux parents, à son frère, à tous ceux, en un mot,
qu'il a voués à l'opprobre et à une inconsolable
désolation. Alors, des larmes amères et abondantes
s'échappent de ses yeux, les sanglots l'étouffent et
j'ai toutes les peines du monde à le consoler et
à l'encourager un peu.

Il me demande à remplir prochainement ses
devoirs religieux. Il accepte avec joie d'assister à
la messe et je lui donne un livre à cet effet.

Contrairement à tous les autres condamnés que
j'ai visités jusqu'à ce jour, Bousquet ne fait point
usage de tabac. Il ne boit jamais de vin. La ration
réglementaire de chaque repas est mise à la disposition du garçon de bains qui nettoie la cellule. et
qui accepte volontiers cette aubaine.

Dès les premiers jours de son arrivée à la Roquette, Bousquet a habitué ses gardiens à une pratique peu en usage en pareil lieu. Matin et soir, à
son réveil comme à son coucher, il se met à genoux, et, sans affectation comme sans respect
humain, il fait longuement sa prière.

Il passe ses journées à lire, à écrire et un peu
aussi à jouer aux cartes avec ses surveillants.

Il attend impatiemment les visites que je lui fais
trois fois par semaine, et me raconte volontiers les
particularités de sa vie.

Il est né à Montreul, près Condom (Gers), en
1852. Il est donc âgé de trente-huit ans. Il a habité
successivement Montreul, Condom, Marseille, Bor-
deaux, Saumur et Paris. Il était fixé à Noisy-le-Sec
au moment de son arrestation. Sa jeune femme,

âgée de vingt-deux ans, et ses trois enfants habitent encore cette localité.

Charles Bousquet envisage avec calme le sort qui lui est réservé, quel qu'il soit. La mort ne semble pas l'effrayer, et, toutes les fois que je veux faire luire à ses yeux quelque rayon d'espérance, je me heurte à une incrédulité pleine de résignation.

Un jour, il me demande :

— Monsieur l'aumônier, quand me notifiera-t-on le rejet de mon double pourvoi en cassation et en grâce?

— Mon ami, ce ne sera qu'au dernier moment, lorsqu'on vous annoncera ou votre commutation de peine, ou votre exécution.

— Je serais bien heureux de connaître mon sort au moins deux jours à l'avance, afin de pouvoir prendre des mesures vis-à-vis ma femme et mes enfants.

— L'humanité se refuse à cette aggravation de peine. Vous laisser deux jours avec la perspective d'une mort certaine! Y pensez-vous?

— Ah! monsieur l'aumônier, rassurez-vous, je saurais bien supporter cette situation. Au moins, j'aurais le temps de songer aux intérêts matériels des miens, tout en me préparant convenablement à la mort.

— Mais alors, Bousquet, pourquoi ne pas agir, dès maintenant, comme s'il ne vous restait aucun espoir? Vous avez plusieurs semaines assurées devant vous : prenez vos dispositions, confiez-les à M. le directeur, sous enveloppe fermée. En cas d'une commutation de peine, la lettre vous sera rendue. Si, au contraire, la justice doit avoir son cours, vos volontés seront religieusement respectées.

Bousquet a compris mon raisonnement, et il a agi en conséquence.

La Cour de cassation, dans son audience du 4 septembre, a rejeté le pourvoi de Bousquet. Il ne lui reste plus d'espoir que dans la clémence du chef de l'État. Par mesure d'humanité, on le laisse dans l'ignorance du rejet de son pourvoi.

La tâche du défenseur est de plaider sa cause auprès de la commission des grâces. M. Forny aura-t-il du succès?

Dès son entrée à la Grande-Roquette, Bousquet a témoigné un vif désir de se préparer à recevoir la sainte communion. Pendant six semaines, je l'ai entretenu dans l'espérance d'accomplir cet acte religieux, j'ai reçu plusieurs fois ses confidences; et, enfin, le dimanche 21 septembre, après la grand'messe, je lui ai porté le saint-sacrement dans sa cellule. Après une courte allocution, il a récité le *Confiteor* et a reçu la sainte hostie dans les sentiments les plus édifiants.

Je ne dissimule pas au condamné que nous entrons dans la semaine décisive. Il est préparé à tout événement avec le calme d'un chrétien plein de repentir et de résignation.

Dès le lundi, les amateurs d'émotions violentes se réunissent la nuit sur la place de la Roquette, dans l'espoir d'un spectacle sanglant. Les journaux annoncent comme imminente et certaine l'exécution de Bousquet. On assure qu'elle est fixée au samedi 27. Tour à tour annoncée et démentie, cette nouvelle n'en est pas moins acceptée comme certaine par le public ; et moi-même je me sens étreint par une crainte sérieuse.

Le vendredi, je fais une visite à mon intéressant prisonnier, toujours calme et tranquille. Je ne sais quel frisson me secoue au moment où je lui serre la main en quittant sa cellule. Serait-ce pour la dernière fois !...

M. le directeur ne peut me donner aucun renseignement précis. Et, tout aussi ému que moi, il se rend au parquet pour avoir une solution.

Un grand personnage de la cour de Russie désire assister à l'exécution, si elle a lieu. On veut lui donner une nouvelle certaine.

Enfin, à neuf heures du soir, on apporte à M. Beauquesne la notification de l'acte de clémence de M. le Président de la République, qui commue la peine de mort prononcée contre Bousquet en celle des travaux forcés à perpétuité.

Immédiatement, M. le directeur se rend dans la cellule du condamné. Bousquet joue aux cartes avec ses gardiens. A l'entrée du directeur, il se lève. et, dans une attitude respectueuse, il attend qu'on lui fasse connaître son sort.

— Bousquet, votre peine est commuée.

A ces mots, le malheureux a failli se trouver mal. Sa face s'est congestionnée. Il essaie de parler, ses paroles sont étouffées dans sa gorge. Il éclate en sanglots. Il a perdu connaissance. Quand il revient à lui, il saisit la main de M. Beauquesne, pleurant encore et balbutiant :

— Merci !...

Le même jour, la jeune femme de Bousquet

était venue me voir. Elle avait appris la rumeur publique et, toute haletante, me faisait des questions
auxquelles il m'était impossible de répondre. Je
me fis un devoir de lui donner du courage et bon
espoir, et elle me remit un peu d'argent pour le
condamné.

Le dimanche, je montai à la salle des séparés.
Je voulais féliciter mon pauvre Bousquet de la
grâce inespérée qu'il venait d'obtenir. A mon entrée, il me saute au cou devant ses camarades et
me donne, au milieu d'une explosion de larmes,
une accolade pleine de reconnaissance et de joie.

Je lui montre une lettre que je viens de recevoir
de son frère. Il la lit avec émotion et me fait en
pleurant ses derniers adieux, en me remerciant de
toutes les attentions que j'ai eues pour lui pendant
sa captivité.

LXIV

JULES LEDINOT, CONDAMNÉ A MORT

Bousquet n'avait pas encore quitté sa cellule,
lorsqu'il lui est arrivé un voisin dans la même situation

Le jeudi 25 septembre, le jury de la Seine rendait
un verdict affirmatif, sans circonstances atténuantes,
sur la culpabilité de Ledinot (Jules), âgé de trente
ans, et la cour le condamnait à la peine de mort. Il
était reconnu coupable d'avoir assassiné sa femme
dans des conditions horribles de sauvagerie et de
cruauté. Le crime avait été commis à Saint-Ouen.

Ledinot, par ses brutalités incessantes, avait forcé sa malheureuse femme à quitter le foyer conjugal et à aller demander à sa mère une hospitalité qui irrita le féroce mari.

Au moment où on internait Ledinot dans sa cellule après sa condamnation, le directeur de la prison lui demandait, selon l'usage, s'il agréerait la visite de l'aumônier : il répondit brutalement :

— Je n'en veux pas !

Le lendemain, le brigadier, ayant formulé la même demande, reçut la même réponse, fortement accentuée.

Je n'avais pas à insister, et rien ne s'opposait à mon départ pour les vacances. Je partis le 1er octobre, laissant à mon bienveillant collègue, M. l'abbé Valadier, le soin de se mettre à la disposition du condamné dans le cas où il reviendrait à de meilleurs sentiments.

Hélas! il n'en fut rien, et mon cher collègue m'écrivait, quelques jours après, qu'il avait tout tenté pour être admis en présence de Ledinot, et que toutes ses tentatives avaient complètement échoué; qu'il me le rendrait tel que je l'avais laissé.

Le 30 octobre, j'étais de retour à Paris, et, le jour de la Toussaint, je reprenais mes fonctions, sans réussir à me faire appeler par l'inabordable Ledinot.

Des trente-quatre condamnés à mort que j'ai vus à la Roquette, c'est le seul qui m'ait obstinément refusé l'entrée de sa cellule. En vain, sa tante, son père lui-même ont-ils joint leurs instances à celles des inspecteurs de la Sûreté qui le gardent, elles ont toujours été repoussées.

Fidèle à mes habitudes de respect pour la liberté de conscience, je me suis abstenu de toute démarche personnelle, mais ma préoccupation n'en est pas moins douloureuse.

Dans son audience du 30 octobre, la Cour de cassation a rejeté le pourvoi de Ledinot. Nous sommes arrivés au soixante-troisième jour après sa condamnation. Le dénouement ne saurait se faire attendre. Serai-je dans la nécessité d'accompagner à l'échafaud ce malheureux, qui a constamment refusé mon ministère? Quelle attitude sera la mienne dans ces conditions? Je ne puis cependant me soustraire à ce pénible devoir. J'aime à espérer qu'au dernier moment une réaction se produira dans l'esprit du condamné.

M. le directeur m'affirme, le 25 novembre, qu'il n'y aura pas d'exécution. Il en a la certitude.

Le 26, la peine de mort prononcée contre Ledinot est commuée en celle des travaux forcés à perpétuité.

Tant mieux pour lui et pour moi!...

Contre mon attente, j'ai pu voir Jules Ledinot avant son départ. Un jour, en descendant de l'infirmerie, un surveillant me désigne Ledinot dans la cour des séparés. Je m'approche et je félicite le condamné de la grâce dont il avait été l'objet. Il me répond:

— Monsieur l'aumônier, cette grâce, je ne l'ai pas sollicitée. Si j'en suis reconnaissant à M. le Président de la République, c'est pour ma famille; pour moi, j'aurais préféré en finir tout de suite, car, selon toute apparence, il me reste au moins vingt années à vivre, que voulez-vous que j'en fasse?

Je m'efforçai alors de lui faire comprendre qu'avec de la bonne conduite, et en donnant des preuves de son repentir, il pourrait se créer un avenir très acceptable. Il me remercia de mes bons conseils et de mes souhaits.

Quand je lui exprimai le regret de m'être vu repoussé pendant son séjour à la Roquette, il me dit qu'il m'aurait reçu volontiers, mais qu'il ne pouvait pas m'appeler par écrit, ne sachant pas écrire, et qu'il ne voulait pas réclamer mon ministère religieux; mais qu'il m'aurait volontiers confié ses derniers désirs, s'il avait été conduit à l'échafaud.

La physionomie de Ledinot m'a rappelé celle de Vodable d'une manière frappante.

LXV

AFFAIRE EYRAUD-BOMPARD

J'entreprends le récit d'un des procès criminels qui ont le plus absorbé l'opinion publique depuis de nombreuses années, et dont les épisodes mouvementés ont excité au plus haut degré la curiosité de tous ceux qui ont suivi la justice dans ses infatigables recherches.

Dans la soirée du 29 juillet 1889, le nommé Landry se présentait au commissariat de police du quartier Bonne-Nouvelle, pour faire connaître la mystérieuse disparition de Gouffé, son beau-frère, huissier à Paris, qu'on n'avait pas revu ni à son étude, rue Montmartre, ni à son domicile, rue Rougemont, depuis la soirée du 26.

M. Landry était accompagné de M. Remi Launée, agent d'affaires à Sèvres, ami de Gouffé. D'après leurs déclarations, il fallait éloigner toute idée de suicide de la part de Gouffé. Mais on pouvait supposer que, vu les habitudes légères de l'huissier, il avait bien pu être pris dans un guet-apens.

La police, mise en éveil par ces révélations assez vagues, ne put d'abord, malgré le zèle de M. Goron, chef de la Sûreté, conduire utilement l'enquête.

L'instruction se poursuivait sans données précises, lorsque, le 13 août, le cadavre d'un homme fut trouvé sur le versant d'un taillis boisé, dans la commune de Millery, près Lyon.

Le cadavre était dans un état de complète décomposition. Il était renfermé dans un sac de toile cirée. Plus tard, sur le parapet, d'où on avait certainement voulu précipiter le corps dans le Rhône, un habitant découvrit une petite clef.

Par malheur, le cantonnier Coffy avait retiré le sac à l'aide d'un trident, ce qui avait encore déformé le cadavre. Aussi M. Landry, conduit à Lyon, ne put reconnaître les restes de son beau-frère ; et le médecin commis, étant insuffisamment renseigné, conclut à la non-identité de Gouffé et du cadavre.

Cependant, le surlendemain 15 août, le hasard fit retrouver à Saint-Genis-Laval, commune voisine de Millery, dans un fossé couvert de broussailles, les morceaux d'une grande malle brisée. La clef découverte s'adaptait parfaitement à la serrure ; et l'odeur, comme les taches remarquées sur la paroi intérieure des débris, ne laissait aucun doute.

C'était incontestablement dans cette malle que le corps recueilli à Millery avait été transporté.

D'où était venue cette malle avec son funèbre contenu? Une étiquette adhérait encore à une des planches, et permettait d'apprendre que le tout avait voyagé de Paris à Lyon, par chemin de fer, à la date du 27 juillet 1889, c'est-à-dire le lendemain même de la disparition de Gouffé.

Par les soins du parquet de Lyon, la malle avait été reconstruite et l'instruction allait s'avancer d'une marche assurée lorsque l'inqualifiable maladresse d'un cocher de fiacre lyonnais entrava et dissémina les efforts de la justice.

Cependant, l'information suivait son cours à Paris. M. Goron et ses agents réunirent les renseignements les plus détaillés et les plus précis sur Gouffé. C'est ainsi qu'on apprit qu'il avait fréquenté Eyraud, homme plus que suspect, ainsi que Gabrielle Bompard, fille de mœurs dissolues; que ceux-ci avaient quitté précipitamment Paris le 27 juillet. Or, c'était le jour de la disparition de Gouffé et du transport du cadavre. Un mandat d'arrêt fut lancé contre eux le 29 novembre de la même année,

Le mois suivant, la malle trouvée à Saint-Genis-Laval était reconnue à Londres par les époux Chéron, comme ayant été vendue à Eyraud et Gabrielle Bompard.

On connaissait les noms des coupables, on s'efforça d'opérer leur arrestation. Mais la chose était difficile. Eyraud, habitué aux voyages, connaissait bien l'Amérique; la fille Bompard portait le costume masculin, au point de faire illusion aux plus sagaces. Enfin, le bruit fait autour du crime faisait connaître au criminel toutes les démarches faites pour retrouver les assassins, et les tenait en éveil.

En vain les agents de la Sûreté visitèrent l'Angleterre, et de là passèrent dans le Nouveau-Monde. A New-York, Eyraud fut manqué de quelques jours seulement. Sa trace, recherchée jusqu'à San-Francisco, ne put être reprise.

Enfin, le 22 janvier 1890, Gabrielle Bompard se présentait à la préfecture de police de Paris, accompagnée d'un sieur Garanger; et là, elle fit la révélation du crime.

Eyraud, dit-elle, avait assassiné Gouffé, non avec sa participation, mais en sa présence.

Comment cette fille se trouvait-elle à Paris, séparée d'Eyraud, le 22 janvier 1890? Elle l'explique, ainsi que son compagnon M. Garanger, de la façon suivante :

Arrivée le 8 septembre précédent à Québec, avec Eyraud, elle avait cherché un refuge successivement à Montréal, Vancouver, Victoria, San-Francisco. Déguisée en jeune homme pendant la traversée, se faisant ensuite passer pour la fille d'Eyraud, sous le faux nom de Berthe Vanaërt, elle partageait avec impatience cette vie incertaine et misérable, à laquelle l'avait condamnée un assassinat sans profit.

Son digne acolyte, d'autre part, cherchait des occasions de se procurer des ressources à n'importe quel prix, lorsqu'ils firent la rencontre de M. Garanger, voyageur aventureux, ayant quelque fortune et du crédit. Ils jetèrent aussitôt leur dévolu

sur lui, Eyraud pour en faire sa dupe, Gabrielle
pour en faire son amant.

M. Garanger dut son salut à la cupidité de la
fille Bompard, qui résolut de le garder pour elle
seule, et d'échapper par lui au dénûment. Elle
abandonne donc Eyraud et part avec M. Garanger,
qui la ramène à Paris.

Elle s'imaginait, dans son monstrueux et cynique
égoïsme, qu'en venant accabler Eyraud, elle déga-
gerait sa responsabilité. Mais il fut aisé, à l'instruction, de saisir où commençait le mensonge. On
lui refusa le rôle de témoin, pour lui assigner celui
de complice.

Eyraud, déconcerté après le départ de Gabrielle,
erra de New-York à Philadelphie, du Mexique à la
Havane, changeant de nom à chaque étape.
Reconnu à la Havane, il fut arrêté le 21 mai 1890
par la police espagnole. Les formalités d'extradi-
tion étant remplies, il fut ramené en France et
écroué à Paris le 30 juin.

Après quelques réticences, il dut faire des aveux
complets du crime dont le malheureux Gouffé
avait été la victime.

Eyraud (Michel) est né à Saint-Etienne (Loire),
le 30 mars 1848. En 1862, il part pour l'expédition
du Mexique, en qualité de caporal de chasseurs. Il
déserte devant l'ennemi.

Le 17 mars 1870, il épouse une honnête
femme, qui lui apporte une dot de quarante
mille francs, qu'il dissipe bientôt en débauches,
en se faisant chasser de toutes les maisons qui lui
donnaient leur confiance.

En 1888, il entre en relations avec la fille Bompard, qu'il trouve sur le trottoir quelques jours après son arrivée à Paris.

Gabrielle Bompard est née à Lille, le 12 août 1868. Fille d'un marchand de métaux aisé, n'ayant plus sa mère, elle a été élevée dans de bonnes maisons d'éducation, en Belgique et en France. Mais elle a été congédiée de partout, à cause de sa nature vicieuse. Son père la plaça enfin comme pensionnaire au Bon-Pasteur d'Arras.

A sa sortie de cette maison, elle ne tarda pas à se lancer dans le vice, et vint essayer la vie facile à Paris.

Bientôt elle fit la rencontre d'Eyraud, qui la fit tomber au dernier degré de l'abjection, et ne rougit pas de loger avec elle à quelques pas de la maison où habitaient sa femme et sa jeune fille de dix-huit ans! Ils s'étaient fixés à Levallois-Perret.

Mais les ressources honteuses qui résultaient de l'inconduite de Gabrielle, ne suffisaient pas pour subvenir aux dépenses journalières et aux exigences de toilette de Gabrielle Bompard. C'est alors que les deux complices s'arrêtèrent à la pensée d'attirer quelque opulent débauché à un rendez-vous galant, et de le dépouiller vivant ou mort.

Quelle devait être la victime? Le choix ne fut pas long à faire, comme nous allons voir. Il est même à présumer que toutes les précautions furent prises d'avance pour la réussite entière de l'horrible projet.

XLVI

L'ASSASSINAT DE GOUFFÉ

Michel Eyraud et Gabrielle Bompard connaissaient l'huissier Gouffé, qu'ils avaient rencontré souvent avec M. Remi Launée.

Après avoir pris les précautions les plus minutieuses, le choix de la victime fut arrêté. C'était Gouffé. Eyraud avait acquis la certitude que Gouffé était riche. D'autre part, il savait que, le jeudi de chaque semaine, Gouffé, porteur de valeurs considérables, ne rentrait pas chez lui pour dîner avec ses filles; il fut donc arrêté que le jeudi soir serait le jour propice à l'exécution du sinistre projet.

Depuis quelques jours, Eyraud avait fait croire à ses amis qu'il avait rompu avec Gabrielle Bompard. Celle-ci pouvait donc facilement assigner un rendez-vous. Aussi, le 26, Gabrielle rencontra Gouffé se rendant à son domicile, et lui accorda la promesse de se trouver le soir auprès de la Madeleine.

Quelques jours auparavant, les deux complices avaient loué, rue Tronson-Ducoudray, n° 3, au rez-de-chaussée, dans la cour, un appartement parfaitement adapté à leur dessein. Ils s'étaient, en outre, procuré divers objets indispensables. Eyraud fait l'emplette d'une fausse barbe, d'une poulie, d'une corde solide et longue, et de différents autres objets.

Dans la soirée du 26, les deux associés firent les derniers préparatifs. La chaise longue, qui se

trouvait dans la chambre, fut placée dans l'angle
de l'alcôve. Dans le plafond avait été fixée la
poulie. Tout était prêt pour le drame. On n'avait
qu'à attendre l'heure désirée.

A six heures, Eyraud et Gabrielle allèrent dîner
dans un restaurant, place de la Madeleine. On but
du champagne pour s'étourdir, et, à sept heures et
demie, Eyraud alla s'embusquer dans l'alcôve, sur
la chaise préparée à cet effet.

Gabrielle revint bientôt en ramenant Gouffé.
Celui-ci s'assied instinctivement sur la chaise
longue. Gabrielle se place sur ses genoux, et, tout
en badinant, lui passe sa cordelière autour du cou ;
cette cordelière est attachée à la poulie. Aussitôt
Eyraud tire brusquement, et Gouffé se trouve suspendu !...

Cette effroyable et prompte exécution terminée,
les misérables fouillent le cadavre. Mais préalablement, Eyraud est allé à l'étude de Gouffé. Là,
il constate avec dépit qu'il n'y a aucune valeur.
Sur le cadavre lui-même, ils ne trouvent que quelques bijoux et des valeurs insignifiantes.

C'est alors qu'ils renferment Gouffé dans la malle
achetée à Londres. Puis, après cet horrible travail,
qui ne se fit pas sans de monstrueux efforts,
Eyraud rentra chez lui vers minuit, tandis que
Gabrielle se couchait, ayant à deux pas de son lit
le cadavre du malheureux Gouffé !

Le lendemain, Eyraud fit tranquillement ses
adieux à sa femme et à sa fille. Il se fit remettre
500 francs par sa femme, qui est pauvre, alléguant
son besoin de faire un voyage urgent. C'était le
voyage de Millery.

17.

Quelques instants plus tard, il faisait disparaître toutes les traces du crime, essayait ensuite d'extorquer une somme d'argent à la propriétaire, et, avec le plus grand calme, partait pour Lyon avec sa compagne, et faisait enregistrer la malle chargée de son lugubre contenu.

Arrivés à Lyon, le 27 juillet, vers deux heures du soir, ils firent placer la malle dans leur chambre. Le 28, dans la journée, ils se débarrassèrent, comme on sait, de leur funèbre colis, et ils partirent pour Marseille. Là, le 1ᵉʳ août, ils jetèrent à la mer les vêtements et les chaussures de Gouffé.

A Marseille, Eyraud a obtenu une somme de 500 francs de son frère. De son côté, Gabrielle a su obtenir 2.000 francs de M. Chotain, beau-frère d'Eyraud.

Les deux complices, de retour à Paris, y ont séjourné deux jours; de là ils ont gagné Londres, puis l'Amérique. Gabrielle Bompard a fait monter en pendants d'oreille les diamants qui ornaient la bague de Gouffé, et elle a porté ces bijoux jusqu'au jour où Eyraud les lui a arrachés pour les mettre en gage.

Eyraud, accablé par l'évidence et l'amoncellement de preuves, a tout avoué. La fille Bompard, sans nier aucun des faits, cherche à rejeter sur Eyraud toute la responsabilité morale du crime; mais l'instruction, si habilement menée par M. Dopffer, a fait justice de ce système invraisemblable. La perversité de cette jeune fille est telle qu'on a jugé utile de la faire examiner par les médecins, afin de savoir si on ne se trouvait pas en présence de quelque phénomène anormal. Mais les hommes de l'art ont constaté chez elle, avec l'entier discernement, la plus complète responsabilité.

En conséquence des faits relatés, Eyraud (Michel) et la fille Bompard (Gabrielle), accusés d'avoir, le 26 juillet 1889, à Paris, commis un homicide volontaire sur la personne de Gouffé (Toussaint-Augustin), avec complication de vol, la nuit, dans une maison habitée, ont été traduits devant la cour d'assises de la Seine.

Les débats de cette dramatique affaire ont commencé le 16 décembre 1890, sous la présidence de M. le conseiller Robert, ayant pour assesseurs MM. Boulloy et Benoit. M. le procureur général Quesnay de Beaurepaire soutient lui-même l'accusation.

Les défenseurs sont : pour Eyraud, M⁰ Decori ; pour Gabrielle Bompard, M⁰ Robert, tous deux du barreau de Paris.

L'affaire a duré cinq audiences, pendant lesquelles on a assisté à un véritable cours d'hypnotisme donné par le docteur Liégeois, professeur à la Faculté de médecine de Nancy. Il a essayé, mais en vain, de faire bénéficier Gabrielle Bompard de ses savantes expériences.

Enfin, le samedi 20 décembre, la Cour rendait un arrêt en vertu duquel étaient condamnés :

Eyraud (Michel), à la peine de mort.

Bompard (Gabrielle), à vingt ans de travaux forcés.

Le lendemain, Michel Eyraud était transféré à la prison de la Grande-Roquette. Par une mesure spéciale, on lui épargnait la honte de la camisole de force.

Gabrielle Bompard était enfermée à Saint-Lazare.

LXVII

EYRAUD DANS SA CELLULE

Le mercredi 24 décembre, je fis ma première visite à Eyraud. M. le directeur m'avait prévenu que le condamné consentait volontiers à me recevoir à titre d'ami. Les ordres les plus sévères avaient été donnés pour la conduite à tenir vis-à-vis du nouvel hôte de la prison. Contrairement aux usages, il devait être surveillé, non par des inspecteurs de la Sûreté, mais par deux agents de la prison.

Lorsque je fais mon entrée dans la cellule, le condamné se lève avec empressement et me fait l'accueil le plus respectueux. Je lui adresse quelques paroles de sympathie, je lui conseille avec douceur de ne pas désespérer encore; que rien n'est absolument fini, que plusieurs chances de salut lui restent. J'évoque le souvenir de sa femme et de sa fille. Alors, les larmes lui viennent aux yeux; de son propre mouvement, il sort de son tiroir une lettre reçue le matin même.

C'est sa fille, c'est sa petite Reine qui lui écrit la lettre la plus tendre, la plus affectueuse. Elle l'assure qu'il n'est pas seul à souffrir, que deux cœurs battent à l'unisson du sien. Elle l'invite à passer chrétiennement la fête du lendemain, la belle fête de Noël, jadis célébrée si joyeusement

dans sa famille, d'offrir au divin Enfant ses
souffrances, et lui demander courage et résignation.

Pendant que je faisais à haute voix cette lecture
si attendrissante, Eyraud, la tête cachée dans ses
mains, sanglotait... Il me montre la photographie
de sa fille, candide enfant de dix-neuf ans, qui en
paraît quinze au plus. Je lui conseille alors d'entrer
dans les intentions de sa fille en assistant à la messe
le lendemain. Il l'eût fait volontiers, si une mesure
de prudence administrative ne s'y était opposée, et
cela jusqu'à la fin de sa détention...

Le lendemain, jour de Noël, après la grand'-
messe, j'allai faire une visite à Eyraud. Pour lui
donner le change sur mon invitation de la veille,
je lui dis que, de l'avis du médecin, il ne pourrait
de quelque temps assister à l'office ; que la température douce et chaude de sa cellule était trop différente de celle, rigoureuse et glaciale, du dehors ;
que son état de santé, très ébranlée par les émotions
dernières, ne permettait pas de l'exposer à une
transition qui lui serait funeste... En un mot je fis
mon possible pour dissimuler le vrai motif de sa
séquestration absolue. Il parut se résigner à cette
mesure, dont on ne lui disait pas le sens ; et me
remercia de l'intérêt que je portais à sa santé.

Depuis lors il n'est jamais sorti, même pour la
promenade réglementaire, mais facultative, d'une
heure par jour, dans le petit jardin qui se trouve
devant sa cellule. Il se borne à faire ouvrir de
temps en temps sa fenêtre pour renouveler l'air.

La plus grande partie de ses journées, il la con-
sacrait au sommeil. Plusieurs fois il lui est arrivé

de dormir dix-huit heures sur vingt-quatre. Le reste du temps, il le passait à lire, à jouer aux cartes et à fumer. Mais il m'a évité les dépenses que je faisais d'ordinaire à ce sujet. Dès les premiers jours, comme je lui offrais du tabac, il me dit :

— Monsieur l'aumônier, merci; ma femme me fournira tout ce qui m'est nécessaire. Gardez vos ressources pour un meilleur usage, vous avez assez de malheureux qui réclament vos secours.

Je m'étais fait un devoir de le visiter trois fois par semaine : dimanche, mercredi et vendredi. Toujours je recevais de lui l'accueil le plus empressé. Un jour je le trouvai sur son lit profondément endormi. Je m'opposai à ce qu'on le réveillât. Pour le malheureux, le sommeil c'était l'oubli, au moins temporaire. Je restai à causer à voix basse avec les gardiens. Le bruit d'une chaise remuée réveilla le dormeur. En m'apercevant, il fut interdit, et me fit de respectueux reproches de ne l'avoir pas averti de mon arrivée.

Nos conversations étaient pleines d'abandon et de cordialité. Il me parlait volontiers de son enfance à Saint-Étienne, de son éducation à Lyon, de son mariage, de ses entreprises plus ou moins heureuses, et aussi un peu de ses voyages.

J'usais de la plus grande discrétion relativement au crime, lui-même affectait de m'en parler très peu.

Cependant, un jour, il m'apostrophe avec une certaine vivacité :

— Que dites-vous, monsieur l'aumônier, de

la disproportion entre la peine qui me frappe et celle qui atteint Gabrielle Bompard?

— Mon ami, répondez d'abord à ma question. Supposez que Gabrielle Bompard soit, comme vous, condamnée à mort, quel bien en résultera-t-il pour vous-même?

— Aucun, c'est vrai, mais au moins la justice aurait été égale pour les deux coupables.

— Mais, mon pauvre Eyraud, vous ne voyez donc pas qu'on a traité Gabrielle Bompard comme une folle presque irresponsable, tandis qu'on vous a traité, vous, comme un homme raisonnable et conscient?

Cette explication, quelque hasardée qu'elle paraisse, fut très bien acceptée et parut même flatter le condamné.

Eyraud attendait la visite de M. Decori, son avocat; mais il savait que, dans le courant de janvier, il devait se rendre à Draguignan pour défendre le maire de Toulon dans la retentissante affaire Fouroux-de Jonquières.

Le jeudi 15 janvier, la Cour de cassation rejetait le pourvoi d'Eyraud. Il ne restait d'espoir au condamné que dans la clémence du Chef de l'Etat.

Un certain revirement semblait s'être produit dans l'opinion publique en faveur d'Eyraud. Le bruit courait que les douze jurés qui avaient siégé dans l'affaire avaient, à l'unanimité, signé un recours en grâce; que des personnes influentes s'étaient jointes à eux pour obtenir une commutation de peine. Mais on apprenait, en même temps, que Mᵐᵉ Carnot avait refusé de recevoir Mˡˡᵉ Reine Eyraud, qui venait solliciter la grâce de son père;

que M. le Président de la République avait répondu très froidement à M. Decori, qu'il soumettrait la supplique à la commission des grâces.

Rien dès lors n'autorisait un espoir dans la miséricorde ; et j'étais loin de partager la confiance d'un visiteur d'Eyraud, dont l'indiscrète et inexplicable assurance, donnée au malheureux la veille de l'exécution, a été si fatale et si cruelle pour le condamné et si pénible pour le prêtre chargé de l'assister à ses derniers moments.

Le dimanche 1ᵉʳ février, je faisais ma visite ordinaire à Eyraud, qui me reçut avec son calme habituel. Il me remercia du jeu de cartes neuves que je lui portais. Je lui serrai la main avec effusion en lui disant au revoir... Je ne devais le revoir que pour le conduire à la mort !...

LXVIII

EXÉCUTION D'EYRAUD

Toute la journée du lundi 2 février, j'eus un sinistre et pénible pressentiment. Dans l'attente de l'ordre fatal, je restai chez moi jusqu'au soir. A six heures et demie, n'ayant rien reçu, j'en conclus que nulle décision n'avait été prise pour le lendemain, et je me rendis à une invitation dans une maison amie.

On était à peine à table, lorsque mon neveu m'apporte la lettre de M. le procureur général Quesnay de Beaurepaire, m'invitant à me rendre le lendemain, à sept heures, auprès du condamné, pour lui prêter les secours de la religion dans ses derniers moments.

Cette annonce lugubre jette un froid dans l'assistance amicale qui m'entoure : chacun semble oppressé. Je tâche de surmonter mon émotion et de relever le moral des convives.

Je prends aussitôt les mesures nécessaires en pareil cas ; et, le lendemain matin, mon frère aîné et moi nous montons en voiture. Le cocher Victor Esnault nous dépose sur la place de la Roquette à cinq heures.

Déjà la foule est considérable, les troupes à cheval et à pied de la garde républicaine, renforcées de nombreux agents, sont à la porte. La voiture des bois de justice vient d'arriver. Le travail funèbre commence aussitôt.

Peu à peu arrivent les fonctionnaires dont la présence est requise dans ces tristes occasions. On remarque surtout le lieutenant Winter, le célèbre marcheur russe, venu à pied de Saint-Pétersbourg juste à temps pour assister au triste spectacle. Toutes les facilités lui sont données pour être témoin de toutes les phases du drame, depuis le réveil jusqu'à la chute du corps dans le panier. Je crois même qu'il a suivi jusqu'au cimetière le sinistre fourgon.

L'ordre portait que l'exécution devait avoir lieu à sept heures précises. C'est donc à six heures quarante qu'on aurait dû réveiller le patient. Mais le brouillard est intense et la nuit profonde. On attend une demi-heure ; et c'est à sept heures dix seulement que nous pénétrons dans la cellule du condamné. Eyraud, tout habillé sur son lit non défait,

dort d'un profond sommeil. Il s'est endormi sur la
foi du visiteur imprudent qui lui a annoncé la
veille sa commutation de peine. Aussi quel horrible
réveil !... Ce n'est qu'après un instant qu'il com-

EYRAUD AVANT LE CRIME

prend les paroles de M. le directeur, qui l'exhorte
au courage.

Après l'échange des vêtements de la prison contre
les siens (1), il jette un regard éperdu sur ceux qui

1. Il a paru intéressant de placer ici en face du portrait d'Eyraud après le crime, son portrait datant de l'époque où sa vie n'avait

l'entourent. On lui demande s'il veut s'entretenir avec moi :

— Non, c'est inutile ; merci, monsieur l'aumô-nier.

EYRAUD APRÈS SON ARRESTATION

— Mon ami, vous n'avez rien à faire dire à votre femme, à votre fille, votre petite Reine, que vous aimez tant ?

rien d'anormal. Curieux exemple des ravages physiques produits par l'abjection, par le crime et par les tribulations qui en résultent.

— Non.

— Je les verrai aujourd'hui même pour vous.

— Eh bien! dites-leur que je m'en vais; qu'elles s'arrangent, qu'elles fassent bien leurs affaires, qu'elles soient heureuses et qu'elles ne se quittent pas.

Pas un mot de repentir, de regret ou d'affection.

A la salle de la toilette, pendant que les aides font les tristes apprêts, je remplis un gobelet de cognac et chartreuse, et je l'offre au malheureux :

— Prenez ceci, mon ami, cela vous donnera des forces.

— Merci, je n'en veux pas, du reste cela me ferait du mal!...

Après avoir reçu de M. le directeur l'assurance que j'étais chargé par Mme Eyraud de le soustraire aux expériences médicales et de faire procéder immédiatement à l'inhumation, il me remercie.

Puis il commence ses invectives contre M. Constans :

— Ah! elle est bonne, celle-là! Constans me fait guillotiner, il va décorer Gabrielle Bompard, c'est sûr.

Il se plaint qu'on lui serre trop les poignets avec les cordes, et assure qu'il ne veut pas faire de résistance. Il me regarde fixement pendant que le bourreau échancre sa chemise. J'en ramène les deux extrémités sur sa poitrine. On lui jette un veston sur les épaules. Je le prends par le bras gauche et on se met en marche. A la sortie de l'avant-greffe, il me dit brusquement de le laisser marcher seul. Deux aides le soutiennent néanmoins. La grande porte s'ouvre lourdement : la foule est énorme, les têtes se découvrent, les sabres sortent du fourreau. Le condamné paraît, courbé, livide, vieilli. Il se soutient fiévreusement, et semble jeter un regard sur la foule ; mais ce regard est atone, presque éteint.

A un mètre de la bascule, je donne à Eyraud un baiser sur la joue gauche pour sa femme et sa fille. J'approche également de cette joue le crucifix. Mais le malheureux n'a plus la conscience de ce qui se passe. Seulement, dans un dernier effort, il exhale toute sa haine :

— Constans est un misérable, il est plus assas- sin que moi ! Constans, Constans, assas...

Il n'achève pas, le couperet vient de s'abattre !

J'étais si rapproché de la guillotine, que je res- sens toute la secousse du terrible instrument.

. . . .

Je monte immédiatement en voiture, mon frère s'y trouve déjà ; et, sous l'escorte de la gendarme- rie, nous partons au galop pour le cimetière d'Ivry. Sur tout le parcours, une double haie de curieux regarde passer le lugubre convoi. La nouvelle s'est répandue comme une traînée de poudre. Du reste, il est huit heures, et tous les travailleurs et négociants commencent à se rendre à leurs occupations.

A huit heures un quart, nous arrivons au cime- tière d'Ivry. Le corps est extrait du panier san- glant et placé dans un cercueil de sapin. La tête est livide, verdâtre, horrible et méconnaissable. Elle est placée le regard en l'air, tandis que le ca- davre est couché dans le sens opposé.

J'avertis à haute voix les autorités médicales
que la veuve du supplicié ayant réclamé ses restes, l'inhumation va avoir lieu immédiatement.

Aucune réclamation ne se produit.

Je récite les dernières prières, je fais clouer la
bière, et je ne me retire que lorsque la fosse, préparée d'avance, est entièrement comblée. Je demande au conservateur de faire marquer exactement le lieu de la sépulture, et je prie M. le chef de
la Sûreté de veiller à l'exécution des dernières volontés de la famille du condamné

A huit heures et demie, mon frère et moi, nous
étions de retour à Saint-Sulpice, très impressionnés par le terrible spectacle que nous venions
d'avoir sous les yeux.

Mᵐᵉ Eyraud n'a pas attendu ma visite.

Le lendemain de l'exécution, la veuve et la fille
du supplicié, sa belle-sœur et sa mère venaient
recueillir de ma bouche les dernières paroles du
malheureux, et étaient atterrées en ayant la douloureuse certitude de son endurcissement. Elles collent
avec une fiévreuse avidité leurs lèvres sur le crucifix
que j'ai présenté à la dernière seconde, et qu'Eyraud n'a pas repoussé. La scène qui se produit est
poignante. Le désespoir de ces quatre malheureuses
femmes est indescriptible et me cause une émotion
plus vive encore que l'exécution du condamné.

J'annonce à Mᵐᵉ Eyraud que toutes les précautions sont prises pour que le cadavre lui soit remis,
à la charge pour elle de le faire inhumer dans tel
cimetière qu'elle choisira.

Tout est dit sur l'affaire Eyraud-Bompard.

LXIX

BERNICAT EN COUR D'ASSISES

Le jeudi 5 mars, je recevais une invitation à laquelle j'étais loin de m'attendre. M. Monier-Jolain, avocat à la Cour d'appel, m'informait que son client Bernicat me suppliait d'aller dire quelques paroles de pitié en sa faveur devant ses juges.

Depuis deux ans, je connaissais Bernicat, qui venait de purger à la Roquette une condamnation à deux ans de prison. Il était sorti en décembre dernier, bénéficiant d'une réduction de peine de six mois.

Après m'être assuré auprès de M. le directeur de la Roquette que je ne manquerais pas au secret professionnel en allant donner l'appui de mon témoignage favorable à l'accusé que j'avais connu en prison, je me décidai à répondre à sa demande. Pour surmonter ma répugnance à une démarche de ce genre, je me faisais ce raisonnement : Il est fort possible que Bernicat soit condamné à mort: j'aurai donc à le visiter dans sa cellule. Quelle sera mon attitude vis-à-vis de lui, et quelle confiance me témoignera-t-il, si je lui refuse de lui porter le secours qu'il me demande? Ne suis-je pas le seul absolument forcé de lui donner cette marque de pitié?

Je recevais, le 6, une assignation à comparaître le lendemain, samedi, devant la Cour, en qualité de témoin à décharge, à la demande de Jean Bernicat.

Le samedi 7 février, à onze heures et demie, la Cour entre en séance. L'accusé paraît. On lit l'acte d'accusation, on fait l'appel des témoins. Quatre témoins à décharge sont cités à la demande de l'accusé : un ancien officier de hussards, qui a eu Bernicat sous ses ordres, deux négociants qui l'ont employé, et moi.

Vers trois heures, je parais à la barre, un peu ému par cet appareil de la Justice, que je vois pour la première fois, mais nullement intimidé. Après avoir prêté le serment d'usage, M. le président Mariage me demande mon nom, prénoms, âge, profession :

— Prêtre, aumônier de la Grande-Roquette.

Vive rumeur dans l'assistance ; tous les regards des magistrats, des jurés, des avocats et du public se fixent sur moi. Il semble que l'ombre d'Eyraud, exécuté trois jours auparavant, se lève et se place à mes côtés pour exciter la curiosité et l'intérêt.

Je raconte alors que j'ai été mis en relations avec l'accusé à son entrée à la Roquette, en janvier 1889. À peine arrivé, il me priait de faire les démarches nécessaires pour son mariage avec Mlle Elisa Désesquelle. Je mis immédiatement cette personne en rapports avec la société charitable de Saint-François-Régis.

Mais on se heurta bien vite devant l'inflexible refus des parents de Bernicat, qui, à aucun prix, ne voulaient cette union. C'est en vain que j'écrivis moi-même à la grand'mère de l'accusé ; que je sollicitai la bienveillante entremise du curé de sa paroisse : tout fut inutile ; et, un jour, comme je notifais à Bernicat le refus obstiné qu'on opposait à son désir, il me dit en me montrant le quartier des condamnés à mort :

— Monsieur l'aumônier, je vous jure que, si on m'empêche d'épouser celle que j'aime, c'est là que vous me verrez bientôt !

Je lui conseillai alors d'attendre sa libération pour faire ses démarches avec plus de succès ; et, au commencement de septembre 1890, il était mis en liberté.

Quelques jours après, il venait me voir avec sa future. Je leur donnai les conseils utiles pour leur situation. Ils me promirent de revenir me voir à mon retour de vacances.....; quand, le 3 novembre, la catastrophe se produisit.

Bernicat, dans un accès de jalousie, poignardait la malheureuse Désesquelle de quatre-vingt-sept coups de couteau. Le crime était commis dans la chambre qu'ils occupaient, hôtel de la Tour F-L, rue Saint-Honoré. A peine le crime était-il commis, que Bernicat allait au commissariat de police se constituer prisonnier.

Mon intention, en rapportant devant la Cour toutes les démarches que j'avais faites pour réaliser le vœu de l'accusé, était de montrer à quel point Bernicat aimait la malheureuse victime, et quel était son désir d'unir à jamais son sort au sien. Pendant tout son séjour à la prison, c'était sa seule pensée, sa seule préoccupation.

Il s'isolait complètement de ses compagnons de prison. Il se promenait seul dans la cour, sans parler à personne. Il attendait impatiemment mes visites pour m'entretenir de ses projets. Plusieurs fois, la fille Désesquelle est venue me voir ; et je rapportais à Bernicat les paroles que nous avions échangées au sujet de la future union.

Pendant le cours de la captivité de Bernicat, un enfant était né de leurs relations intimes, et le père était obsédé par la privation de voir cet enfant, qu'il idolâtrait sans jamais l'avoir vu. Après sa mise en liberté, son premier besoin était de voir cet enfant, de le couvrir de ses caresses. Mais la mère, inflexible, non seulement ne le lui avait jamais montré ; mais elle refusait obstinément de lui dire où elle l'avait placé.

Ce refus d'un bonheur si envié, et aussi la conduite plus que légère de cette femme, n'ont-ils pas suffi pour irriter le malheureux et faire de lui un assassin ?...

Après ma déposition, faite à haute voix, au milieu d'un religieux silence, M. le Président veut bien m'adresser un remerciement au nom de la Cour. Il y ajoute des paroles très flatteuses relativement aux fonctions émouvantes que je remplis. M. l'avocat général Roulier fait de même en commençant son réquisitoire ; et, enfin, l'avocat du meurtrier m'affirme que mes paroles ont sauvé la tête de son client.

La Cour, en effet, prononce la peine des travaux forcés à perpétuité. A la sortie du Palais, la famille de la victime vient à son tour, à ma grande stupéfaction, et me remercie des bonnes paroles que j'ai dites sur la malheureuse Elisa Désesquelle.

Quelques jours après, le condamné m'adressait une lettre pleine de reconnaissance pour l'assistance que je lui ai prêtée, et remplie de bonnes résolutions pour l'avenir.

Il est interné en cellule à la Santé, jusqu'au moment de son départ pour la Nouvelle-Calédonie.

LXX

DIVERS ÉPISODES

La prison de la Roquette ne présente rien d'anormal, si ce n'est la réduction considérable du nombre de ses habitants, qui ne dépassent pas le chiffre de deux cent cinquante.

Nous entrons en carême, et ma préoccupation est de préparer mes auditeurs du dimanche au devoir pascal. Mes instructions n'ont pas d'autre but, et elles sont très religieusement écoutées. A mesure que la grande fête de Pâques approche, je constate avec bonheur qu'un certain nombre de détenus viennent me faire leurs confidences religieuses. Inutile de dire que je les accueille avec toute la bienveillance dont je suis capable.

Le dimanche des Rameaux conserve son caractère habituel; je fais moi-même, à défaut de l'adjudicataire, les frais du buis bénit, dont chaque détenu emporte une branche dans sa cellule.

Le vendredi saint, le sermon d'usage est prononcé par M. l'abbé Laurent, vicaire à Saint-François-Xavier.

La fête de Pâques est célébrée avec toute la modeste magnificence que permettent nos ressources si restreintes. Un bon nombre de détenus s'y sont préparés d'une manière spéciale et fort consolante.

La date redoutée du 1er mai arrive; mais elle ne soulève aucune idée subversive dans l'esprit des prisonniers; c'est à peine si quelques-uns, grâce aux révélations reçues au parloir, savent que les socialistes songent à une manifestation au dehors.

Le vendredi 1er mai, un escadron de cavalerie vient occuper le chemin de ronde de la Roquette. Les hommes ont mis pied à terre et les chevaux sont rangés le long du mur, en cas d'une éventualité qui ne se produit pas.

Après une demi-journée de désœuvrement et d'attente fastidieuse, la troupe remonte à cheval et rentre dans son casernement.

Le 24 mai, les famille Darboy et Bonjean viennent faire leur pèlerinage annuel au lieu de la mort des otages. Cette année, on ne voit pas la vénérable sœur de l'archevêque martyr : Mlle Darboy est morte le mois dernier.

Le samedi 6 juin, arrive à la Roquette le nommé Gimon, condamné à mort, en avril dernier, par la cour de Seine-et-Marne, pour crime d'assassinat.

Je ne puis résister au désir de faire connaître au lecteur cet étrange personnage. Le Président de la République, à la date du 4 juin, a commué sa peine. Lorsqu'on vient notifier à Gimon l'acte de clémence dont il est l'objet, loin d'éprouver la joie des autres criminels en pareille circonstance, il s'écrie d'un ton rageur :

— Il n'y a donc plus moyen de se faire raccourcir maintenant!!!

Et il se met à vomir un torrent d'injures contre M. Carnot.

J'ai voulu constater par moi-même la vérité de cette étrange exclamation, et je suis allé voir Gimon dans la salle des séparés. Le condamné m'a répété ce qu'il avait dit; et il a ajouté :

— Monsieur l'aumônier, je voulais être exécuté, j'y avais droit, on m'expose à faire un malheur pour arriver à mon but.

Gimon a trente-deux ans et a subi de nombreuses condamnations.

LXXI

LE DRAME DE COURBEVOIE

De tous les crimes dont j'ai entretenu le lecteur, celui que je vais mettre sous ses yeux est certainement le plus horrible et le plus capable de lui donner de l'indignation et de l'effroi. La scène qui va se dérouler dans ces pages emprunte son horreur au nombre des assassins, à la férocité qu'ils ont déployée dans le crime, et à l'âge de la malheureuse victime.

Vers les derniers jours de décembre 1890, une réunion sinistre avait lieu à Asnières, dans un taudis du boulevard Voltaire. Chez une femme du nom de veuve Berland, quatre jeunes bandits de seize à dix-neuf ans s'étaient donné rendez-vous. C'était :

Adolphe Berland, âgé de dix-neuf ans, dit *la Redingue*;

Gustave Doré, âgé de dix-huit ans, dit *Titi* ;

Louis Deville, âgé de dix-sept ans, dit *la Boule*;

Victor Chotin, âgé de seize, ans dit *Cri-Cri*.

La mère Berland usait de son expérience du crime pour diriger à sa manière cette escouade de jeunes scélérats, dont son fils était le chef.

L'hiver faisait sentir ses rudes atteintes; les ressources provenant de vols faisaient souvent défaut. Il fallait à tout prix faire un coup fructueux.

On tint, sous la présidence de la femme Berland, une assemblée générale; et on décida d'abord de choisir une victime. En 'sa qualité de doyenne, elle proposa une veuve Boyer, une septuagénaire riche, habitant une maison isolée du passage des Larris.

— Non, dit l'un, la vieille est gardée |par un chien, qui donnerait l'alarme.

On se retourna d'un autre côté.

— Eh bien! et la vieille Lerondeau, proposa Berland? c'est une charbonnière du quai de Seine, son mari est souvent absent; au besoin on jouerait du... scion.

— Elle n'a pas quatre sous, elle n'en vaut pas la peine.

C'est après plusieurs autres propositions inacceptables que Doré s'écria :

— Pourquoi pas le curé du Bourget? Il m'a élevé, je le connais, il a le sac, lui!

— Eh bien! et la braise pour faire le voyage?

C'était vrai, il fallait de l'argent pour aller jusqu'au Bourget.

La mère Berland parla alors de Mme Meunier-Dessaigne :

— Ah oui! approuva Doré, l'ancien garçon boucher; je la connais, j'y ai porté de la viande, on ne s'en retournerait pas bredouille. Elle mange du filet tous les jours, et elle ne me donnait jamais moins de trois sous de pourboire.

Le coup fut décidé. On tuerait Mme Dessaigne. Elle habitait une maisonnette au fond d'un jardin à Courbevoie. Elle avait quatre-vingts ans, plus de dents pour mordre, plus de voix pour crier; elle était seule !

Le coup devait se faire le 2 janvier. On présenterait une lettre à la vieille femme pour détourner son attention, et on la frapperait.

—C'est ça, dit la mère Berland, et comme je veux en être, voilà un sou pour acheter du papier à lettres.

Le 2 janvier, à huit heures du soir, les quatr jeunes bandits se mirent en marche. Mais on trouva la porte fermée. La partie était manquée. On l'ajourna au 12 du même mois.

Ce jour-là, les assassins partirent à cir | heures. Ils trouvèrent la bonne vieille lisant au coin de son feu.

Berland entra, tendit la lettre. Mme Dessaigne avait à peine lu les premières lignes, que, d'un coup de tête lancé dans la poitrine, Berland la renversait.

— A moi! s'écria-t-elle.

Mais déjà le jeune gredin avait bondi sur elle; il s'était mis à genoux sur son corps, cherchant à lui arracher la langue pour l'empêcher de crier.

— Si elle avait eu des dents, a-t-il déclaré au

juge d'instruction, il ne me serait pas resté un seul doigt.

Presque aussitôt, Doré frappait la malheureuse de quatre coups d'alésoir à la tempe. L'instrument traversa le cerveau. Cependant, Mme Dessaigne n'était pas morte. Berland alors la piétina; puis, quand il la crut inanimée, il monta au premier étage; et aussitôt le pillage commença.

Tous les meubles furent éventrés. Ils ne contenaient pas un sou. Les scélérats ne trouvèrent que du linge, quelques vêtements, quelques couverts, des bijoux sans valeur, un porte-monnaie contenant 23 fr. 20, tout ce que possédait la pauvre femme.

Mais, de temps à autre, un râle montait. La vieille n'était pas morte. Il fallait en finir. Berland promit de la réduire au silence. Il dégringola l'escalier, saisit sur une cheminée un coquillage à dents aiguës, et le lui enfonça avec rage dans la tête.

Mme Dessaigne respirait toujours.

— Quand j'ai vu ça, a déclaré Berland, comme j'ai désespéré de la calmer, je l'ai laissée tranquille.

La malheureuse octogénaire finit pourtant par se *calmer*. Son visage n'était plus qu'une bouillie, informe. Son supplice avait duré une heure et demie !

Après avoir mis la maison au pillage, les misérables reprirent des forces en s'installant à table.

— Sortons, dit Chotin, qui commençait à avoir peur.

— Sors si tu veux, répondit Doré, moi j'ai faim :
je veux boulotter.

Et seulement quand il eut mangé, ils songèrent
à sortir.

Rue de Bretagne, en passant devant une fontaine, ils se lavèrent les mains, rouges de sang. Il
était huit heures à peine. La mère Berland les
attendait au théâtre d'Asnières. Ils allèrent la
rejoindre.

— Eh bien, demanda-t-elle en les revoyant?

— C'est tout ce qu'on a trouvé, lui répondit son
fils, en lui montrant les vingt-trois francs.

— A la bonne heure, s'écria-t-elle toute radieuse!
ça c'est bien travaillé, mes enfants!...

Pendant l'entr'acte, on se partagea le butin.
Chacun fut récompensé suivant ses œuvres. Berland, Doré et Deville eurent chacun six francs;
Chotin, qui n'avait presque pas agi, n'eut que
quinze sous. La femme Berland garda le reste.

Le lendemain, l'horrible mégère payait à dîner
aux quatre misérables, et les félicitait de nouveau.
Puis elle lavait les souliers tout ensanglantés de
son fils.

Depuis lors, chaque matin les bandits ache-
tèrent le journal, pour savoir si la justice était sur
leurs traces.

Enfin, le 23 janvier. ils furent tous arrêtés, pendant leur repas, chez la femme Berland. Ils firent
aussitôt des aveux complets. Le jour même, ils
étaient enfermés, la veuve Berland à Saint-Lazare, les quatre jeunes bandits à la prison Mazas.

L'instruction révéla les faits que je viens de
raconter.

LXXII

TRIPLE CONDAMNATION A MORT

Quatre mois et demi se sont écoulés depuis la consommation du drame de Courbevoie et l'incarcération des cinq accusés. Il n'a pas fallu moins que ce temps pour que l'instruction pût faire une lumière complète et la part de chacun des prévenus du crime. Des détails horribles ont été révélés par les patientes et habiles recherches des magistrats.

On a dû remuer toute la fange de la vie abjecte et ordurière d'une catégorie de gens sans nom, pour établir la responsabilité de chacun des quatre jeunes bandits, et surtout celle de l'horrible femme, leur institutrice dans le crime, et l'inspiratrice du forfait dont ils se sont rendus coupables sur une vieille femme de quatre-vingts ans!

Enfin, l'heure de la justice est venue, *lento pede*; mais elle est venue. Le 11 juin, les cinq accusés comparaissaient devant le jury, à la cour d'assises de la Seine.

Les débats sont présidés par M. Pillet-Desjardins; M. l'avocat général Roulier occupe le siège du ministère public.

Au banc de la défense, au-dessous de chaque accusé, on voit :

Mᵉ Henri Robert, pour la femme Berland;

Mᵉ Demange, pour Adolphe Berland;

Mᵉ Crémieux, pour Gustave Doré;

Mᵉ Decori, pour Louis Deville;

Mᵉ Crochard, pour Victor Chotin.

Les débats n'ont pas duré moins de trois jours; et le public a été péniblement impressionné par l'attitude et les réponses cyniques des accusés. Il ne s'est pas laissé prendre aux larmes factices et à l'air hypocrite de la femme Berland, dont les turpitudes innombrables ont été étalées au grand jour, autant au moins que la morale le permettait.

Les dépositions des témoins n'ont pas ajouté un grand intérêt à l'audience. Le crime était avoué, toutes les dénégations étaient dès lors inutiles.

Aussi M. l'avocat général n'hésitait-il pas à demander aux jurés un verdict impitoyable, n'admettant des circonstances atténuantes qu'en faveur de Chotin seul, dont la part dans le forfait était bien moindre et très restreinte.

En vain les avocats ont-ils éloquemment plaidé la cause de leurs clients respectifs. Le jury a été inexorable; et, sur quatre têtes demandées par l'avocat général, il lui en a accordé trois. Deville seul a inspiré un peu de pitié.

En conséquence, la Cour a prononcé les arrêts suivants.

Sont condamnés :

La femme Virginie Berland, à la peine de mort;

Adolphe Berland, à la peine de mort;

Gustave Doré, à la peine de mort;

Louis Deville, aux travaux forcés à perpétuité;

Victor Chotin, à vingt ans de travaux forcés.

Immédiatement après le prononcé de la condamnation, on faisait signer aux condamnés leur pourvoi en cassation; puis les trois condamnés à

mort, revêtus de la camisole de force, étaient transférés à la Grande-Roquette; les deux autres, à la
prison de la Santé.

L'arrivée de la femme Berland a causé un certain
émoi à la Roquette. Cette prison n'avait jamais vu
une femme en franchir le seuil. Il faut remonter à
l'année 1825, c'est-à-dire à soixante-cinq ans en
arrière, pour voir, à Paris, une femme condamnée
à mort.

C'était la femme Lecouffe, exécutée avec son fils
en place de Grève.

Les ordres donnés immédiatement, sur la demande du directeur, ont réparé le désordre de la
première heure; et, dès le lundi 15 juin, deux religieuses de Saint-Lazare se relèvent de douze heures
en douze heures, pour veiller sur la condamnée et
lui donner leurs soins.

LXXIII

RAPPORTS DE L'AUMONIER AVEC LES TROIS CONDAMNÉS

Le dimanche 14, je ne pus voir les nouveaux
arrivés; on n'avait pas eu le temps de leur demander s'ils agréeraient ma visite. Je leur laissai le
temps de la réflexion.

Le mardi suivant, le gardien-chef m'informait
que la femme Berland avait réclamé ma présence.
On alla également prendre l'avis des deux jeunes
condamnés.

Aussitôt, tous deux me faisaient prier de venir
les voir.

1° La femme Berland. — La condamnée me fait
le plus respectueux accueil. Je me trouve en face
d'une femme de cinquante-cinq ans, petite, mai-
gre, osseuse, au teint bilieux, à la figure commune,
où je cherchais vainement le type criminel que
m'avaient fait craindre les débats.

A peine avais-je prononcé quelques paroles de
stupéfaction au souvenir de sa vie criminelle, que
la malheureuse se met à fondre en larmes. Ses sanglots redoublent quand je fais allusion à l'épouvantable situation où elle a plongé son fils. Pour la
consoler, je lui rappelle la parole de l'Evangile :
« Il y aura plus de joie dans le ciel pour un pécheur
pénitent que pour quatre-vingt-dix-neuf justes,
qui n'ont pas besoin de pénitence » : — Vous êtes
cette pécheresse appelée à donner au ciel cette
grande joie.

Je l'engage alors à écouter les conseils des deux
saintes religieuses établies là comme ses anges
gardiens ; à s'unir à leurs prières et à demander à
l'auguste Marie, refuge des pécheurs, courage et
résignation.

Je la quittai en lui promettant, sur son instante
prière, d'aller porter immédiatement à son fils ses
recommandations, si différentes de celles qu'elle
avait l'habitude de lui faire.

Depuis cette première entrevue, je n'ai pas manqué d'aller la voir trois fois par semaine, je lui ai
porté des livres de prières et d'histoires édifiantes.
Elle passe ses journées à lire ou à s'entretenir avec
les sœurs préposées à sa garde, et dont l'admirable
sollicitude ne s'est jamais démentie dans ces lugubres veilles du jour et de la nuit.

La prisonnière dort d'un sommeil profond, et mange avec appétit l'ordinaire de la prison, qui lui semble très confortable. Elle fait très volontiers la promenade réglementaire d'une heure par jour dans le petit jardin qui précède sa cellule.

Le vendredi après son arrivée, elle me demande de l'entendre en confession : elle s'y est préparée à l'aide de ses deux obligeantes gardiennes.

La disposition des lieux ne permet pas à la condamnée d'assister à la messe du dimanche. Pour l'y conduire, il faudrait lui faire traverser, à elle et aux deux religieuses, l'infirmerie et le quartier des vieillards ; ce qui est impraticable. Elle se contente de lire avec soin les prières de la messe dans sa cellule. La tribune affectée dans la chapelle aux condamnés à mort est occupée alternativement par Berland et Doré.

Suivant un pieux usage, deux cierges brûlent aux côtés de la statue de saint Joseph pendant les offices, tout le temps qu'un condamné à mort est à la Grande-Roquette. Les détenus le savent, et prient ainsi pour le malheureux qu'ils ne voient jamais, mais dont ils savent que les jours sont comptés.

. Le vendredi suivant, 3 juillet, je recevais à Saint-Sulpice la visite de Mlle Eugénie Berland, que j'avais priée de venir me voir sur les instances de son frère. Cette jeune fille était accompagnée de sa patronne. Elle me témoignait tout le chagrin qu'elle éprouvait de la terrible situation de son malheureux frère, et me priait de lui dire toute sa douleur et en même temps combien elle lui pardonnait. Quand je lui demandai ce que je dirais à sa mère de sa part :

— Rien, me dit-elle, cette femme n'a jamais été une mère pour moi, et si elle a voulu me reprendre à ma sortie du couvent d'Orléans, c'était pour me former à son image et me faire partager sa détestable vie !...

Sur mes instances, cependant, elle me pria d'assurer à sa mère qu'elle lui pardonnait. Elle lui écrivit même une lettre très laconique et dont la teneur froide et sévère fut loin de plaire à celle qui devait la recevoir.

La Cour de cassation, dans son audience du 2 juillet, a rejeté le pourvoi des trois condamnés. Il ne leur reste plus d'espoir que dans le recours en grâce. Par mesure d'humanité, on leur laissera ignorer jusqu'à la fin le rejet de ce pourvoi.

Je continue avec la même régularité mes visites à la condamnée à mort, toujours animée des mêmes sentiments.

2° Adolphe Berland.

Le jeune Berland, apprenant que j'étais dans la cellule de sa mère, manifesta aussitôt le désir de me voir. Son attitude, à mon aspect, a été aussi respectueuse que je pouvais le désirer. Je n'ai pas eu de peine à lui faire envisager l'horreur de son crime et la nécessité pour lui de racheter, par son repentir et sa soumission à la volonté de Dieu, sa conduite criminelle passée.

Comme je lui demandais quelques détails sur son enfance, il n'hésite pas à me dire combien son éducation a été négligée de la part d'une mère telle que la sienne, dont toute la vie n'a été que débauche et vol.

Berland n'a pas fait sa première communion !...

Comme j'exprimais ma stupéfaction à cette nouvelle :

— Monsieur l'aumônier, me répondit-il, il n'y a
pas de ma faute. A l'âge de onze ans, j'habitais
Colombes et je me présentais au catéchisme. M. le
curé refusa de m'admettre si je ne produisais pas
mon acte de baptême. Or, cet acte, il fut impossible de le retrouver sur les registres d'Asnières,
où j'étais né ; et les choses en sont restées là.

Je pris alors sur moi de faire les recherches nécessaires. J'interrogeai la sœur de Berland, qui
m'affirma que son frère n'avait pas été baptisé. La
mère, de son côté, soutenait qu'elle avait assisté
au baptême de son fils, quinze jours après sa naissance. Dans cette incertitude, j'allai à l'archevêché
soumettre le cas et prendre conseil.

Un secrétaire me présenta le registre de 1872, et
je trouvai l'acte de baptême d'Adolphe Berland, le
3 septembre 1872.

Par erreur, le nom du parrain avait été inscrit
en marge, au lieu du nom des parents.

J'étais fixé sur ce point. Mais le temps matériel
me manquait pour préparer le condamné, comme
je l'avais fait, l'année précédente, pour le jeune Albert Jeantroux. Je dus me contenter de le préparer
à une bonne confession, qu'il fit à deux reprises.

Il assistait volontiers à la messe le dimanche,
alternant avec son co-détenu Doré.

A chacune de mes visites, il me demandait avec
intérêt des nouvelles de sa mère, et je leur servais
volontiers de messager.

Berland est un garçon de dix-neuf ans, à la
figure intelligente et rusée, de taille moyenne, d'al-

lure décidée et insouciante, de gamin de Paris
vicieux. Jamais il ne s'est fait d'illusion sur le sort
qui l'attend. Seulement il trouve exagérée et mons-
trueusement cruelle la peine qui frappe sa mère,
qui n'a pris qu'une part très éloignée à l'assassinat.
Quant à lui, il envisage la mort avec calme et me
promet d'être courageux et chrétien à ses derniers
moments.

Nous verrons qu'il a tenu parole.

3° Gustave Doré.

Le jeune criminel dont le nom rappelle l'artiste
si sympathique et si célèbre, dont on déplorait la
perte il y a quelques années à peine, est né à Bel-
fort et a été amené à Paris dès l'âge de deux ans.
Son enfance a été entourée de tous les soins dési-
rables ; et si, jeune encore, il a eu le malheur de
perdre sa mère, un second mariage lui a donné une
seconde mère tout aussi dévouée et aimante que
celle qui a disparu.

Vers l'âge de huit ou neuf ans, la famille Doré
étant allée s'établir au Bourget, le jeune Gustave
fut pris en affection par le vénérable curé, M. l'abbé
Niort, qui le prépara au baptême qu'il n'avait pas
encore reçu, lui servit de parrain et en fit pendant
cinq ans son commensal, pendant que les parents
étaient appelés au dehors par leurs occupations.

Plus tard, le bon curé le plaça dans une institu-
tion de jeunes gens à Aulnay-lès-Bondy, où le jeune
Doré fit sa première communion.

On sait comment le jeune scélérat voulait, plus
tard, témoigner sa reconnaissance à son bienfaiteur !

C'est en évoquant le souvenir du curé du Bourget que je me suis tout d'abord mis en relations avec Doré. Je n'eus pas de peine à provoquer sa confiance, en lui disant combien le digne prêtre lui avait pardonné du fond du cœur son horrible dessein. Il me répondit alors qu'il n'aurait pas eu le courage de commettre ce crime ; que la distance de quelques kilomètres n'aurait pas été un obstacle invincible pour lui et ses compagnons ; et que, s'il avait prononcé le nom du curé du Bourget, c'était d'une façon irréfléchie.

Doré ne tarda pas à me prier d'aller voir sa famille et de dire à son père et à sa mère tout son repentir et tout son regret de la douleur dans laquelle il les plongeait.

Je remplis la douloureuse mission. Je me rendis à Courbevoie ; je trouvai la malheureuse mère, la sœur et le jeune frère du condamné. L'entrevue fut déchirante.

Le père m'exprimait le lendemain, dans une lettre, tous ses regrets de son absence, et me priait de communiquer sa lettre à son fils.

De son côté, M° Albert Crémieux, avocat de Doré, avait avec moi un entretien au sujet de son jeune client, pour lequel il voulait tenter toutes les chances de salut.

Gustave Doré, tout en se tenant prêt à tout événement, ne renonçait pas à tout espoir de commutation. Il rédigeait lui-même un recours en grâce que je remis à M. Crémieux pour le Chef de l'État.

En attendant, le temps marchait vite, le terme fatal approchait : nous l'avons vu, le pourvoi a été rejeté le 2 juillet. La fête du 14 n'a apporté aucune modification au sort des condamnés. Après les réjouissances nationales, la pensée du public se porte sur les trois misérables reclus de la Roquette.

Des bruits contradictoires circulent dans les journaux. On annonce comme certaine l'exécution de la femme Berland et de Doré; d'autres fois, on dit que c'est la femme seule qui bénéficiera d'une grâce. On annonce enfin que les trois coupables subiront le châtiment suprême; et, pendant plusieurs nuits, une foule considérable assiège la place de la Roquette, et ne se retire que quand tout espoir du sanglant spectacle est perdu.

Le mois de juillet ne devait pas finir sans que le terrible drame eût son accomplissement.

Le dimanche 26, M. le procureur général Quesnay de Beaurepaire apprenait la décision du Président de la République.

Berland et Doré devaient subir la peine capitale. La sentence portée contre la femme Berland était commuée en celle des travaux forcés à perpétuité.

LXXIV

DOUBLE EXÉCUTION CAPITALE. — DORÉ ET BERLAND

Dans l'attente de la mesure prise à l'égard des trois condamnés, j'avais, de mon côté, pris toutes les précautions nécessaires. Je me réservais d'accompagner la veuve Berland à la mort. Je devais confier Adolphe Berland à mon éprouvé confrère, M. l'abbé Valadier, qui, deux fois déjà, a rempli avec tant de courage et de fermeté la pénible mission. Je m'étais assuré, pour Doré, le concours de

M. l'abbé Protois, aumônier du petit lycée Louis-le-Grand, qui s'était offert pour cet émouvant ministère.

Le dimanche matin, j'écrivais à M. le curé de Notre-Dame-des-Victoires, pour réclamer le secours des prières de l'Archiconfrérie en faveur des condamnés, dont les heures me paraissaient comptées.

La matinée se passa comme d'habitude, M. le directeur n'avait reçu aucune communication. Je vis avant l'office les trois condamnés. C'était au tour de Doré à assister à la messe. Je ne savais rien de certain sur leur sort, et cependant un pressentiment me faisait penser que je les voyais pour la dernière fois. Je leur donnai à tous mes meilleurs encouragements, et je me retirai de la prison en proie à une tristesse pleine d'angoisses.

A quatre heures et demie, un inspecteur de la Sûreté me portait à Saint-Sulpice une large enveloppe de la part de M. le procureur général. Contenait-elle deux ou trois ordres? Il n'y en avait que deux. J'étais invité à assister Doré, qui, étant le plus jeune, devait le premier subir le supplice. Le prêtre choisi par moi devait accompagner Berland.

Je pris immédiatement les mesures nécessaires. Je prévins mon cocher habituel, Victor Esnault. J'avisai M. l'abbé Valadier; je remerciai M. l'abbé Protois, et je passai en prières les heures qui me restaient avant le funèbre voyage.

A deux heures et demie du matin, la voiture s'arrêtait à ma porte de la rue Garancière, M. l'abbé Valadier l'occupait avec deux amis. J'y pris place;

et, à trois heures, nous étions aux abords de la prison.

La foule était déjà considérable; tous les cafés des environs regorgeaient de consommateurs. Des couples hideux se pressaient aux abords du lieu de supplice. Ce n'est qu'à l'aide des agents de police et des gardes républicains que notre voiture a pu se frayer un passage.

A la hauteur de la rue Saint-Maur, on a établi des barrières, protégées par la cavalerie. La place de la Roquette est presque vide; sauf cent cinquante à deux cents journalistes munis de cartes visées par M. le préfet de police, personne n'est admis dans l'enceinte réservée. Cette heureuse innovation empêche les bruyantes clameurs de la foule de pénétrer jusque dans l'intérieur de la prison, comme cela s'est produit antérieurement.

Il est quatre heures, quand mon collègue et moi nous entrons au greffe. La sinistre machine est dressée; et M. Deibler, après avoir pris les précautions d'usage, vient signer la double levée de l'écrou.

Très peu de personnages officiels; cinq ou six au plus sont admis dans l'intérieur. Absence complète des nombreux secrétaires qui, aux exécutions précédentes, avaient accès jusque dans l'intérieur de la cellule.

C'est sur les rapports motivés de M. le directeur que cette mesure rigoureuse a été prise par l'autorité supérieure.

Nous terminons le psaume *Miserere* au moment où nous arrivons devant le quartier des condamnés à mort; nous entrons aussitôt dans la cellule du milieu, occupée par Gustave Doré. Il dort profondément. Il ne s'est couché qu'après une heure du matin. Le brigadier le touche deux ou trois fois à l'épaule. Le malheureux se réveille enfin...

M. le directeur, d'une voix grave, lui annonce le rejet de son recours en grâce et l'exhorte au courage. Doré ne répond rien et regarde tout effaré les assistants. Il passe aussitôt en silence son pantalon, ses chaussettes, ses souliers.

Les fonctionnaires se retirent pour aller dans la cellule voisine réveiller Berland. Je reste seul avec deux gardiens, que je prie de sortir un instant. J'entends les dernières confidences du condamné. Je lui dis que j'ai reçu une lettre de son père, qui lui envoie le dernier adieu. Je lui donne une suprême absolution. Il me fait ses dernières recommandations pour les siens. Il n'oublie personne : son père, sa mère, ses sœurs, son jeune frère, M. le curé du Bourget. Il prend un peu de liqueur, et nous sortons.

Doré s'assied sur l'escabeau qui lui est préparé dans la salle de la funèbre toilette. Il subit les apprêts sans résistance et sans prononcer un mot. A la demande s'il a des révélations à faire, il répond simplement : « Non ! »

Une seconde fois on nous laisse seuls, j'en profite pour lire à l'infortuné la lettre de son père, qui lui envoie sa dernière bénédiction et son suprême adieu.

Doré colle ses lèvres à plusieurs reprises sur le papier, qu'il inonde de larmes. Je lui promets de rendre à son père cette lettre, qui porte les marques de son repentir. Il me renouvelle ses recom-

mandations pour sa famille, qu'il me prie d'embrasser pour lui. Puis il s'informe de son complice
Berland.

— Berland partage votre sort, mon ami.

DORÉ

— Oh! monsieur l'aumônier, donnez-lui le baiser d'adieu pour moi!

Bientôt on vient donner le signal du départ. Je
précède le condamné d'un pas, en lui montrant le
crucifix et en tâchant de lui cacher le couperet. Il
marche aussi fermement que le lui permettent ses
entraves.

Je m'arrête devant la bascule, j'embrasse tendrement le patient, qui me rend mon étreinte. Il baise avec ferveur la croix que je lui présente... Aussitôt il est saisi, couché sur la planche, qui s'abat. Une seconde, le couperet tombe avec un fracas lugubre, et le corps roule dans le panier; on verse la tête et on baisse le couvercle...

Le couteau est relevé à l'aide d'une corde, il est ruisselant de sang, on l'essuie à la hâte avec une éponge, ainsi que la bascule et la lunette. Quelques minutes suffisent à cet horrible travail, et bientôt la lourde porte de fer s'ouvre pour la seconde fois.

Adolphe Berland a été réveillé comme Doré. Il a écouté avec une émotion visible la funèbre nouvelle. M. l'abbé Valadier lui prodigue les consolations religieuses, qu'il reçoit avec respect. Il s'informe aussitôt du sort de sa mère, et lorsqu'il apprend qu'elle a la vie sauve, il répond simplement :

— Alors, tout est pour le mieux.

Il subit sans faiblesse les formalités de la toilette, se plaignant seulement qu'on lui serre trop les poignets. Il avale un cordial, et le second cortège se met en route.

Sur la place, la foule est anxieuse, oppressée déjà par le premier drame. Toutes les têtes sont découvertes. Berland apparaît pâle, défait, soutenu par un aide du bourreau et par M. l'abbé Valadier. Devant la guillotine, le prêtre s'arrête, donne une accolade affectueuse au patient, qui baise pieusement le crucifix. Aussitôt, je m'approche moi-même .

— Mon ami, je vous donne le dernier baiser de Doré.

— Doré est mort!...

— Oui, mon pauvre ami, en vous disant adieu!

BERLAND

Le malheureux est saisi, basculé, le couperet s'abat une seconde fois; et les deux têtes sanglantes se donnent un dernier baiser dans le panier fatal.

C'est pour la cinquième fois que j'assiste à ce terrible spectacle d'une double exécution.

Nous nous mettons en route pour le cimetière d'Ivry. Nous devons traverser une foule dix fois plus considérable qu'aux exécutions précédentes. Il est à peine quatre heures trois quarts et, tout le long du parcours, de nombreux curieux regardent passer le triste cortège.

A la place de la Bastille, la foule est plus compacte; c'est là que nous apprenons l'épouvantable catastrophe de la nuit même, la rencontre de deux trains à la gare de Saint-Mandé !...

Au cimetière, après que les deux cadavres ont été placés dans les cercueils, j'ai une fois de plus la douloureuse mission de reconnaître les têtes des suppliciés. Ce n'est pas chose facile; elles ont été maculées par le sang et le son, et surtout défigurées par les contractions de la mort. Je fais connaître la volonté de la famille Doré, qui réclame le corps de son fils; j'abandonne Berland à la Faculté de médecine; et je récite les prières de l'inhumation.

Le corps médical n'étant représenté par aucun de ses membres, l'enterrement des deux suppliciés a lieu immédiatement sous mes yeux. Doré est à côté de Géomay, Berland à côté de Vodable. Tout près de là se trouvent les restes de Prado et d'Eyraud.

A cinq heures trois quarts, nous étions de retour et, à six heures, je célébrais à Saint-Sulpice la messe des morts pour les deux malheureux suppliciés.

Le lendemain, je recevais la visite de M. et Mme Doré, auxquels je racontais les douloureux détails des derniers moments de leur fils. J'essayais d'adoucir leur douleur en leur disant sa fin si cou-

rageuse, si résignée et si chrétienne; et je leur
remettais quelques menus objets dont il s'était
servi.

Quant à la femme Berland, elle apprenait, une

LA MÈRE BERLAND

heure après l'exécution, la mesure de clémence
dont elle était l'objet et la double expiation du
crime dont elle avait été l'instigatrice.

La misérable mère a été atterrée en apprenant
la mort de son enfant et a versé des larmes abondantes.

Elle n'avait rien entendu au moment du double
réveil, et les deux religieuses ses gardiennes, prévenues à l'avance de ce qui devait se passer,
s'étaient bien abstenues de lui dire la vérité.

Je vis moi-même la condamnée avant son départ,
et je lui fis comprendre la nécessité pour elle
d'une vie de repentir et d'expiation.

LXXV

MA RÉVOCATION

J'ai besoin de faire appel à toute ma force morale pour raconter dans quelles circonstances et au
moyen de quels prétextes on a pris à mon égard
une mesure aussi inqualifiable et aussi peu justi-
fiée que celle de ma révocation.

Le dimanche 23 août, après la grand'messe,
j'étais invité à monter au cabinet du directeur. Le
gardien-chef était présent.

— Monsieur l'aumônier, vous avez enfreint le
règlement qui vous interdit de communiquer au
dehors aucune lettre des détenus.

— Je n'ai porté aucune lettre.

— Vous avez porté une lettre du détenu Jeannoutot à sa femme.

— Non, monsieur. J'ai transmis à Mme Jeannoutot
quelques lignes, dans lesquelles son mari lui recom-
mandait d'aller voir quelques personnes qui s'intéressaient à lui. L'écrit n'était pas pour elle, mais
pour moi, pour aider ma mémoire, ce qui est bien
différent.

—Quel besoin aviez-vous d'aller chez ces gens-
là? Vous salissiez votre soutane en pénétrant chez
ces malheureux.

— Je ne suis pas de votre avis, monsieur le directeur. Pendant vingt-cinq ans, j'ai rempli le ministère paroissial dans divers quartiers de Paris.
J'ai visité les pauvres dans leurs mansardes, bien
plus que les riches dans leurs somptueux appartements ; et jamais je n'ai cru déshonorer par là ni
mon caractère ni l'habit que je porte. J'ai cru que
les familles des prisonniers étaient plus à plaindre
que les autres, parce qu'elles trouvent moins de
sympathie. Me suis-je trompé?

— Je ne sais pas, monsieur l'abbé, ce qui sera
décidé à ce sujet; mais je crains bien que le ministre ne veuille faire un exemple. Tenez-vous pour
averti.

— Soit, monsieur, j'attendrai la décision.

Le mercredi suivant, 26 août, je me rendais,
comme d'usage, à la prison pour y faire ma visite.
M. Beauquesne m'y attendait.

— Ce que je craignais est arrivé, monsieur
l'abbé, me dit-il ; on n'a pas cru devoir passer outre
à l'infraction au règlement dont vous vous êtes
rendu coupable, et je suis chargé de vous annoncer que vous êtes relevé de vos fonctions.

— Mais, monsieur, il est bien facile de rectifier
l'erreur, faites venir le détenu dont il s'agit, il vous
dira la vérité.

— Ce détenu n'est plus ici depuis hier; il a été
mis en cellule dans je ne sais quelle prison. Ce
n'est pas lui, du reste, c'est un de ses camarades
qui vous a dénoncé.

— Mais alors, appelez le délateur.

— Il a été transféré également.

— Ah ! c'est donc un parti pris : on me frappe sans m'entendre, sans me permettre de me justifier. Je crois bien, monsieur, que je connais le dénonciateur ; il ne m'est pas difficile de le trouver ; mais, au moins, dois-je faire une dernière visite aux détenus.

— Non, monsieur ; j'ai reçu des ordres formels, vous ne devez plus rentrer dans la prison.

— Pas même pour reprendre le calice d'or et les vêtements sacerdotaux qui m'appartiennent ?

— Non, tous ces objets seront portés chez vous, mais vous n'entrerez pas. Nous ne voulons pas de manifestation dans la cour.

— Une manifestation ! mais elle n'a rien qui m'effraie !

— Elle ne vous serait pas hostile, je le sais, monsieur l'abbé ; mais on n'en veut d'aucune sorte.

— Mais l'autorité ecclésiastique est-elle prévenue de cette mesure ?

— Oui. M. Constans lui-même a écrit hier à l'archevêque pour l'avertir de cette décision...

. . . .

Je n'avais qu'à me retirer, le cœur plein de dégoût. Je rentrai à mon domicile, et toute la nuit se passa dans une insomnie affreuse. Je ne pouvais croire à l'infamie dont j'étais victime. Toutes les phases de mon existence, depuis mon entrée à la Roquette, se présentaient à mon esprit. Je me rappelais dans quelles conditions j'avais été nommé à ce poste difficile, avec quel cœur et quel dévouement je m'étais consacré à l'œuvre qui m'était confiée; quelles émotions j'avais éprouvées dans les premiers temps de mon séjour au milieu des malheureux dont j'avais la charge spirituelle; quelles angoisses m'avaient saisi quand je m'étais trouvé en présence de ceux que menaçait la peine capitale!

Je me remémorais les marques de confiance que m'avaient données ces infortunés en échange de la sympathie que je leur témoignais; je me rappelais nos longs entretiens dans le silence de la cellule; les aveux qu'ils m'avaient faits après avoir nié impudemment leurs crimes devant le juge d'instruction. Ces aveux, ils les faisaient d'eux-mêmes, avec une simplicité et une franchise qui prouvaient la différence qu'ils établissaient entre le ministère du prêtre et celui du magistrat.

Les noms des trente-huit condamnés à mort que j'ai vus passer sous mes yeux et avec lesquels j'ai été en rapports si intimes, revenaient constamment à ma pensée et à ma mémoire. J'assistais de nouveau au réveil et à toutes les phases du drame pour les vingt d'entre eux que j'ai assistés jusqu'au pied de la sinistre machine. Je les revoyais l'un après l'autre au moment fatal : les uns, le plus grand nombre, seize sur vingt, pleins de repentir, de courage et de foi; les autres, ou brutalement cyniques, ou affectant une impiété fanfaronne pour se concilier une épouvantable célébrité.

C'est dans ces dispositions que je passai la première nuit après l'annonce de ma disgrâce. Le lendemain, j'allai prévenir M. le promoteur. Il connaissait déjà la décision prise à mon égard. La veille, le directeur de la prison s'était empressé de lui faire cette communication, en lui donnant le motif de la mesure prise. Il daignait atténuer mes torts en lui disant que j'avais agi inconsciemment; que je m'étais laissé surprendre par un détenu habile, et que ma faute, grave en elle-même, trouvait peut-être son excuse dans mon excessive bonté, etc., etc.

M. le promoteur attendait l'appel de Son Eminence le cardinal, pour s'entretenir avec lui à mon sujet. Monseigneur avait dû, disait-on, être averti par M. Constans lui-même.

Le samedi 29, toute la presse connaissait ma révocation. Dès le matin, les reporters affluaient à mon domicile pour me demander des explications.

A un moment de la journée, il y en avait une quinzaine à la fois. Je les fis entrer tous ensemble et leur expliquai en peu de mots le motif de la mesure prise à mon égard :

— Je n'ai pas l'honneur de vous connaître, messieurs, leur dis-je, je ne sais pas quelle est la feuille que vous dirigez, mais je suis certain que je parle à des hommes pleins de loyauté et d'honneur. Je vous fais juge de la décision prise. Pour moi, ma conscience ne me reproche rien, et cela me suffit. Depuis bientôt sept ans, je remplis les fonctions d'aumônier à la Grande-Roquette. Il ne s'est pas passé une semaine sans que je fusse chargé d'un message des détenus pour leurs familles. On le savait, et on ne me l'a jamais imputé à crime. J'ai souvent mis à la poste des lettres que les prisonniers me confiaient, je les faisais toujours

passer sous les yeux du greffier, après les avoir
lues moi-même. Je les affranchissais, car les malheureux n'avaient pas les quinze centimes nécessaires; et tout était dit. Si le papier de Jeannoutot
n'a pas été visé, c'est que ce n'était pas une lettre,
mais une simple note ouverte, pour aider ma mémoire, et que j'aurais pu tout aussi bien conserver
que remettre à Mme Jeannoutot.

Une respectueuse poignée de main de ces messieurs fut la plus éloquente des réponses. Et là,
toutes les opinions étaient représentées. Les articles du soir et du lendemain étaient de vives et
énergiques protestations en ma faveur. Les journaux de province s'associaient bientôt à ceux de
Paris pour juger sévèrement la décision. L'administration de l'*Argus de la Presse* m'adressait gra-
tuitement près de deux cents journaux de départements, qui l'appréciaient de la même manière, à
peu d'exceptions près.

M. Beauquesne, interviewé à son tour, se bornait
à de brèves explications et, retranché derrière la
discrétion administrative, laissait supposer un
grave mystère, caché sous les agissements du
détenu Jeannoutot, presque des complications
internationales, d'où dépendait, disait-il, la vie de
plusieurs officiers français !...

J'avoue que je ne me serais jamais douté de tant
de mystères contenus dans le simple billet remis
par un détenu inquiet sur la situation de sa femme
enceinte de sept mois.

Le samedi soir, à neuf heures, M. le promoteur
venait me trouver à la sacristie de Saint-Sulpice, et
me priait, de la part de Son Eminence, d'aller

dire la messe le lendemain à la Roquette. Le cardinal, non prévenu, avait appris le soir même par le *Gaulois* ma destitution, et, très surpris, avait fait aussitôt appeler M. le promoteur. Il ne fallait pas que le service religieux fût supprimé le dimanche ; et, avec l'assentiment de M. Lagarde, directeur de l'administration pénitentiaire, je me présentai le lendemain à l'heure habituelle pour célébrer l'office. M. le directeur avait pris ses précautions. J'étais accompagné par le gardien-chef, pour éviter toute manifestation.

L'attitude calme et sympathique, tant des surveillants que des détenus, me toucha profondément.

Après la grand'messe, j'adresse à l'auditoire quelques paroles relatives à la mort d'un détenu, enterré la veille, et déjà à l'agonie au moment où le directeur me refusait l'entrée de la prison!...

Et après un court service funèbre, je me retirai navré de cette maison, où il me semblait laisser une partie de moi-même...

ANNÉE 1888

RAPPORT ADRESSÉ SUR LA DEMANDE

DE M. LE MINISTRE DE L'INTÉRIEUR

Monsieur le Ministre,

Conformément à votre désir, j'ai l'honneur de vous faire parvenir le résultat de mes observations relativement au régime pénitentiaire, et mon humble avis au sujet des modifications qui pourraient être apportées au système pénal.

Il y a trois ans à peine que je remplis les fonctions d'aumônier de la Grande-Roquette, et cependant j'ai pu observer, en maintes occasions, l'effet produit sur les détenus par les peines auxquelles ils sont soumis.

Je n'ai pas la prétention de présenter un travail complet sur cette matière : mes rapports avec les condamnés sont trop restreints pour que je puisse, sans témérité, répondre à toutes les questions qui me sont posées.

Je suivrai donc l'ordre du questionnaire, et je

m'efforcerai de dire en peu de mots mon avis sur chacun des articles.

1° Les détenus passibles des peines infamantes, telles que la réclusion ou les travaux forcés, sont diversement impressionnés par la menace de la transportation, suivan' 'e lieu de leur naissance et du milieu où ils ont vécu jusqu'à leur arrestation.

Tandis que ceux qui sont originaires de Paris ou d'une grande ville, semblent redouter beaucoup l'exil temporaire ou perpétuel ; ceux qui sont nés dans la campagne ou à l'étranger préfèrent de beaucoup l'expatriation.

La raison qui me semble dicter leur conduite, c'est que les premiers, perdus dans le tourbillon d'un grand centre, espèrent toujours cacher aux yeux du public leur honte et leur condamnation, et une fois rendus à la liberté, après l'expiation de leurs crimes, retrouver le moyen de se faire une existence, sinon honorable, au moins relativement supportable, grâce à leurs aptitudes et à l'appui qu'ils espèrent trouver dans leurs anciens amis.

J'ai été souvent, dans mon ministère, le confident des appréhensions que cause aux condamnés la perspective d'un exil qui les séparera, au moins pour un temps, de leur famille ou de leurs amis d'autrefois. Souvent j'ai été prié par eux de solliciter l'exemption de cette aggravation de peine, et quand je leur réponds qu'il n'entre pas dans mes attributions d'entraver l'œuvre de la justice, je constate l'amer chagrin de ne pouvoir compter sur mon faible concours.

Tout autre est la manière de voir des détenus originaires de la campagne ou des petites villes. Ceux-là, une fois frappés par la justice, se croient à jamais perdus. Le sentiment de leur abjection, souvent exagéré, les porte à croire que jamais ils ne pourront reconquérir l'estime de leurs concitoyens, et trouver des ressources pour vivre dans la localité où ils ont vu le jour. Ils n'oseront jamais affronter les regards de leurs compatriotes et même de leurs parents, après avoir subi une ou plusieurs condamnations. Et alors ils se résignent volontiers à un éloignement qui au moins les protégera contre le mépris et l'outrage qui les attendent au foyer domestique.

Quoi qu'il en soit de ces deux classes de condamnés, il semble qu'il serait bon d'établir une pénalité différente pour les coupables tombés une seule fois et pour les récidivistes invétérés, qui se jouent d'une condamnation nouvelle, comme nous en voyons trop à la Roquette, où quelques-uns reparaissent pour la sixième et huitième fois.

2° Il est notoire dans les prisons que les criminels condamnés à une peine infamante, préfèrent de beaucoup les travaux forcés à la réclusion dans une maison centrale. L'espoir de vivre au grand air, dans un pays salubre, sous un climat bienfaisant, fait préférer aux coupables la transportation, même avec son cortège de douleurs et d'infamie, à la séquestration dans une maison pénitentiaire de France; et cela, même en dehors de l'aggravation du système cellulaire.

Il arrive même qu'un condamné à la réclusion simple se rend coupable d'un nouveau méfait dans l'intérieur d'une maison centrale, pour obtenir cette aggravation de peine qui le fera classer parmi les forçats.

S'il paraît équitable de différencier le système pénal de la réclusion, selon qu'elle est infligée aux condamnés à perpétuité ou aux condamnés à mort commués; au moins cette claustration ne pourrait-elle dépasser un temps dont le tempérament du condamné peut seul fixer la durée.

L'humanité semble se refuser à une séquestration cellulaire au delà d'une durée de quatre ou cinq années, même pour les tempéraments les plus solides et les caractères les mieux trempés.

Il me semble à propos de noter ici, que j'ai rencontré plusieurs fois des détenus, condamnés à la réclusion temporaire, décidés à demander spontanément à subir leur peine en cellule; et de cela ils me donnaient deux raisons:

La première, c'est qu'ils comptent bénéficier de la réduction de la peine, un quart, accordée à ceux qui réclament cette sorte de claustration. La seconde, c'est qu'après avoir vécu seul pendant la durée de sa peine, le libéré n'est pas exposé à être reconnu par un compagnon de captivité, dont les indiscrétions pourraient perdre de nouveau le malheureux, qui souvent a la ferme résolution de rentrer dans le chemin de l'honnêteté.

3° Depuis mon entrée en fonctions comme aumônier du dépôt des condamnés, j'ai été en rapport avec dix-neuf condamnés à mort, que j'ai visités durant un laps de temps variant entre quarante et quatre-vingt-sept jours. Tous, sauf un qui appartenait à la religion protestante, ont réclamé mon ministère religieux avec des nuances plus ou moins tranchées d'empressement ou d'indifférence, suivant l'éducation qu'ils avaient reçue. Je crois donc être en mesure de vous soumettre, Monsieur le Ministre, le résultat de mes observations sur cette catégorie de condamnés.

Le condamné à mort, dès son entrée dans sa cellule, est en proie à une prostration profonde, qui dure au moins quelques jours, et qui ne prend fin qu'après un temps assez prolongé.

Peu à peu, cependant, son énergie se réveille, et l'espérance d'une commutation de peine dissipe le terrible effet de l'arrêt de condamnation.

Le soin de l'aumônier est d'entretenir cette espérance, de faire croire à la possibilité de la cassation de la sentence de mort, au succès du recours en grâce, à la clémence du chef de l'Etat, etc. Le malheureux se cramponne à toutes ces chances de salut, il en escompte d'avance le bénéfice, et se reprend volontiers à espérer avoir la vie sauve, même après les plus monstrueux forfaits.

Il est facile alors de lui faire entrevoir le sort qui l'attend après une commutation de peine. Le bagne, même à perpétuité, perd toutes ses horreurs pour celui dont la tête a été menacée ; et c'est tout haletant qu'à mesure que le terme fatal approche, le misérable interroge ceux qui le visitent sur ses chances de salut.

Les journées sont pénibles, malgré les distractions qu'on s'efforce de donner au malheureux; mais au moins il trouve quelque diversion à sa préoccupation constante. Le jeu, les lectures, les repas, la récréation, les visites, rompent un peu la monotonie de la cellule, et parfois il semble que le condamné se fait illusion sur sa situation.

Mais la nuit!... Combien de fois ai-je été le confident des tortures morales que subit l'infortuné! Si le sommeil vient enfin lui faire sentir sa bienfaisante influence, combien ce sommeil est-il agité, fiévreux, pénible!

Quelques-uns m'ont avoué qu'ils prolongeaient leur veille bien avant dans la nuit, espérant ainsi ne se réveiller que très tard le lendemain. Vain espoir! le réveil arrivait toujours presque à l'heure où le terrible signal est donné.

Sur sept condamnés que j'ai assistés au moment fatal, deux seulement étaient endormis quand on est venu leur annoncer la terrible nouvelle.

Un seul des condamnés à mort que j'ai visités a refusé de signer son recours en grâce : encore suis-je porté à croire qu'il savait cette formalité inutile pour dicter la conduite du chef de l'Etat.

Pour bien apprécier l'effet que produit la peine de mort sur les grands criminels, il suffit de comparer l'attitude du condamné, la veille et le lendemain de sa commutation. Tel, que j'ai vu pendant les quarante jours de sa réclusion en cellule à la Roquette, constamment malade, grelottant de fièvre, sans appétit et sans sommeil, était transfi-

guré le lendemain du jour où sa grâce lui a été
annoncée. Il parlait de son voyage pour Nouméa
comme d'une partie de plaisir, faisait des projets,
escomptant sa bonne conduite future au profit
d'une grâce qu'il s'efforcerait de mériter.

J'ai eu plusieurs fois l'occasion de constater ce
même phénomène chez ceux qui échappaient à la
peine capitale, et je crois être en droit de conclure
que c'est la seule qui inspire un véritable effroi.

Quant à ceux qui la subissent, leur vue seule
suffit à un esprit non prévenu pour en faire connaître les sentiments et la terreur. Il me semble
impossible de trouver un spectacle plus émouvant
que celui du malheureux, même le plus résigné,
le plus chrétiennement préparé, pendant le temps
si court et en même temps si épouvantablement
long, nécessité par les apprêts du supplice.

Je n'hésite pas à croire que, quelle que soit la
peine que l'on substitue à la peine capitale, elle
sera impuissante à inspirer une aussi légitime terreur.

Telles sont, Monsieur le Ministre, les observations que j'ai l'honneur de soumettre à Votre
Excellence. Elles sont le résultat de mes rapports
avec les malheureux dont le soin m'est confié.
Je ne me fais aucune illusion sur l'insuffisance de
mon travail. J'ai voulu répondre aussitôt que possible à la demande que vous m'avez fait l'honneur
de m'adresser, tout en comptant sur votre indulgence pour la rédaction.

20.

Je serai du reste heureux de me mettre absolument à votre disposition pour les autres renseignements que pourraient me fournir mes relations avec les condamnés.

Daignez agréer, Monsieur le Ministre, l'hommage du profond respect avec lequel j'ai l'honneur d'être de Votre Excellence, le très humble et très obéissant serviteur.

FAURE,
Aumônier du dépôt des condamnés.

ANNÉE 1890

RAPPORT A M. HERBETTE

CONSEILLER D'ÉTAT

Directeur de l'Administration pénitentiaire.

MONSIEUR LE CONSEILLER D'ÉTAT,

Vous m'avez fait l'honneur, par l'entremise de M. le Directeur de la Grande-Roquette, de me demander le résultat de mes entrevues avec les condamnés à mort et mes impressions au sujet de cette classe de condamnés.

Je m'empresse de répondre à votre désir, et sans avoir la prétention de vous donner un travail complet sur cette importante matière, j'ose vous dire humblement mon avis basé sur une expérience de près de cinq années d'exercice.

Appelé en janvier 1885 à exercer les fonctions d'aumônier du dépôt des condamnés, j'ai vu passer sous mes yeux vingt-neuf condamnés à la peine capitale : vingt-cinq d'entre eux ont reçu mes soins

religieux et moraux. Des quatre autres, un était
israélite et trois protestants.

Tous ont reçu volontiers et même réclamé par
écrit mes visites : car pour certaines personnalités
plus marquantes, et pour éviter tout reproche d'ob-
session indiscrète, j'attends parfois une demande
formelle avant de me présenter dans la cellule. Ce
n'est que lorsque M. le Directeur me dit que je
puis me présenter sans retard, que j'aborde le malheureux.

Je ne vous cacherai pas, monsieur le Conseiller
d'État, que j'emploie toujours un moyen infaillible de séduction. Jamais je n'entre en relations
avec le captif sans lui porter du tabac et des cartes,
attention qui a pour effet de me concilier aussitôt
le meilleur accueil. Je me fais même un devoir de
ne le laisser jamais manquer de ces deux moyens
de distraction.

Il m'est facile d'obtenir ainsi la confiance du
détenu, qui, séparé du reste du monde, livré à lui-
même, en proie aux terreurs qui résultent de sa
condamnation, n'a que le prêtre pour ami, pour
confident et pour consolateur.

Quelque charitable que soit l'attitude des deux
surveillants préposés à sa garde, le malheureux ne
leur ouvrira jamais ni sa pensée ni son cœur. Ce
n'est qu'à l'aumônier, souvent considéré comme
ami, dépourvu de tout caractère sacré, que l'infortuné confie ses angoisses, ses remords, l'amertume
qu'il éprouve à la pensée de la honte qu'il a dé-
versée sur sa famille. C'est devant l'aumônier seul
qu'il pleurera en pensant à sa mère, à son vieux
père, dont il a souillé les cheveux blancs, à ses

frères, à ses sœurs, qu'il a voués à la réprobation universelle, quelquefois à sa malheureuse femme, à un enfant innocent, dont il a empoisonné l'existence.

Dans le principe, nos entretiens n'ont rien de confidentiel. J'écoute le condamné me raconter, à sa manière, son enfance, son éducation, ses habitudes dans la famille, ses écarts de jeunesse et enfin la cause de sa condamnation. Je me garde bien de le contredire. J'accepte toutes ses déclarations sans paraître en suspecter la véracité. Je déplore avec lui la fatalité dont il a à se plaindre. Parfois je hasarde une timide question pour provoquer ses confidences, et j'arrive ainsi peu à peu à des aveux qui ont été refusés à M. le juge d'instruction. Comme le coupable sait que sa franchise ne sera jamais l'objet d'une révélation, qu'elle n'aura jamais de conséquences fâcheuses; car instinctivement il croit à la discrétion confessionnelle, on peut bien admettre que même les plus endurcis cherchent parfois le repos dans un aveu.

Du reste, des vingt-neuf condamnés dont je parle, vingt et un ont été convaincus de leur crime par la justice et ont fait les aveux les plus complets. Il ne saurait donc être question que des huit autres, qui ont lutté contre les charges accablantes qui pesaient sur eux.

Si on songe à l'âge de ces criminels, on est effrayé par la précocité du plus grand nombre d'entre eux. Sur les vingt-neuf condamnés à mort par le jury de la Seine depuis 1885, pas un n'avait atteint la quarantième année. Sept seulement étaient âgés de plus de trente ans. L'âge des autres variait entre dix-huit et vingt-neuf ans.

Cette précocité monstrueuse ne pourrait-elle pas s'expliquer par le défaut de principes moraux et religieux, par le dégoût du travail, par l'avidité des plaisirs faciles et malsains, dont le germe ne se développe que trop facilement chez l'enfant dont l'éducation morale et chrétienne est si négligée dans un grand nombre de familles?

Toutefois, l'éducation la plus soignée, la plus solide ne met pas toujours en garde contre de dangereuses suggestions.

Ici les calculs de l'observateur sont souvent en défaut. Parmi les vingt-neuf hôtes de la Roquette, dont il est ici question, cinq ont reçu l'éducation la plus complète, ont fait des études couronnées de succès, dont les souvenirs servaient parfois à tromper les ennuis de la cellule, et se sont traduites souvent par de très intéressantes compositions. Vingt ont reçu une instruction primaire dans des conditions plus ou moins satisfaisantes. Quatre enfin ne savaient ni lire ni écrire, ou le savaient très peu.

Je me garderais bien de rechercher en quel établissement ces jeunes égarés ont reçu l'éducation dont je parle. Ici encore du reste toute appréciation perdrait de sa valeur, car plus que jamais je suis convaincu que le zèle des maîtres est impuissant à dompter certaines natures foncièrement vicieuses, et que l'éducation la plus sage et la plus ferme échoue souvent devant des caractères indisciplinés et incorrigibles.

Il n'entre pas dans ma pensée de prononcer ici des noms propres. La discrétion professionnelle m'empêche d'appliquer à tel ou tel le résultat de mes observations.

Chercherons-nous enfin la source de la dépravation dans le lieu d'origine des condamnés? Là encore il est difficile de tirer des conséquences rigoureuses du milieu où l'éducation a été reçue.

Neuf condamnés à mort sont nés à Paris.

Seize sont nés dans les départements: villes, dix; villages, six.

Quatre sont étrangers à la France.

Il me reste, Monsieur le Directeur, à vous dire quelques mots sur les mobiles qui, à mon avis, portent à l'assassinat les malheureux qui s'en rendent coupables.

La paresse, cette mère de tous les vices, a bientôt raison des conseils d'un père et d'une mère qui ont vainement donné l'exemple de l'énergie et du travail à leur enfant. Si une main ferme et sévère ne retient pas, soit à la maison paternelle, soit à l'atelier, au bureau, cette nature indocile et rebelle, les tentations du dehors ont bientôt achevé l'œuvre de dépravation.

Le défaut de ressources pour soutenir la fainéantise et le vagabondage, a bientôt mené le malheureux au larcin minime d'abord, puis à l'escroquerie, au vol et au besoin à l'assassinat.

Cette gradation fatale n'a pas été prévue dans le principe, mais elle devient inévitable à mesure que les besoins deviennent plus pressants et les exigences plus impérieuses.

Les mauvaises lectures, l'avidité avec laquelle les jeunes gens dévorent les feuilletons dangereux, les romans obscènes, toute cette littérature éhontée qui aujourd'hui est à la portée de toutes les bourses ; ne peuvent-ils pas également entrer en ligne de compte, quand on recherche les causes premières de tous les forfaits dont le nombre s'accroît si tristement de nos jours ?

Je ne vous apprendrai rien, Monsieur, en vous disant qu'il est une autre cause lamentable des crimes que la société déplore : l'inconduite ou la fréquentation des personnes dont la légèreté de mœurs ne peut être qu'une pierre d'achoppement pour un jeune homme dépourvu de tout principe de morale et de religion.

L'adage « cherchez la femme » a surtout son application ici. Pas un des malheureux qui nous occupent n'a échappé à cette redoutable influence, et trop souvent, ce sont les exigences de ces dangereuses complices du désordre qui ont armé le bras du meurtrier. Le compte rendu des procès criminels est là pour affirmer cette incontestable et triste vérité.

Il me reste, Monsieur le Conseiller d'Etat, à vous dire quel est l'effet produit par la menace de la peine de mort sur les malheureux frappés par cette terrible condamnation.

Je n'aurais qu'à transcrire ici la partie du rapport que j'avais l'honneur d'adresser en 1888 à M. le Ministre de l'Intérieur qui me demandait le résultat de mes observations à ce sujet. (1)

Veuillez agréer, etc.

FAURE,
Aumônier du Dépôt des condamnés.

1 Voir le rapport précédent.

ÉTAT DES CONDAMNÉS A MORT ASSISTÉS OU VISITÉS DEPUIS LE 1ᵉʳ JANVIER 1885

NOMS	AGE	LIEUX DE NAISSANCE	VICTIMES	CONDAMNATION	COMMUTATION	EXÉCUTION
MIELLE (Félix)	33 ans	Chaumont (Haute-Marne)	M. LEBON	Février 1885	Trav. forcés à perp. 23 avril 1885	
GAMAHUT (Tiburce)	23 ans	Epernay (Marne)	Mme BALLERICH	Février 1885		Vend. 24 avril 1885
THOMAS (François)	32 ans	Reim (Marn)	M. OLBERT	Mai 1885	Trav. forcés à perp. 8 août 1885	
BLUM (Georges)	23 ans	Paris	M. OLBERT	Mai 1885	Trav. forcés à perp. 8 août 1885	
PEL (Albert)	36 ans	Grandcœur (Savoie)	Mme PEL Mlle BŒHMER	Juin 1885 (Arrêt cassé)	Trav. forcés à perp. juillet 1885	
MEYER (Henri) Israélite	20 ans	Paris	M. DELAUNAY	Juin 1885	Trav. forcés à perp. août 1885	
GASPARD (Paul)	22 ans	Paris	M. DELAUNAY	Juin 1885		Lundi 10 août 1885
MARCHANDON (Charles)	22 ans	Neauphle-le-Château (Seine-et-Oise)	Mme CORNET	Juin 1885		Lundi 10 août 1885
BIRKEL (Louis)	19 ans	Rothan (Vosges)	M. SPREIBER	Septembre 1885	Trav. forcés à perp. 3 décembre 1885	
BARBIER (Pierre)	27 ans	Lyon	M. MATON	Janvier 1886	Trav. forcés à perp. 16 mars 1886	
KŒNIG (Florent)	19 ans	Paris	M. COUSTIX	Février 1886		Jeudi 8 avril 1886
FORGET (Émile)	23 ans	Paris	M. COUSTIX	Février 1886	Trav. forcés à perp. 8 avril 1886	
RIVIÈRE (Pierre)	29 ans	Pléaux (Cantal)	Mme DESHAYES	Juillet 1886		Lundi 4 octobre 1886
FREY (Joseph)	26 ans	Paris	Mme DESHAYES	Juillet 1886		Lundi 4 octobre 1886
DUVAL (Clément)	37 ans	Foulletourte (Sarthe)	Mme LEMAIRE M. ROSSIGNOL (Incendie)	Janvier 1887	Trav. forcés à perp. 22 février 1887	
DEMANGEOT (Claude)	28 ans	St-Marcel (Saône-et-Loire)	Mme ROUX	Mars 1887	Trav. forcés à perp. 30 avril 1887	
ROSSEL (Louis) Protestant	18 ans	Neuchâtel (Suisse)	Mme LOYSON	Mars 1887	Trav. forcés à perp. 13 août 1887	
SÉJOURNÉ (Alexandre)	26 ans	Joigny (Yonne)	M. DELPORTE	Juin 1887	Trav. forcés à perp. 13 août 1887	
PRANZINI (Henri)	31 ans	Alexandrie (Egypte)	Mlle REGNAULT Mme GRUMERET Mlle GRUMERET	Juillet 1887		Mercr. 31 août 1887

ÉTAT DES CONDAMNÉS A MORT ASSISTÉS OU VISITÉS DEPUIS LE 1er JANVIER 1885 (*Suite.*)

NOMS	AGE	LIEUX DE NAISSANCE	VICTIMES	CONDAMNATION	COMMUTATION	EXÉCUTION
CORNU (Théodore) Soldat au 51e de ligne	24 ans	Crisenoy (Seine-et-Marne)	M. LEFÈVRE	Mai 1888	Trav. forcés à perp. 17 juillet 1888	
SCHUMACHER (Ed.) Soldat au 112e de ligne *Protestant*	22 ans	Paris	Mme VINCHON	Juillet 1888		Lundi 10 sept. 1888
MATHELIN (Auguste)	39 ans	Dommartin-St-Père (Haute-Marne)	M. OUDIN	Septembre 1888		Merc. 31 oct. 1888
MASSET (Alphonse) *Protestant*	37 ans	Nancy (Meurthe-et-Mos.)	Mme DENIZOT	Septembre 1888	Trav. forcés à perp. 21 décembre 1888	
LINSKA DE CASTILLON (Louis Frédéric Stanislas) dit *PRADO*	33 ans	Espagne ? ? ?	Mlle AGUETTANT	Novembre 1888		Vend. 28 déc. 1888
GÉOMAY (Fulgence) Caporal au 87e de ligne	20 ans	Vannes (Morbihan)	Mme ROUX COULOMY	Mars 1889		Mercredi 22 mai 1889
ALLORTO (Quentin)	26 ans	Cossato (Piémont)	M. BOURDON	Juin 1889		Samedi 17 août 1889
SELLIER (Jean-Baptiste)	20 ans	Dieppe (Seine-Inférieure)	M. BOURDON	Juin 1889		Samedi 17 août 1889
MÉCRANT (Charles)	19 ans	Paris	M. BOURDON	Juin 1889	Trav. forcés à perp. 17 août 1889	
KAPS (Georges)	19 ans	Paris	M. VINCARD Mlle DRIEU	Octobre 1889		Jeudi 19 déc 1889
RIBOT (Henri)	21 ans	La Chapelle (Eure-et-Loire)	Mme KUHN	Janvier 1890		Samedi 8 mars 1890
JEANTROUX (Albert)	17 ans	Troyes (Aube)	Mme KUHN	Janvier 1890		Samedi 8 mars 1890
VODABLE (Jean)	39 ans	Paris	Mlle LEMÉE	Mai 1890		Mardi 1er juil. 1890
BOUSQUET (Charles)	38 ans	Montréal (Gers)	Mlle DERNARD M. PAGNY	Août 1890	Trav. forcés à perp. 27 septembre 1890	
LEDINOT (Jules)	30 ans	Paris	Mme LEDINOT	Septembre 1890	Trav. forcés à perp. 26 novembre 1890	
EYRAUD (Michel)	48 ans	Saint-Étienne (Loire)	M. GOUFFÉ	Décembre 1890		Mardi 3 février 1891
DORÉ (Gustave)	18 ans	Belfort (Doubs)	Mme DESSAIGNE	Juin 1891		Lundi 27 juillet 1891
BERLAND (Adolphe)	19 ans	Asnières (Seine)	Mme DE-SAIGNE	Juin 1891		Lundi 27 juillet 1891
Femme BERLAND née Virginie CARON	55 ans	Paris	Mme DESSAIGNE	Juin 1891	Trav. forcés à perp. 27 juillet 1891	

TABLE DES MATIÈRES

——

PARIS

IMPRIMERIE NOIZETTE

8, RUE CAMPAGNE-PREMIÈRE, 8

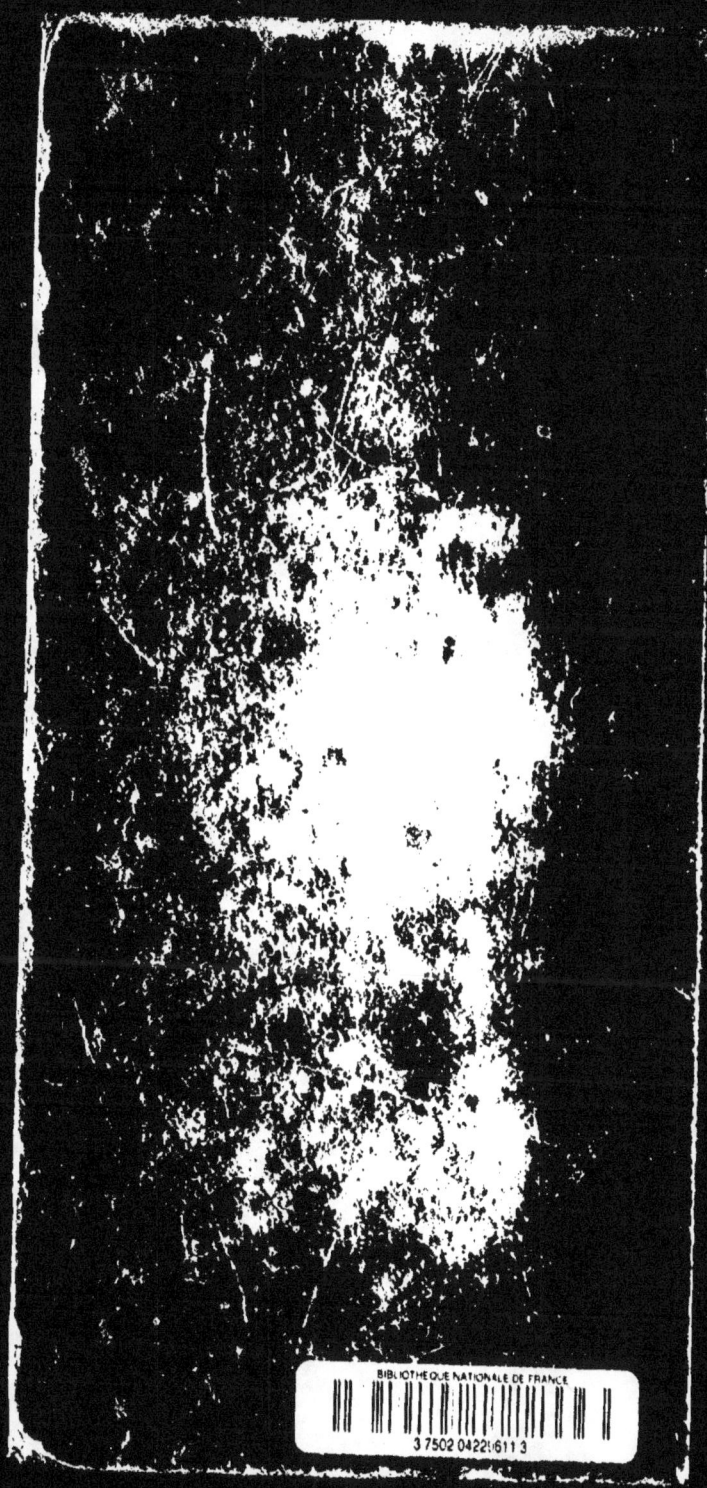